上海地情普及系列·《上海滩》丛书

申江赤魂
——中国共产党诞生地纪事

上海通志馆
《上海滩》杂志编辑部 编

图书在版编目(CIP)数据

申江赤魂：中国共产党诞生地纪事/上海通志馆，《上海滩》杂志编辑部编.—上海：上海大学出版社，2018.8

(上海地情普及系列.《上海滩》丛书)

ISBN 978-7-5671-3211-5

Ⅰ.①申… Ⅱ.①上… ②上… Ⅲ.①革命纪念地－介绍－上海 Ⅳ.①K878.2

中国版本图书馆 CIP 数据核字（2018）第 169004 号

责任编辑　陈　强
装帧设计　缪炎栩
技术编辑　章　斐

申江赤魂
——中国共产党诞生地纪事

上海通志馆
《上海滩》杂志编辑部　编

上海大学出版社出版发行
(上海市上大路99号　邮政编码200444)
(http://www.press.shu.edu.cn　发行热线 021-66135112)
出版人　戴骏豪

*

南京展望文化发展有限公司排版
上海颛辉印刷厂印刷　各地新华书店经销
开本 710mm×960mm　1/16 印张 21.5　字数 306 千
2018 年 8 月第 1 版　2018 年 8 月第 1 次印刷
ISBN 978-7-5671-3211-5/K·185　定价 48.00 元

《上海滩》丛书前言

1987年,《上海滩》杂志由上海市地方志办公室创办以来,始终坚持正确的政治导向,坚持"以介绍上海地方知识和各方面建设成就为己任"的办刊宗旨,坚持用说古道今的方式、生动具体的内容,为"讲好上海故事,传播上海精彩",为"让世界了解上海,让全国了解上海,让阿拉了解上海",做出了艰苦的努力,取得了一定的成果。自创刊31年来,《上海滩》已持续出版了380多期,发表文章近3 000万字,图片2万多张。其中不乏名家名作、鲜活史料,还有大量珍贵历史图片,在海内外产生了广泛而深远的影响。

《上海滩》杂志出版丛书,一直是广大读者对我们的要求,也是我们常年工作计划中的一项重要内容。早在2000年,我们就应广大读者要求,出版了一套六册的丛书(约120万字,汉语大词典出版社出版),颇受读者欢迎,短短几年就销售一空;2004年,我们又应读者要求,编辑出版了一套《上海滩》精选本,同样受到读者青睐,纷纷前来购买;2017年1月,我们在庆祝《上海滩》杂志创办30周年之际,决定根据广大读者的要求,继续出版《上海滩》丛书,当年就出版了一册《文化名人笔下的上海风情》(2017年10月,学林出版社出版)。今年将再推出一套四册《上海滩》丛书,分别为《申江赤魂——中国共产党诞生地纪事》《海上潮涌——纪念上海改革开放40周年》《楼藏风云——上海老洋房往事》《年味乡愁——上海滩民俗记趣》。

上海是近代中国的缩影,是中国工人阶级的摇篮,更是中国共产党的诞生地。习近平总书记曾经深情地指出,我们党的全部历史都是从中共一大开启的，我们走得再远都不能忘记来时的路，这里也是中国共产党人的精神家园。的确，中国共产党成立初期，上海曾经是党中央的所在地，党的一大、二大、四大都在上海召开，并且领导了上海乃至全国工人阶级和人民群众的反帝反封建的民主革命斗争，之后，上海依然是中国革命斗争的一个重要战场，上演了一幕幕威武雄壮的活剧，留下了许多可歌可泣的人物故事。31年来，《上海滩》始终坚持发掘和宣传中国共产党在上海从事革命斗争的光辉事迹，弘扬优秀的中国共产党人为了民族独立和人民解放而英勇献身的革命精神，发表了大量的讲述优秀共产党员英勇事迹的文章，同时也刊登了许多寻找和讲述设在上海的党中央以及省市机关的经历和精彩故事。

今天，我们为了实施"开天辟地——党的诞生地发掘宣传工程"，在中国共产党人梦想起航的地方，发掘中国共产党最本源、最纯粹的文化基因、精神灵魂和历史根脉，我们从历年来发表的相关文章中，遴选出部分精品力作，编辑出版《申江赤魂——中国共产党诞生地纪事》，以满足广大读者阅读和研究的需求。

上海又是一个具有海纳百川、追求卓越、开明睿智、大气谦和的城市精神的国际大都市。因此，上海在170多年前开埠之后，就以开放的胸怀，接受和融合各种外来文化，形成了有着鲜明色彩的海派文化。尤其是距今40年前的1978年，党的十一届三中全会作出了改革开放的英明决策后，上海更是成为全国改革开放的排头兵，创新发展的先行者。改革开放40年来，上海不仅在建设"五个中心"方面取得了巨大成就，而且在城市交通、苏州河污水治理、城市绿化等方面也取得了举世瞩目的成就，特别是上海市民在住房、教育、医疗、旅行等衣食住行方面都有了很大的"获得感"。

《上海滩》正是创刊于改革开放大潮呼啸奔腾之际，所以，《上海滩》创刊伊始就将及时报道和记录上海改革开放的成果，作为自己神圣的责任。31年来，上海几乎所有重大改革举措及其取得的重大成果，《上海滩》都及时作了报道，比如，建设第一条地铁、架起南浦大桥、苏州河治理工程、宝钢建设、桑塔纳轿车引进、股票上市乃至老城区与棚户区改造、一百万只马桶消失等一系列国计民生的重大改革都见诸《上海滩》。为此，有些读者赞誉《上海滩》是上海改革开放伟大成果的忠实记录者和热情宣传者。我们从中精选了一部分优秀文章编辑出版《海上潮涌——纪念上海改革开放40周年》，以纪念上海这波澜壮阔的40年。

上海自1843年开埠以来，尤其是设立租界之后，上海便逐步形成一个华洋交集、五方杂处的十里洋场。各国列强在侵略和掠夺我们的资源的同时，也将一些西方文明带入上海。比如，他们在建造纵横市区的宽阔马路的同时，还沿马路严格规划建造了一片片洋房区。这些洋楼风格多样，设施先进，花木繁盛，环境优美。为此，上海获得了"万国建筑博览"的赞誉。

值得一提的是，在这些洋楼里居住的不仅有各国的"冒险家"们，还有许多我国社会各界重要人物。比如孙中山曾在今香山路洋楼内会见了中国共产党代表李大钊和共产国际代表维经斯基等，实现了第一次国共合作，从而取得了北伐革命的胜利，同时，他和夫人宋庆龄在那里度过了一段十分难得的温馨岁月；再比如京剧大师梅兰芳在抗日时期，在上海家中蓄须明志，誓死不为日寇演戏，表现了一位爱国者的民族气节和凛然正气；至于位于思南路上"周公馆"里的同志们在周恩来同志的领导下与国民党特务斗智斗勇的故事，则更是家喻户晓。这些洋楼里激荡着历史风云，蕴藏着许多可歌可泣的感人故事。多年来，《上海滩》既注意组织采写这些洋楼的建造史，更注意发掘居住在这些洋楼中的各界人物的精彩故事和革命精神。这些洋楼故事成了广大读者最喜欢阅读的内容之一。为了让更多的读者能读到这些精彩的洋楼故事，我们编辑出版了《楼藏风云——上海老洋房往事》。

上海又是一个有着悠久历史的地方。据考古发现，早在约6 000年前就有先民在上海地区生活、劳作。在之后的数千年历史中，上海人民不仅创造了许多物质财富，而且还创造了许多优秀的精神财富和灿烂的文化，民俗就是其中一个重要内容。

《上海滩》在注意发掘刊登西方文化给上海带来的重大变化的同时，也非常关注上海地区民俗文化对人们生活所产生的重大影响。《上海滩》从创

刊初期就设立专栏，专门挖掘和刊登有关上海地区民俗文化方面的趣闻轶事。内容涉及年节习俗、婚丧嫁娶、清明祭祀、中秋团圆等方方面面。读了这些文章，广大读者可以了解上海悠久的、丰富多彩的民俗文化，尤其是那些常年在外奔走的游子常常会生出一丝淡淡的乡愁。为了让更多的读者读到这些满含乡愁的文章，我们专门编辑出版《年味乡愁——上海滩民俗记趣》。

上海是个"海"，浩瀚无垠，深不可测，蕴藏着无数的宝藏。31年来，《上海滩》仅仅拾取了海滩上的一些贝壳，捧来了海面上的一些浪花，那些深藏在海中的宝藏还远未发掘。因此，随着《上海滩》杂志的继续出版，上海历史文化中的许多精彩内容不断被发掘，《上海滩》丛书的出版内容将越来越丰富。所以，目前这四本书仅仅是庞大的《上海滩》丛书计划中的一小部分，我们将继续努力，每年编选几本，积少成多，希望在若干年之后，能完成这个宏伟的计划，以满足广大读者的阅读和珍藏需求。

上海市地方志编纂委员会办公室副主任
王依群　上海市地方史志学会会长
《上海滩》杂志主编

目录

1/ "一大"会址是怎样找到的

8/ 670万人走向兴业路

13/ 中共一大会议中的突发事件

27/ "大东命案"与"一大"会期考证

35/ 石库门里的红色火种

51/ 上海最早出版《共产党宣言》中译本

54/ 《资本论》中译本在上海印行

57/ 党的领袖寓居上海的时候

64/ 列宁派到上海的特使

75/ 中共二大纪念馆激荡着历史风云

84/ 中共四大纪念馆里的故事

94/ 毛泽东报道：崇明农民暴动

107/ 血染南京路

117/ 周恩来谈上海工人三次武装起义

124/ 周恩来在北站前线

131/ 腥风血雨"四一二"

137/ 福兴字庄：党中央在上海最机密的机关

143/ 她的父母瞿秋白杨之华

158/ 踏勘1935年陈云在上海的革命足迹

165/ 方志敏"漂流"上海滩

173/ 鲁迅会见中共上海领导人

177/ 党人魂——记潘汉年

201/ 卢绪章：与魔鬼打交道的人

218/ 张纪恩腹藏党史风云

235/ 沈安娜潜伏敌营十四年

251/ 中共上海地下金库

264/ 中共上海地下文库

273/ 我的父母奉命掩护中共上海局

283/ 紧急接送红军游击队到皖南

293/ 保卫周公馆

298/ 新新美发厅的地下党员

308/ 大上海接管亲历记

317/ 重游龙华警备司令部

322/ 寻找"龙华二十四烈士"

334/ 后记

"一大"会址是怎样找到的

沈之瑜

请周佛海的妻子协助寻找

1950年9月的一天,姚溱同志打电话给我,要我到市委宣传部,说有事商量。我立即赶去见姚溱同志,他说市委领导决定要千方百计找到中共第一次代表大会的会址并建立纪念馆。此事叫我和杨重光两人负责。我说:"任务很光荣,但难度极大,我只知道当年'一大'是在法租界开的,这样大的一个法租界到哪里去找?"姚溱说:"你别急,我已和扬帆同志讲好了,找来周佛海的妻子杨淑慧,请她协助你们找。"我听了很高兴,从宣传部出来就直奔图书馆,从封存书刊里借到一本周佛海的《往矣集》,我花了一天的时间把此书看完,从中只得到这样一条线索:"在贝勒路李汉俊家,每晚开会。"

隔了一天,我们和杨淑慧会面了。她首先带我们去的是环龙路老渔阳里2号(今南昌路铭德里2号)陈独秀家里,她说:"当年开会时陈独秀在广州,这里只有他夫人高君曼带着两个孩子住在楼上,开会期间李达、王会悟夫妇还住在这里,后来我和周佛海结婚之后也住过这里的亭子间,所以印象深。"我们前前后后走了一圈,这是一幢两上两下的石库门弄堂房子,她边走边看边说:"大门进来的客堂是陈独秀的会客室,我印象最深的是有一块小黑板,上面写着'会客谈话以十五分钟为限',客堂里还有一只皮面靠背摇椅,陈独秀常常坐在这只摇椅上的。""旁边的厢房就是《新青年》编辑部。"我们来到客堂后厨房前一个狭长的过道小天井里,她说:"这里原有一个水泥的水斗,上面有个自来水龙头,平时是用来洗拖把的,有时我们用木塞塞住,

放水浸西瓜。"因为当时还有居民,所以没有上楼。这虽不是我们要找的主要目标,但这里是我党成立后最早的中央工作部,《新青年》从第8卷第1期开始便成为我党的党刊,所以这里也是一个重要的革命遗址。

我们问杨淑慧:当年"一大"开会的地址在哪里?她说:"我去过几次,但印象没有这里清楚。"我说:"《往矣集》记载在贝勒路李汉俊家开的。"杨重光同志说:"我看到的材料记载是在蒲柏路上的博文女校里开的。"杨淑慧说:"李汉俊家在贝勒路没有错,几号门牌我记不清了,我想到贝勒路去找找看,能不能凭当年的印象就能确定,没有把握。"我说:"我同意,改日我们去贝勒路。"杨重光同志说:"我们双管齐下,我去蒲柏路访问老居民先把博文女校找到再说。"我请沈子丞同志去市教育局找解放前的学校资料,有没有博文女校的校址。过了几天,他来告诉我,当时上海的中、小学都要在7月13日之后才放暑假,7月1日还在上课,不可能在那里开会。当时,人们都认为:7月1日作为建党纪念日,一定是"一大"开会日。

总算找到一点影子

过了两天我约杨淑慧去贝勒路(今黄陂南路)踏看。我们两人慢慢地边走边看,她说:"我仅有的一点印象现在影迹皆无了。当时李家前门沿马路一片荒凉,大门对面有一片菜地,有一家吹玻璃的棚屋小厂,房子造好不久他们搬进去住的。所以是新房子,他们家里进出走后门的。现在鳞次栉比都是房子了,昔日的影子也没有了。"我们走到望志路(今兴业路)附近,看到有两条弄堂,弄堂口上部建筑是圆形的,弄里一边是一排后门,另一边是一排石库门。她忽然说:"这里有点像李家后门!"但是哪一家一时确定不了。我看她走累了,我说:"今天总算找到了一点影子了,我们改日再来吧。"杨重光同志访问蒲柏路老居民,总算找到了博文女校,是在白尔路(后改蒲柏路)389号(今太仓路127号)。据查当年校长是黄兆(绍)兰。1951年5

月，杨重光同志拍了一套照片送中央领导同志审核，结果正如他后来在一篇文章中写的："胡绳同志说，毛主席和董必武同志都已看了照片，他们说，博文女校是'一大'召开期间他们代表住的地方，开会的地点是在'一大'代表李汉俊的哥哥李书城的家。……我去农业部见了李书城同志，他告诉我那时他的家在法租界望志路78号，现在路名和门牌号都改了，因此他只说了那所房子的大体位置，于是我返回上海继续寻找。"

博文女校也是革命遗址

在博文女校召开"一大"的说法虽被否定了，但这座女校还应该作为革命遗址保护纪念的。学校原址经许多老居民指认决不会错，1951年8月政府就买下这一座房子，按原样修复。后来沈子丞同志打听到黄兆（绍）兰校长的女儿黄允中在武汉工作，我们发函请她来上海核实博文女校校址，指导恢复内部原状。她于1952年7月20日来沪。当年她也在博文女校读书，她确认校址不误，对当年校内的布置作了说明，给我们工作帮助很大。

原来住的是一块宝地

杨淑慧经过几次踏看，"一大"会址终于从"影子"中清晰，慢慢地深化而确定了。就在望志路106号（今兴业路76号），大门沿街是望志路，后门弄堂在贝勒路。当时的106号不是杨重光同志文章里所说的酱园，而是一家卖机器摇面条的小铺子，店号叫"恒福昌面坊"，楼上还有两户居民。当他们知道这里是中国共产党的诞生地时，大家拍手大笑说："我们住的原来是一块宝地。"我们告诉大家："这里要作纪念馆了，要请大家乔迁。"大家都表示："这是应该的，应该的。"于是我们将望志路106号及其左右房子和老渔阳里2号，请房管部门协助动迁，动迁工作很快就完成了。

中共一大会址外景

中共一大会址内景(当年的会议室)

找到最早的团中央机关

一天,姚溱同志又打电话问我工作进展情况,我作了简要的汇报,他指示还要找一处最早的团中央的活动机关,对外是外国语学校。事后我问杨淑慧当年党办过一个外国语学校在哪里,她说她知道,是陈独秀办的,在霞飞路(今淮海中路)新渔阳里6号,离陈独秀家不远。说着我们就来到霞飞路,渔阳里的里名没有了,但细看还可以看出"渔阳里"三字的痕迹,庆幸的是弄里门牌没有改,我们很快找到了6号。于1956年动迁5、6、7号三幢房子的居民,1957年年底按原样修复竣工,并恢复"渔阳里"里名。

"一大"会址在恢复原状时,我根据《往矣集》等有关资料,把会议桌椅安排在客堂楼上,直到1956年2月12日董必武同志来馆视察时指出:"是在楼下开的,当时楼上住的是家眷,不可能在楼上开会。"这样我们就把会议桌椅搬下楼来。1964年以后李书城的夫人又来上海时,我们问她当年开会在楼上还是在楼下?她说:"我记得这张大菜台子没有搬到楼上去过。"这样就完全证实"一大"是在楼下开的。

当"一大"会址找到以后,我还请陈望道同志来看过,请他核定"一大"会址。他看了之后既不肯定,也不否定,说:"我实在记不清了。"也请过李达同志,当时他是湖南大学校长,他看后谈了许多党早期的活动情况,与"一大"直接有关的只有一点,就是"大会开到第四天晚上,法租界的密探闯进会场,说是找人找错了门,当时共产国际代表马林很机警,问大家认识此人否,大家说不认识,他说一定是密探,赶快休会离开会场。大家从前门走出,来到老渔阳里2号陈独秀家里,当时我也住在那里,大家商量明天开会要换个地方,因为我太太从小在嘉兴,她建议到嘉兴南湖去开,大家都同意,于是我请太太先去南湖雇船,我们分两批去装作游湖模样,在船上开完了大会"。他对找到的会址没有异议。

1951年10月8日市委通知:"一大"会址、老渔阳里2号及博文女校三处为纪念馆，并成立以夏衍同志为首的管理委员会，成员有恽逸群、陈虞孙、方行、沈之瑜、杨重光等同志，负责设计并领导这三个革命纪念馆的工作。

征集史料前后

1952年冬天，文化部文物局王冶秋同志来沪视察三馆，指示遗址应按原状恢复，有关史料不要在遗址内陈列，并建议做三个模型送中央宣传部。

为了征集资料，沈子丞同志从中华书局图书馆里找来了毛泽东和恽代英两同志亲笔填写的《少年中国学会会员调查表》，毛主席的表是1925年11月21日填的，在表里对中国革命的主张阐述得很清楚，时间比《中国社会各阶级的分析》要早四个月。我将毛主席的那张表拍了照片，交夏衍同志请示中央将来能不能公开在纪念馆陈列，不久夏衍同志来电话说："中央同意公开陈列。"杨重光同志文章里把此表说成是"志愿书"，错了；说此表是从原亚洲文会"日本投降前日本特务机关秘密存放在那里的我党建党前后的文件、资料和出版物"中发现的，更是牛头不对马嘴。亚洲文会博物院是我接管的，我最清楚，在博物院里有一个图书馆，确实收藏有日本特务机关"满铁"的档案，其中都是我国军政情报，根本没有此表，此表明明是沈子丞同志从中华书局图书馆里找到的。现在成为"一大"纪念馆的一级文物，同时找来的还有一张我军的军用地图，后来调给北京了。

三个按比例缩小的模型做好已经到了1953年了，由沈子丞同志于6月19日送达中央宣传部，沈回来说王冶秋、胡乔木同志都看过了，他们说模型做得很好，并传达毛主席看过后说："叫包惠僧去上海看一看。"包惠僧是当年"一大"的参加者，当时任国务院参事。1954年3月，中央宣传部请包惠僧及薛文淑（李书城的夫人，当年"一大"会址的房屋主人）专程从北京来到上海，我陪着他们去三个地方都看了一遍，回到宾馆包惠僧滔滔不绝地讲了几天，这就是他后来写的《共产党第一次全国代表会议前后的回忆（一）

(二)》《勘察上海革命历史博物馆的几点意见和几点回忆》《勘察上海革命纪念馆后的见闻》等。薛文淑则对当年她家室内的一切布置作了详细说明,我们根据她的口述作了记录。还通过她找到了她房内的一只茶几、一把椅子,据说是当年的原物。他们对已确定的三个馆的原址都认为是对的。

670万人走向兴业路

朱　诚　徐承祖

上海兴业路,是一条小小的马路。近40年来,就是在这条小小的马路上,陆续涌来了670万人。这样的地方,这样的人流,世界上还有第二个吗?

1921年,这里发生了惊天动地的大事变——中国共产党第一次全国代表大会召开了。

一位美国人詹金斯·索罗门称这里是"奠定历史的地方"。不错,兴业路,是奠定中国历史的路。

大年初一的客人

1921年7月,董必武同志作为武汉共产主义小组的代表,到上海出席了"一大"。35年后他重游旧址,自是万分感慨。

那是在1956年2月12日,正是大年初一,董老选中"一大"会址来拜年。上午9时,董老健步走入纪念馆,神情庄重,目光柔和。由于当时纪念馆建馆不久,资料不全,当事人的回忆有误,故误将"一大"会址布置在兴业路78号(原望志路108号)楼上。董老登楼仔细看了会议室的布置,最后进入76号(原106号)客堂。他环顾客堂四周之后,别转头对陪同的周馆长说:"当时,我们开会不是在楼上,会议室应该布置在楼下。"接着,他又说:"当时不像现在,人家有女眷,我们怎好走到楼上开会呢?何况那时的会议又有外国人参加。"

之后,纪念馆根据董老的意见,进行了严谨的考证,确定"一大"会址是在兴业路76号楼下。

当天，董老回到招待所以后，心情激动不已，欣然命笔写下两幅题词，一幅引用了《庄子》的话："作始也简，将毕也巨。"另一幅是："马列主义只要有人会在劳动人民中传播，革命的道理就会在群众间生根，群众的革命主动就会发芽滋长起来。"此后，董老的两幅题词一直悬挂在"一大"会址陈列室里。

"那时，我还是个娃娃。"

1978年9月6日，邓颖超同志陪同外宾来到"一大"会址参观。

在陈列室里，当讲解员介绍到天津觉悟社成员的合影时，邓颖超谦虚地说："建议纪念馆不要放我的照片。"外宾说："这是历史。"邓大姐说："那时，我还不到16岁，还是个娃娃，这张照片是解放后交出来的。"

当介绍到新民学会旅法学员的合影时，邓颖超指着向警予的照片对外宾说："她是我们党早期妇女运动领导人。她早年留学法国，1928年在武汉被捕，牺牲得很英勇。"表露出她对向警予的崇敬和怀念之情。

"我来补课"

1976年1月9日，罗瑞卿大将坐着轮椅，来到"一大"会址。他一下车，就握住在门口等候他的纪念馆工作人员的手，语重心长地说："你们在这里工作真幸福啊！"

在参观会议室时，将军内疚地说："过去一直没有机会到这里来，今天我是来补课的。"这句动情的话，打动了在场人的心。

近40年来，这里已成了海内外人民向往的圣地，许多共产主义领袖曾来到这里。

1956年9月，有40多个兄弟党的代表在参加了中共"八大"会议后，纷纷来到"一大"会址参观。

1958年12月5日，中国人民的老朋友、朝鲜民主主义人民共和国内阁首相金日成，由上海市副市长许建国陪同来到"一大"会址参观。金日成首相听着周馆长的详细介绍，看着一件件展品，频频点头，神态庄严，他的思绪仿佛回到了当年他与中国共产党人共同战斗的岁月。

参观结束，金日成同志挥笔题词："中国共产党的创立不仅为中国人民开辟了光辉的道路，而且对东方人民的解放运动给予巨大的影响。"

在这块奠定历史的地方，著名爱国老人胡厥文将捋飘拂的美髯，唱出"长江大河，起于勺水"的颂辞。大画家丰子恺转动如椽之笔，一气写成"饮水思源"四个大字。历史地理学权威谭其骧则抒发出"瞻仰之余，不胜鼓舞"的胸臆。

诺贝尔奖获得者来到这里

祖国的每一个重大历史性变化，同样震撼着海外赤子之心。

1972年6月18日，曾获诺贝尔物理学奖的杨振宁博士风尘仆仆来到这里参观。科学家生性好动脑子，爱提问题，在这块开天辟地、奠定历史的地方，杨振宁一连提出好几个问题。他问起了参加"一大"会议的13位代表的情况，对他们各自最后的归宿感慨不已。接着，杨振宁博士从党史谈及鲁迅先生，谈到"左联"五烈士，谈到那些为新中国的诞生英勇献身的先烈，深深流露出他对鲁迅和烈士们崇高的敬意。他建议"一大"会址纪念馆应当再扩大一些，是否可以再建一个陈列室。

1972年10月28日，天高云淡，金风送爽。又一位诺贝尔奖获得者李政道博士与夫人秦惠䇹在几位亲属的陪同下，兴致勃勃地来到"一大"会址参观。

同样，李政道博士也一连提出了好几个问题，所提问题竟如一位研究中共党史的专家。他告诉我们，他在韶山参观时，对于1927年以前的中国历史了解了一些，但对于武汉汪精卫叛变的情况不清楚，他认为，按理说上海"四一二"大屠杀后，武汉的共产党人可以作好准备，以防汪精卫叛变，但后来汪精卫还是叛变了，又杀了许多共产党人和革命群众，这是为什么？

我们作了回答以后，他满意地说："今天在这里听清楚了。"

F. 狄克曼是荷兰皇家科学院国际社会史研究所副所长，专事研究第三国际代表马林和东亚史。1987年9月15日，在他研究的马林专著即将出版之前他特地来到"一大"会址，以收集马林与中共建党时期的有关珍贵史料。

那天，他参观得很仔细，对会议室及所有展品都很感兴趣。他高兴地赞扬陈列的内容是像历史学家所表达的那样——如实反映。

狄克曼先生的研究无疑给中国的党史研究工作提供了珍贵的资料和极有参考价值的论点。他回国后，还给纪念馆寄来了马林的早期照片及共产国际给中国共产党的指示复印件。

比恩鲍姆是奥地利国际关系研究所所长、维也纳大学的名誉教授，他和夫人于1982年5月14日专程来"一大"会址参观。

一进门，比恩鲍姆教授就谦逊地说："我是研究历史的，但对这部分历史不熟悉，现在补一课。"当他看到悬挂着的陈独秀的肖像时，连连称赞："你们展出了陈独秀的肖像，如实反映历史，很好。"比恩鲍姆夫人参观后说："我也是搞博物馆工作的，你们的陈列简要，说明问题。"教授插言说："例如中国工人的苦难生活有很多资料，你们只用了两张照片就说明了问题。"

一个新的我，在这里诞生

近年来，国际共产主义运动风云变幻，中国许多青年来到"一大"会址，寻求真理，寻求前进的方向。

张海迪来了。她激动地说："我到这里来参观，了解了我们党的创建过程，更坚定了对共产主义的信念。我是1982年入党的新党员，我党的青年一代应该踏踏实实地干好本职工作，做一颗通向共产主义道路上的小石子，让后人踏着走向共产主义的明天。"

老山英模报告团来了。他们奋笔写下了新一代青年军人的理想："祖国万事连我心，无私奉献为人民。"

一群上海交通大学的学生参观了"一大"会址后，热切地表示："一大"精神鼓舞我们这群年轻的大学生，使我们坚信"只有中国共产党，才能救中国"这一真理。

上海工业大学的一位学生参观后，欣喜地留下了他的心声："在这里／一个新的我／在诞生……"

华东政法学院的一位学生道出了新一代大学生的思索："从'一大'十三名代表之后所走的不同道路，使我们能悟出人生之路的曲折：顺时代者昌，逆时代者亡！"他们对革命先辈充满了敬仰。

不少学生深切地感受到："门内是激奋的历史，门外是时代的新旋律。"他们想到："'一大'带来的是一个崭新的中国，在这个英雄的国度里，我们将为后代留下什么呢？我们感到了作为一个青年，一个未来建筑师的责任！"他们深信："中共领导，一定会向世界表明，21世纪将是中国人的世纪！"

是的，前进的道路上充满荆棘与艰难险阻，但正如古巴共产党中央书记里斯克特于1990年4月22日参观"一大"会址时所说的："在目前社会主义遭受挫折，美帝国主义和它的西方盟国暂时得势的时候，对这块共产主义圣地的访问，增强了我们对马列主义必将在全世界胜利的信心。"

同时，我们还应当读一读美国泰克公司董事长高托浩特1982年4月11日参观"一大"会址时留下的话："革命的火种在你们国家燃起，我们能看到你们整个民族将取得胜利，这是中国共产党的正确领导。"他又说："中国人民于1840年以后一直在战斗。你们走过了曲折的道路，你们有正确的领导人。"

这位美国大老板参观后的感想，多么令人深思！

中共一大会议中的突发事件

许洪新

1921年7月30日，中共一大举行第四或第五次会议。晚8时许，会议刚开始不久，代表们正在聆听共产国际代表马林的发言。突然，一个陌生人闯入了这幢坐落于望志路（今兴业路）、贝勒路（今黄陂南路）口树德里内的石库门楼房。陌生人的到来打断了会议的进程，根据马林的提议，与会者迅速离去。片刻工夫，9名荷枪实弹的中法巡捕就赶到了，他们搜查了这幢楼房，讯问了房屋的主人、代表之一的李汉俊，还有陪同李汉俊留下的另一位代表陈公博。离去的那些代表，经过紧张的商议，决定易地去嘉兴南湖继续开会。

对这起突发事件，事后各人的回忆与记述却不尽相同。有说此人"揭开门帘"，一只脚跨进了会场；有的说此人并未进入会场，只是在客堂里与主人说话；有说陌生人没有上到二楼，在楼梯口就被叫住了；还有说陌生人只在楼外门口打探，是李家仆人前来"报告"的，等等。但有人来到这里，紧接着便是法租界巡捕前来搜查，却是铁定的事实。90年过去了，许多人对这起突发事件的细节仍不甚了解，比如这位不请自来的神秘客究竟是谁？他来干什么？为何会引起巡捕的搜查？这些疑问依旧迷雾重重。

陌生人是谁？

最早向社会披露这位闯入者姓名的是署名"鸡鸣"的《中共建党传奇》一文，该文根据对上海市文史馆馆员、离休干部薛耕莘老人的采访，指明此人是时任上海法租界警务处探目程子卿。这篇短文刊发在1988年第4期《作家与企业家》杂志上。薛老曾任法租界警务处督察长,是程子卿的结拜兄弟。虽然次年3月第78期《党史信息报》转载了该文,但知道的人并不多。1991年1月,上海人民出版社出版了《红色的起点》,作者叶永烈依据1990年8月9日对薛老的采访作了记述。之后,薛老在其发表的文章、回忆录及接受访谈中,多次谈过此事。如中国文史出版社1992年出版的《列强在中国的租界》中的《我与上海法租界》一文,他写道:"1921年7月下旬,中国共产党在法租界望志路萨坡赛路口(此处有误,应当是望志路贝勒路口——作者注)一幢房屋内召开成立大会时,那个身穿蓝袍黑褂前往干涉、传达法租界当局命令不准开会的人,就是程子卿。"但薛老的回忆颇受质疑:为何早不说,非要等到有关人士大多作古后才说?

自1991年起至薛老去世,特别是在他思维清晰的十多年中,笔者对他作过不下十数次的采访,也有幸读过他的回忆录手稿,还曾就人们的质疑询问过他。归纳他的回答,主要有三点:一是他在1930年前后进入法租界警务处工作后,多次听程子卿讲起此事,还专门查了当时的档案;二是程子卿对他讲的内容,当时他有记录,记录本子在建国初遭受错捕时被收缴了;三是在他被错捕后,曾反映过此事。对法租界档案中有记载一节,笔者曾多次翻查过,迄今却没有发现;关于第二点,这些记录本或许还保存在薛老被错捕时的档案中,不过笔者无法追查;至于最后一点,倒是查得一份材料,时间是1968年6月1日,当时薛老在内蒙古自治区乌拉特前旗乌海农场服刑,材料为其亲笔,还盖有他的指纹和农场军管小组的印章。该材料的第四点即是"1921年中共在上海成立时,由他(指程子卿)向法当局报告,后由他车(当为"转"或"传")法帝当局命令,禁止中共开成立大会(地址在上海萨坡赛路望志路口),不得已改在嘉兴开的"。此件当可证明薛老确实早已反映此事,只是躺在公安机关的档案中无法为党史研究者知悉利用而已。

薛老的回忆虽只是听程子卿所说,两人年龄相差20多岁,入法捕房的时间也差了近20年,但他俩是莫逆之交。1930年薛入警务处政事部社会科当翻译，程先是该处督察，旋为督察长，对这位后进十分欣赏，后来他俩与政治部社会科科长朱良弼结拜为异姓兄弟。从此，作为大哥的程子卿对这位小弟更是百般照拂。1946年薛耕莘因"通共"案被押，释放后，程子卿还召集故旧在南京路新雅大酒楼为其隆重接风。当时两人过从甚密，无话不谈，故而薛对程的经历知之甚详；加之薛老记忆力极强，直到90多岁时，依然记忆清晰，思维敏捷。因此，他对程子卿讲的这件事，总体上不太可能失真，况且此事与薛耕莘本人毫无牵连，无须隐讳或增饰。所以，笔者认为，这一回忆可信度是比较高的，基本可以认定闯入中共一大会场的陌生人就是程子卿。当然，最终确定还有待对法租界档案的进一步发掘和研究。

他去干什么？

这个问题于文献中同样众说纷纭，但不外乎是"偶然"与"特意"两说。谓其"偶然"者，主要有三种说法：一是陈潭秋的回忆，他说那个"獐头鼠目的穿长衫的人"，"说是找各界联合会王会长，找错了房子，对不起"，说毕扬长而去；李宅旁第三家确实是上海各界联合会会所，但该会没有会长，更没有姓王的人。再是陈公博所说的，"那个陌生可疑的人"问李的仆人，"经理在家否？"仆人便来报告。三是李达的推测，大约是马林"声音宏大，马路上的人都可听到"，这个"不速之客闯进会场，张目四看"，问他找谁，他随便说了一个名字，匆忙走了。主张"特意"者也有两说：其一是董必武的看法，他说密探是跟踪马林而来的；其二便是薛耕莘，他说程子卿是受派"前往干涉，传达法租界当局命令不准开会"。

法租界当局何以会特意派程子卿去传达不准开会的命令呢？据薛老说："因为法捕房事前已在该处附近，捕获了一名企图在中共开会时进行破坏的、北洋军阀派出的凶手，并搜出手榴弹两枚。为避免意外"，这才派程子卿"前往传达法租界当局的通知，要求暂缓或移地开会"。这段文字采自2000

20世纪30年代,结拜为异姓兄弟的三名法捕房高级警官。右起:薛耕莘、程子卿、朱良弼

1968年薛耕莘写的有关程子卿闯入"一大"会场的材料

年第3期《史林》,是上海历史研究所研究人员当年对薛老采访的口述记录整理稿。自1989年至2000年之后,薛老多次谈及,内容大同小异,惟在其家藏的《回忆录》手稿中,于该内容之下有一小注:"当时法国政府的态度是不干涉(租界内)政治团体活动。既捉到了凶手与凶器,说明中共内部显有叛徒。万一让开会,发生严重手段(事件),上海法租界当局将受到法政府的谴责,负责治安人员将受到撤职处分。所以派程子卿规劝中共不要在上述地点开会,免遭袭击。当时法捕房报告上是这样写的。"如果此说属实,则房主人李汉俊及会议主持人张国焘必然知道,也应向与会者传达,但与会代表和有关人员包括张国焘的回忆录,都没有谈及这一点。如此重大的情节,不可能都"记不起来",故而对程子卿是奉命通知不要在此开会而特意前往之说,笔者认为不合逻辑,难以采信。

那么程子卿究竟是去干什么?薛耕莘又因何会有此说法?

原来在1921年7月30日，法租界当局颁布了一项"取缔集会"的新章程，规定各团体如要集会，"须在四十八小时前报告，一俟总巡核准，方许开会"。否则，查悉后"即照违章论"，将交"公堂讯究"。颁布当天，法捕房总巡费沃礼命中西探目派捕探分赴界内各团体知照。笔者认为程子卿来树德里，是向上海各界联合会传达该章程的，当走近李宅后门时，忽听得马林在大声讲话，且是一口外语，顿时警觉起来，便闯了进去。当他确切地看到屋子里坐着十来个人正在开会，还有两个西方人时，便马上赶到嵩山路捕房用电话向上级报告，接着便有9名中外捕探飞车赶到，进行了搜查和讯问。这中间相隔的时间，各人所述尽管不一，但都说很快，那是因为树德里距嵩山路捕房很近，步行仅需10分钟左右。据陈公博《十日旅行中的春申浦》所记，率队前来搜查的乃是法捕房总巡。

为什么程子卿闻声会顿时警觉起来，为什么法捕房对程的报告会如此重视、反应会如此迅速，甚至可能是总巡亲自出马？恐怕不能以集会没有事前报告就可解释的，因为该新章程明确规定是从"八月一日起"实行，7月30日这天刚由捕房派员"分赴界内各团体知照"，故而其中必有特别的原因。这特别的原因是什么呢？程子卿从会场上又发现了什么？或者是总巡费沃礼从程的报告中察觉到了什么？

个中的玄机

按照薛老的说法，事前已在该处附近捕获了北洋政府派来的密探，还搜出了手榴弹，其目的是对这次会议进行破坏。此说目前无档案证实，只能作为参考。

根据《马林与第一次国共合作》一书披露，今藏中国革命历史博物馆的荷、法、英文档案，表明马林自1921年4月20日在维也纳被捕并逐出奥地利国境起，就一直处于荷兰当局的监视之下，其行踪也由荷兰政府通过外交途径，不断地向其所到国家的政府通报。当他以日本《东方经济学家》杂志社记者身份，于5月7日从亚丁登上阿奎利亚（亦称茵斯布鲁克）号客轮来华，荷兰外交大臣即于18日致电其驻华公使，要求将马林赴华事"通报中国政府"；30日，荷兰驻沪代理总领事丹尼尔斯电告驻华公使，"已请有关捕房采取必要措施"对马林及其同行者"保持监视"。同日，丹尼尔斯在致上海公共租界工部局的信中，又言及已将马林他们来沪事"通知中国警察和公共租界捕房"，捕房也"许诺将严密监视这些人的行动"，并会向他"提供有关的详细情报"。所以，马林于6月3日到沪后，先入住东方饭店，6月14日迁住麦根路（今石门二路北段、泰兴路北段与康定东路）的一家供应膳食的旅馆中，化名斯内夫利特、安德莱森或倪公卿，并"与一名印度共产党人名达尔索诺者，经常保持联系"等情况，丹尼尔斯都了如指掌。6月6日，马林还应丹尼尔斯的通知去领馆见了面。荷兰当局完全了解马林的身份"系由莫斯科第三国际执行委员会委派，前来远东进行革命煽动的"，只因"目前尚无理由"对马林及其同行者"立即采取行动"，这才实施监视，以"弄清他们的行动计划是否属实"。这些情况，法租界捕房自然会得到通报，也会向有关探目、探员作必要的交代。据此，是否因程子卿发现有外国人在场，或是法总巡怀疑有马林在内，从而产生警觉并作出快速反应，这种可能性是不能排除的。

日本学者石川祯浩的发现，对探究个中玄机具有重要意义。他在日本外务省外交史料馆藏档案中发现了一些施存统的文件，后来编为《中共创立时期施存统在日本的档案资料》一稿。文件反映日本警视厅在1921年6月29日获悉：6月30日，上海支那共产党将在上海法租界贝勒路，召集各地代表开会，日本人也将参加；所列邀请派出代表的城市有北京、上海、广州、苏州、南京、芜湖、安庆、镇江、蚌埠、济南、徐州、郑州、太原、汉口、长沙。这份情报除日期及部分城市，与目前所知有所出入外，真实性毋庸置疑。我们暂且先不论该情报的来源，只要不是上海法租界当局提供的，按当时惯例，日本警方在向有关国家或有关方面通报时，一定也会向上海法租界当局通报；如是日本警方自行获得的情报，其态度将更积极

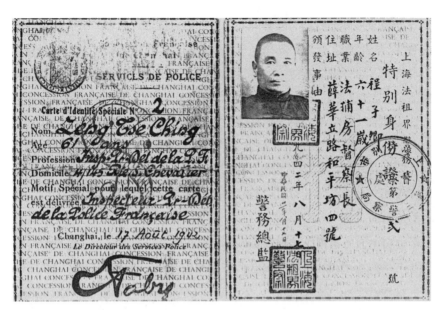

20世纪40年代,程子卿的"特别身份证"

主动,因为当时日本正欲竭力亲近上海法租界,希望在镇压韩国独立运动问题上得到法租界的合作。陈公博在《十日旅行中的春申浦》中曾记述:法国总巡在搜查时,非常关注"两教授"(即马林与尼科尔斯基)的国籍,当李汉俊、陈公博回答是"英人"时,"那个总巡很是狐疑",还对陈公博是否日本人百般盘查。最后一个法国捕探明白告诉陈公博,实在因为误认他是"日本人,误认那两个教授是俄国的共产党,所以才来搜查的"。该文作于会后十数日内,虽然写得隐晦,所记却全是真实的过程。这恰好证明法捕房有可能掌握了这一情报及有关马林的信息,所以对有外国人与会如此敏感。而法租界推出"取缔集会新章",似乎也是在获悉这些情报后的一项防范措施。再按陈公博所记,搜查时"翻箱倒箧,骚扰了足足两个钟头",如此"严密搜查",却对所发现的"英文的马克思经济各书"并无兴趣,只说了几句"看你们的藏书可以确认你们是社会主义者"等话。那他们想要搜查什么呢?如是出于治安目的,意在搜查武器,倒又反证了薛老所说的曾于近处捕获携有炸弹的北洋密探之可能性。总之，法捕房确实是掌握了一些情报，故对贝勒路一带特别关注，以致程子卿对中外人士混杂开会特别警觉，法捕房对程的报告反应快速甚至由总巡率队，也都可以理解了。

情报从何而来

探究日本警方与法捕房的情报来源，在档案尚未充分开放的情况下，是十分困难的。

但日本警方情报之初始源头似乎是出自中共上海发起组。情报中列出请派代表与会的城市，比目前我们所知多出苏州、南京、芜湖、安庆、镇江、蚌埠、徐州、郑州、太原，又云日本人也将参加。现已无法得知上海发起组曾向哪些城市的党组织发出过邀请，北京、上海、广州、济南、汉口、长沙6个城市与情报相吻；周佛海来自东京，似可被误解为"日本人也将参加"。在情报多列出的9个城市中，至少徐州与南京是得到邀请的。解光一在《对中共"一大"代表人数的新质疑》一文中提到，"南京和徐州在1920年至1921年间，均有党的组织，并且在'一大'召开前夕，接到了出席'一大'的通知，派出了自己的代表，代表人数是徐州和南京各一名"。徐州代表

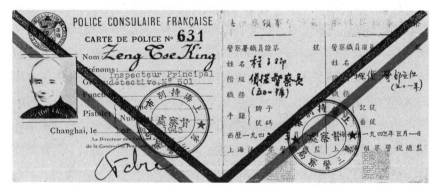

程子卿任上海特别市第三警察局侦探督察长的工作证

名陈亚峰，南京代表叫郭青峰（一说刘真如）。两人"抵沪后，曾与出席'一大'的其他地区代表酝酿讨论组织章程。但在谈到党的纪律时，由于南京代表受无政府主义影响较深，不愿受党纪约束，中途退席，并挽陈返徐"。不管如何论定该两地代表是否算"一大"代表，但两地都收到了上海发起组发出的邀请，应该是无疑的。那么，同样收到了邀请而因故未出席会议的还有没有呢？

再说会议日期问题，我们已知道，与会代表因种种原因到沪时间前后间隔很大。张国焘约在5月中旬到沪，马林、尼科尔斯基是6月初到上海的，王尽美、邓恩铭到的也较早；毛泽东、何叔衡和刘仁静到上海是在7月4日前后，而董必武、陈潭秋、陈公博、包惠僧与周佛海则在7月20日前后。这一情况说明，当年"一大"开会的时间可能就是初定在6月30日，后因部分代表无法如期赴会而改在7月下旬的。如是，则日本警方情报中的会议日期，也不能算失误。总之，从这份情报的内容分析，若非与上海发起组参与筹备事务者有所接触，很难想象能杜撰或推断出与事实如此接近的情报。

其实，中国共产党虽是秘密成立的，但其严密的组织与严格的纪律，主要是在"四一二"政变之后白色恐怖环境中形成的。所以，上海发起组关于"一大"的筹备工作，在当时的党团组织内可能不是十分保密。而上海发起组所在的新老渔阳里（时称铭德里）及其周围的上海法租界西区，政治团体众多，多国籍人士的政治活动活跃。这不仅为法租界当局与中国政府密切关注，各类线人混杂其间；日本更因韩国临时政府设在此地，为海外韩国独立运动的主要中心，所以日本驻朝军参谋部、日本朝鲜总督府、日本驻上海总领事馆警务局都曾派遣间谍，混入各团体中，刺探情报。如日本驻朝军参谋部大正八年（1919）9月6日《朝特报第40号》情报，反映的就是孙中山、孙洪伊与韩人安根生、日本人松本三郎，在淮河路（今长乐路）32号设立秘密机关；8月25日晚，松本走访孙文，达成关于组织共产党的协议；当夜，松本、安根生等30多人在机关召开秘密会议，商讨实现协议的方法。1921

年6月18日日本朝鲜总督府《高警19903号》情报，报告韩人中的共产主义者在沪开会，协商派遣李东辉等3人去莫斯科事，并将取道法国赴俄等。陈独秀在建党建团过程中，也都有日、韩共产主义者参与，维经斯基、杨明斋来华同行中有韩人安某；中国社会主义青年团创建时，有日人阪西多郎，韩人柏克、安某等人参加；日人阪西还在日本《劳动月刊》上撰文介绍中国社会主义青年团组织情况。所以，日本警方完全有可能获得有关中共一大筹备情况的情报。

程子卿何许人也

最后剩下的问题是，那位神秘的陌生人，究竟是何许人物？

程子卿，字则周，一作泽周，光绪八年正月十四日（1882年3月3日）生，江苏丹徒（今镇江市）人。

程子卿出身贫寒，幼时读了3年私塾，便在镇江南门越城内何益顺米店当学徒。约1900年来沪，投奔在福州路当妓女的姐姐，由姐姐出资在广东路满庭芳开了家小栈房。因生意不好，不久歇业。后以身材高大应募入公共租界新闸捕房当差，因不谙世事，不久出错被开革。之后，托人入法租界大自鸣钟捕房当警士，时在1911年前后。吸取了以前的教训，程子卿在法捕房小心翼翼做人，认认真真办事，渐渐取得法籍巡长和华人探长（后为督察长）黄金荣的好感与信任，升为探目，并在相当长的一段时间里，住在钧培里黄金荣家中。因其皮肤黝黑，人称"黑皮子卿"。1924年调入刑事科政事组，负责社会团体成立申请的审核和新进人员资历审查等工作。

20世纪20年代中期，中国政局错综复杂，既有国共合作的广东革命政府与北洋政府的对峙，又有南北政府内部的矛盾，既有国共两党之间的斗争，又有国民党内左、中、右的交锋，还有奉、直、皖各系军阀的冲突，加上英、日等外国势力的介入，致使中国政局动荡不定，前景难测。上海是中外各种政治势力交集之地。作为法国专管租界的上海法租界，一直被法国政府视为海外领

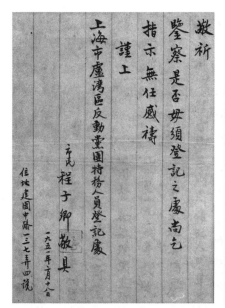

上海解放初,程子卿询问自己是否应该参加反动党团登记而致有关部门的信函末页 上海解放初,程子卿询问自己是否应该参加反动党团登记而致有关部门的信函首页

地,实行的是法国法律,标榜对中国国内政治的不干涉政策。只要不涉及暴力行动,不危及租界治安,允许各类团体包括国民党中央上海执行部等革命团体设在法租界,一时间法租界成为国共两党革命人士存身及活动之处。

程子卿早就与孙中山、宋庆龄有了联系,并负责孙、宋在法租界的安全,进而与居正、叶楚伧、杨杏佛、邓演达、蔡元培等国民党各派代表人物都有良好的关系,为他们存身、活动提供安全帮助。如有一次军阀当局至法捕房联系,请协助逮捕汪精卫,程子卿即受黄金荣之命,前往望志路报信,待北洋暗探与捕房人员到达,早已人去楼空。同时,他将接触交往中获得的信息汇集起来,向法租界当局报告。1927年初,他从所获信息的综合分析中,作出了国共将于不久后分裂、中国政局将有巨大变化的判断,准确预测了"四一二"政变。这一判断经政事组组长萨尔利、警务总监费沃利和法国驻沪总领事那齐雅,辗转送达了法国外交部。黄金荣、杜月笙、张啸林为

"四一二"政变打头阵时,程亦有参与相助之功。3月26日蒋介石乘楚同舰抵达高昌庙,旋持特别通行证进入法租界至黄金荣家中拜访,程子卿也在陪坐之列。其时,黄金荣已从捕房退职,为蒋介石办通行证及至高昌庙迎接等均是程子卿所为。事后,程子卿得以提升为督察,还获得南京国民政府颁发的青天白日三等勋章。萨尔利更因此越三级而被提升为督察长;后来政事组从刑事科分出成立政治处,由萨担任处长;两年后又改为政事部,又升萨为主任。政事部每天向法国驻沪总领事送上一份报告,法总领事又据此摘报驻华大使和外交部,使法国政府得以及时了解中国与上海的动态,为此该政事部有"法国在远东最有成绩的情报机构"之誉。程子卿亦连连得到升迁与褒奖,1931年升为一级督察长,成为外勤中的最高职级,也是华人中的最高职级;多次获得法国政府颁发的铜质、银质直至最高荣誉的金质勋章,而获此金质奖章者,每月增加特别津贴20元。

1937年"八一三"淞沪抗战爆发,11月上海华界沦陷。作为孤岛的上海租界成为各种抗日势力的据点,侵华日军与法租界当局交涉频繁,程子卿与其结拜兄弟薛耕莘,被指定为法捕房与日本军方的交涉代表。举凡日方欲入租界捕人或引渡,均须经过他俩之手,可谓权重一时,所持的特别通行证可以任意出入日军戒严地区。1943年7月在日本的导演下收回法租界后,程子卿改任上海特别市第三警察局督察处长,后为蓬莱分局督察长。1945年抗战胜利前夕,以年老退休。1946年为斜徐路平阴桥头华美烟草公司外务,此职无须上班,只是利用昔时影响,为公司疏通关系、解决麻烦而已,俗称"吃俸禄"。1949年辞去。其时他还在淞沪警备司令部编制之外,挂了一个"上校督察"的头衔。建国后,他一直赋闲在家,以收房租为生。晚年消化道、泌尿系统患病,于1961年9月27日病故。

综观程子卿一生,经历颇为复杂。一方面,他是法租界高级警官,与南京国民政府及汪伪政权要员都有密切的关系。这些要员任职南京,在上海大多置有别业,且多在法租界内,需仰仗他派捕探保护;每当来沪,又须事先告知,由其安排接送,并时而互访应酬。曾为其部下的刘香林就说:"别人要见蒋介石,很不容易,但程子卿去随时接见。"1934年,西爱咸斯路(今永嘉路)孔祥熙宅发生命案,系与孔二小姐有暧昧关系的年轻保镖跟司机相互争风吃醋,保镖将司机枪杀了。孔家为掩家丑,通过程子卿穿引,由孔家代表、中央银行一杨姓秘书与法捕房协商,不予公布案情,据说由孔家以2.5万银元安抚死者家属,以过失伤人致死罪名判处保镖5年徒刑了事。

为了法租界的利益,程子卿也参与了不少镇压革命和抗日的活动。1931年6月,法商电车电灯公司爆发大罢工,史称"57天大罢工",严重冲击了法租界统治秩序,程子卿等便策划了陷害逮捕罢工领袖徐阿梅的阴谋。1941年春,政事部便衣侦探汪振武为抗日游击队藏匿了一批武器,日本宪兵队侦知后前来交涉,由程子卿安排会同日本宪兵将汪振武逮捕,并交日方带走,汪一周后被害。

然而,程子卿也保护过一些革命者和知名人士,使他们免遭反动派迫害。建国后沈醉曾披露军统策划过"美男计",欲诱使宋庆龄的保姆李燕娥下水,达到在宋身边安插眼线的目的,后因宋庆龄察觉其阴谋而未得逞。据薛耕莘告知,正是程子卿将此男子的背景告诉宋庆龄的。1931年夏,程子卿通过宋庆龄转告邓演达"出入小心","最近尽可能不要外出"。可惜邓演达没有充分重视,导致先在国富门路(今安亭路)被绑架幸为安南巡捕截下,不久又遭逮捕而遇害。他也曾应宋庆龄、杨杏佛之请,帮助营救过在法租界被捕的革命者。抗战期间,他与地下抗日组织联系更多。仅据薛耕莘谈及,程先后为他引见过军统京沪区副区长程克祥、彭寿,杭州市市长赵志游的沪办主任唐家珍,蒋介石委任的上海党政特派员何世桢,还有冯有真等。程子卿成为军统所属国际问题研究所驻沪办事处办事员,介绍人即何世桢。抗战胜利后,又曾协助毛森缉拿大汉奸,通知夏奇峰前去报到的便是他。由于职位关系,对一些不得不应付的事,他也尽力敷衍。如日本宪兵队特高课课长林秀澄拉了他与薛耕莘,去马斯南路(今思南路)梅兰芳家,逼梅赴日本、"满洲国"演出时,也为梅装病敲边鼓。1941年至1945年间,他常在逍遥池与薛耕莘、黄金荣碰头,商议如何掩护地下抗日活动和敷衍日军。凡此种

种，都表明了他的基本立场。

作为法捕房骨干，程子卿的职级不低，活动不少，但建国后却未受到司法处理。据薛老告知，程子卿曾向毛泽东主席写过请罪求恕信，大意是自知在旧社会任伪职，犯有罪行，但也曾为共产党做过一些事，如今年迈多病，请求善终于家云云。听说此信是请宋庆龄转递的。笔者无法查证此事确实与否，但曾就其可能性，向杨小佛先生求证过。杨先生自父亲杏佛先生被刺后，深受宋庆龄照拂，对宋了解颇多。杨先生称不知此事，但因宋庆龄是一位仁义长者，而程子卿又对宋有过关照与帮助，为其向有关领导转信的可能性是存在的，当然不一定是直接转给毛泽东主席。程于1954年虽曾被捕，1955年2月再报捕办，但都以"无罪行，无活动，年老多病，无活动能力"而"不予处理"，则是事实。所以，程子卿的晚年是比较安定的，每月150元的房租收入，儿子月贴15元。在身体尚好的几年，他每天5点钟起身，收拾客堂，常常自己上菜场，买点喜欢吃的鱼。他早年信佛，后改奉天主教，但不常去教堂，只是每天读点《圣经》。余下时间看看报纸，或与来访者谈天，下午则是"水包皮"，去沪南浴室泡混堂，后来改为每周去一次。找他外调了解情况者较多，但他往往只证明被调查人的职务，不多谈其罪行与活动。仅在1956年，他曾带领公安人员往虹桥，抓捕了原政事部外事股督察长、法籍白俄警官爱莫利亚诺夫。

长久以来，普遍流传程子卿是郑家木桥小瘪三，曾与黄金荣、丁顺华结拜兄弟，他为老三。薛耕莘也这样说，似乎很可靠。因为薛不仅是程的结拜兄弟，与丁顺华也颇有渊源，丁于早年曾犯事入狱，是薛的母亲（英国人）援手相救才得脱，所以薛对丁也知之甚多。但笔者发现程亲笔填写的一份《荣社入社申请书》，介绍人是黄金荣的两个徒弟——大世界游乐场经理杭石君与陈培德，编号也不太靠前，为"文字第138号"，似与黄金荣结拜兄弟的身份很不般配。如果真是黄金荣的把兄弟，当属杭、陈师叔辈，应特聘为荣社顾问或名誉理事才合情理。由此看来，程、黄结拜之说似乎不确。

"大东命案"与"一大"会期考证

陆茂清

100余年来，上海滩上的形形色色案件皆为过眼烟云，逐渐为人们所淡忘。唯有1921年7月31日"大东旅社谋命案"，历半个多世纪后依然引起诸多党史学者的兴趣。因为他们循着这一命案的发生日期，考证出了中国共产党第一次代表大会确切的召开与闭幕日期。

7月1日，既不是"一大"开幕日，也不在"一大"开会的日期里

从延安时期到新中国建立直至"文革"结束的几十年内，人们都把7月1日这一天当作中国共产党"一大"的开幕日。其实，7月1日既不是"一大"开幕的日子，也不在"一大"召开的日期之内。

因为早在延安时期，毛泽东就曾说过，他是1921年五月（指农历）到上海出席共产党成立大会的。据谢觉哉的日记，毛泽东所云农历五月，即是农历五月廿九日（公历6月29日）从长沙启程，于7月4日到上海。

其时，董必武也回忆说："1921年7月，在上海召开党的第一次代表大会。"

两人都只记得"一大"是在7月里召开的，具体日期记不清了。

全国解放以后，一批党史学者致力于"一大"召开日期的研究。他们先从出席会议的13名代表分析抵沪时间，否定了7月1日是"一大"开幕日的说法。

张国焘、王尽美、邓恩铭是6月下旬到上海；毛泽东、何叔衡则是在7

月4日以后才抵沪；刘仁静于7月7日左右到上海；董必武、陈潭秋到上海时则已是7月20日左右；包惠僧也是7月20日到上海；陈公博报到时已是7月21日，而周佛海则是在7月20日至22日之间才到上海的。

一份来自共产国际的档案，即《中国共产党第一次代表大会》中则说得更加明白："代表大会预定6月20日召开，但各地代表直到7月23日才全部到达上海，于是代表大会开幕了。"

7月23日代表到齐，是否就在当日开幕？又是不得而知。

"一大"召开的日期，一时竟成了一个难解的谜。董必武也感叹考证之难："有些事情缺乏文字依据，7月1日这个日子，也是后来定的，真正开会的日子，没有哪个说得准的。"

"大东命案"案发前10小时，巡捕搜查"一大"会址

迎难而上，破谜解惑，这是社会科学工作者的性格和职责。多年来确有不少学者为此而殚精竭虑，焚膏继晷，部队党史专家邵维正就是其中突出的一位。他从20世纪60年代开始就把中国共产党的创建史作为自己的主要研究课题，刻苦钻研几十年。终于，功夫不负有心人。他从"一大"代表陈公博两篇文章提到的"大东命案"中，寻觅到了解开这一谜团的线索。

一篇是陈公博发表在1921年8月发行的《新青年》上的文章，题为《十日旅行中的春申浦》。他借"旅行"之语，掩其参加"一大"之实。文中写道："这次旅行，最使我终身不忘的，就是大东旅社的谋命案。7月31日那天早上五点多钟，我睡梦中忽听得有一声很尖厉的枪声，继而便闻有一女子锐厉悲惨的呼叫……"

陈公博

1944年,已是伪政权第二号汉奸的陈公博,在《寒风集》中又一次提及"大东命案",他写道:"上海利用暑假,要举行第一次代表大会,广东遂举出我出席……谁知一波未平,一波又起,睡至天明,忽然听得一声枪响,同时又听见一声惨叫……"

李汉俊

1921年7月14日,陈公博带着新婚妻子李励庄,自广州经香港北上抵沪参加"一大"。因夫妻同行,又是准备公私兼顾"补度蜜月"的,所以到沪后不住代表集体住宿处的博文女校,而是到南京路英华街大东旅社四楼开了房间。

"终于一天晚上,变故遂降临了。"陈公博所云的"变故",指法租界巡捕房搜查"一大"会址——望志路106号,此事发生在"大东命案"案发的前一天晚上,相距不足10个钟头。他在文章中写道,是日晚上8点钟,"一大"召开第六次会议,刚开会,一个穿灰竹布长衫的男子突然找上门来,说是找社联的王社长。李汉俊诧异地说:"这里是民宅,哪有什么社联?也没有王社长这人。"

那人忙赔了个不是退了出去。

参加会议的共产国际代表马林,斗争经验十分丰富,建议马上休会,代表们分头转移出去。

代表们撤离之后,屋子里只剩下了两人。李汉俊是房主,不便一走了之;另一个便是陈公博。

两人在楼上李汉俊的书房兼卧室里,正议论着马林的判断是否正确时,法租界巡捕房的一伙中西巡捕闯了进来,喝令两人不许动,随即开始搜查。

一个巡捕拉开了抽屉,两人不约而同地紧张起来,因为里边放着一份党纲草案。大出意料,那巡捕仅是一扫而过,转向了别处。

一阵翻箱倒柜之后,见未发现什么违禁的东西,带队的探长在盘问了房主李汉俊之后,转头问陈公博:"你是从什么地方来的?"

"广州。"陈公博的粤语很难听懂。

"来上海做什么?"

"我是广州法政学校的教授,趁暑假来沪旅游会友。"

"你住在哪里?"

陈公博话到嘴边又改口:"就住在这里。"因为他所住的大东旅社的房间里,放着广东共产主义小组的报告,若说实话,巡捕赶去搜查,那就危险了。

搜查盘问一无所获,巡捕只得悻悻离去。

一夜三惊,陈公博携妻仓皇离沪赴杭补度蜜月

已是夜晚10点多钟了,陈公博欲回大东旅社去。突然楼梯又响起脚步声了,两人又紧张起来。

上来的却是包惠僧。原来,代表们撤离后,不约而同陆续去了渔阳里2号陈独秀的住所,左等右等不见陈公博与李汉俊到来,便派包惠僧来看看。

李汉俊讲了巡捕搜查盘问的事,陈公博则催促包惠僧快离开这里。李汉俊还叮嘱他多绕几个圈,以防密探跟踪。

时近午夜,陈公博担心妻子在大东旅社着急,便告辞出来。

路上,他设法摆脱密探跟踪回到大东旅社后,马上叫醒妻子,打开箱子,取出文件点火烧毁,并告诉她刚才发生的事,然后才洗漱睡觉。

时值盛夏,溽暑蒸腾,加之迭遭危险,陈公博辗转难眠,直至凌晨方才朦胧入睡。睡梦中,忽听得一声枪响,又一声惨叫,陈公博从地板上跳起来向外望去,走廊里却空无一人。

天亮了,外边才嘈杂起来,有个茶房告诉他俩:"你们隔壁房间有一个女子被人谋杀了,身上中了一枪。"

陈公博马上意识到这里不能久留,忙带着惊惶不已的妻子迅速离开了大

中共一大会址

东旅社。他在回忆文章中写道:"恐怕他(指茶房)找我做证人,弄出莫名其妙的麻烦,如果有巡捕来侦查,保不定认识我就是昨夜被侦查人之一。"

匆匆离开大东旅社后,陈公博去渔阳里2号李达处,讲了所遇的危险后并提出:"我下午要到杭州去。"李达劝他随大家一起到嘉兴南湖继续开会,但他却强调:"励庄受了惊吓,非常惧怕,非要离开上海去杭州,车票都已买好了。"

李达见劝说无效,便不勉强了。

陈公博便在当天下午与妻子"从容地游西湖,逛灵隐寺了,消度我们的后补蜜月了"。而这天下午,党的"一大"在南湖胜利闭幕。

当年《申报》报道与陈公博回忆相符,"大东命案"确实发生在7月31日

陈公博在回忆"一大"的两篇文章中,都详细地叙述了一夜三惊:即巡捕搜查"一大"会址、密探跟踪、"大东命案"。对"大东命案"案发的时

间，他写明是在7月31日早上，还说"在杭州读报，知道那件命案是男女的情死，男子叫瞿松林，女子叫孔阿琴……"

陈公博笔下的"大东命案"如果确有其事，"一大"闭幕的日子便可确定了。

查当年《申报》等报刊，果真有"大东命案"！

1921年8月1日，上海《申报》的"本埠新闻"报道云：大东旅社内发现谋命案。接下来又有8月2日的《续志大东旅社内之谋命案》，8月3日的《三志大东旅社内之谋命案》。综合三日报道，"大东命案"案情大致如下：

凶手瞿松林，某英籍医生的仆役，曾犯私用客账罪，被会审公堂判处有期徒刑四个月。被害人孔阿琴，22岁，缫丝厂女工。

他俩是在新世界、半淞园等处游玩时搭识，做露水夫妻已有年余，发誓同生共死。前不久，那个英国医生去内地避暑消夏，瞿松林偷了他的手枪和75元钱。7月27日又持枪从其兄长瞿振华处勒索得了金表一只、现洋45元，与孔阿琴逍遥两天后，住进了大东旅社四楼三十二号房间，旅客登记簿上写了假名"张伯生"。

31日清晨，瞿松林开枪打死了孔阿琴后，大摇大摆地下了楼。茶房见他要离开旅社，便向他索要房租，他说娘子还在房里，一元不会少的。

茶房左等右等不见"张伯生"的娘子来结账，便去催促，发现房门关着，先是叫喊，后是轻叩房门，却毫无回音，心中大疑，开门入内，却吓了一跳：一个衣着华丽的年轻女子死在地板上！茶房急忙报告经理，经理立即向巡捕房报案。

老闸捕房中西巡捕赶到，检验得死者系手枪击毙，又在房中搜得五封信，署名"瞿松林"，方知他用假名"张伯生"登记住宿。信中的四封是给其父亲及朋友的，一封是致沪上各报馆的，诉说"境遇不堪"，诸如"家庭不平等""婚姻不自由""经济困难""身份微贱"等。

至于瞿松林为什么要杀死孔阿琴，其兄瞿振华向巡捕诉称：恐怕阿琴泄漏了瞿松林的肮脏勾当。

8月3日，巡捕房悬赏大洋百元，缉拿在逃犯瞿松林。

其时，《新闻报》也报道了"大东命案"，案发时间也是7月31日上午。

报章报道与陈公博记述的"大东命案"基本相符，发生的时间也是一致的，由此可知：7月30日晚上，法租界巡捕房搜查"一大"会址。第二天凌晨，即7月31日发生了"大东命案"，"一大"代表后乘火车去嘉兴，在南湖游船上继续开会，"一大"胜利闭幕，宣告了中国共产党的诞生。

由7月31日前推6天会议加上2天休会，7月23日便是"一大"开幕日

考证查实了"一大"闭幕日这一关键问题后，考证"一大"开幕日也就不难了。

据周佛海的回忆："谁知到了第六晚，为上海法租界包探侦知，我们知道不妙，随即散会，决定第二天赴嘉兴南湖开会。"董必武、陈潭秋、包惠僧、李达也都回忆说，上海最后一次会议被侵扰后转移嘉兴。

共产国际档案《中国共产党第一次代表大会》一文中，也有如此记载："代表大会第六次会议是在深夜里召开的，会议刚开始，有一个侦探闯到屋里，很快警察就突然进行了搜查。"

第六晚即第六次会议，"一大"预备会议上定每天晚上8至12点开会。

代表们回忆，第二次会议后休会两天，由董必武、张国焘、李达起草党纲等文件，接着是一连三次讨论，最后一次，即第六次会议时出事了。

由此可知，"一大"在上海开了六天（次）会，加上两天休会共八天。最后一天（次）会议是7月30日，从30日向前推8天，就是7月23日，这一天就是"一大"开幕的日子。

由此可知，"一大"是1921年7月23日开幕；24日，代表们汇报工作；25、26日休会，专人起草文件；27、28、29三日，讨论文件；30日拟由共产国际代表马林讲话，通过文件，因巡捕袭扰而中断；31日，转移嘉兴南

湖开会,"一大"胜利闭幕。

1980年《中国社会科学》杂志第一期刊登了邵维正的考证结论,从而解决了有关"一大"召开日期的历史悬案。

同时,党史专家们又特地说明,虽已考证"一大"在7月23日开幕,但仍可把7月1日作为党的诞辰纪念。

石库门里的红色火种

陈绍康

何谓"石库门"?

据同济大学罗小未教授介绍,石库门是最具上海地方特色的住宅建筑,始建于100多年前。当时上海租界当局取缔了易燃木板屋,开始修建这种砖木结构上下两层的石库门住房(20世纪20年代后多建为三层,并开始配置室内卫生设备)。为什么将这种住宅称为石库门呢?原来,这种住宅的门框,都是用石头砌起来的。初期,是用粗实厚重的花岗岩或宁波红石凿成,后来,是用石头和水泥砌成;门为乌漆实心厚木,门上有铜环(或铁环)一副。这种门被上海人称为"石库门",而这种住宅便被唤作"石库门房子"。由数幢石库门建筑组成的石库门弄堂,既具有浓厚的江南传统民居的单元特征,又有以西方联排住宅的方式进行总体布局的特点,因此,石库门住宅一开始就含有浓厚的中西合璧的色彩。

石库门,是上海人居住最多的住宅,独门独户有之,数户合租有之,各行各业,三教九流,杂居其间。一群杰出的中国人就是在石库门里,策划上演了一出开天辟地的大事变——筹备成立了中国共产党。

三益里:汇集了一批早期共产主义者,《星期评论》在此传播革命真理

上海人习惯将石库门住宅集中的地方称为"××里",如树德里、三益里、新老渔阳里等。这里的三益里,就是早期共产主义者汇集之处。

三益里17号《星期评论》社旧址

原法租界白尔路三益里17号（今自忠路163弄17号）是由王姓三人出资于1919年建造的，因"三人得益"，故取名"三益里"。三益里共有24幢砖木结构、上下两层的石库门住宅。建造三益里的那年，恰逢"五四运动"爆发。6月5日，上海纱厂5 000多名工人举行政治大罢工，声援北京爱国学生。6月8日，宣传社会主义和劳工运动的上海《星期评论》问世，由戴季陶、李汉俊、沈玄庐、孙棣三负责（其后戴、孙退出）。该刊创办之初，发行所及编辑所设在爱多亚路新民里5号，1920年2月迁到三益里17号。此处也是1921年出席党的"一大"代表李汉俊及其兄李书城的寓所。于是，这里成了很多早期共产主义者的汇集处。

李汉俊的兄嫂薛文淑，曾向中共一大纪念馆提供了李家两兄弟与家人当年在三益里的合影照。在她的指点下，通过召开老居民座谈会和实地勘察，

1920年李汉俊与家人在三益里合影（后排左二为李汉俊，左三为李书城）

我们弄清了三益里17号石库门房子尚在。我们看到，旧大门上着锁，房子已做了仓库。几十年风雨至今，外貌不免有旧损。我们拍了照，为上海中共一大纪念馆的陈列展览补缺。

薛文淑曾在回忆录中写道："在三益里住时，书城与外界来往甚少，不大出门，来访的人也不多，整天在家看书。汉俊则与他相反，每天都很忙。他住在旁边楼下，我住在中间楼上。常常能见到朋友找他……除了邵力子外，其他来客我都不知道姓名。"

《星期评论》社究竟有多少成员？李汉俊的主要工作是什么？当年到过该社的浙江青年俞秀松，曾在给友人的信中写道："这里的同志，男女大小14人，主张都很彻底，我实在还算不上什么。"杨之华当年也到过该社，她清楚地记得："李汉俊是该社的思想领导中心。那时，他和日本、朝鲜的共产党方

《星期评论》五一劳动节特刊

面都有联系。李汉俊和陈望道整天在社里的编辑部工作。""为了去苏联学习,李汉俊还介绍我到一位俄国朋友那里学俄文。"

李汉俊把家当成"编辑部",除了接待与帮助别人之外,就是伏案写作,在《星期评论》上共发表了36篇文章与译文。由于他和同仁的团结奋斗,《星期评论》从初期销1 000多份,发展到销十几万份,确实起到了"社会主义刊行品"的作用。

上海早期共产主义者在《星期评论》这个阵地上为建党作出了巨大的贡献。1920年元旦,《星期评论》发表了气吞山河的新年献词——《红色的新年》,表达了中国工农大众对旧社会的不满、对伟大的俄国十月革命的向往和期盼"这红色的年儿新换,世界新开"的愿望。

1920年2月,陈独秀与李大钊在离北京赴天津途中,相约建党。尔后,陈独秀抵沪,与《星期评论》社几位赞成俄国革命的成员交往,他们是李汉俊与沈玄庐,住在三益里5号的《民国日报》经理、《觉悟》副刊主编、复旦大学教授邵力子,李大钊介绍来沪的浙江青年俞秀松、施存统,浙江"一师"教员陈望道等。这些受迫害的革命者"被赶拢来",形成合力干革命。陈望道说:"大家住得很近(都在法租界),经常在一起,反复地谈,越谈越觉得有组织中国共产党的必要,便组织了'马克思主义研究会'。"《星期评论》社多数人参加了这个研究会,并为建党积极开展工作。

1920年4月2日,上海船务栈房工界联合会召开成立会。陈独秀到会,就工人地位与历史作用发表演讲,说"人类生存,实唯工人是赖,苟无工人,则不成世界"。这是陈独秀与上海工人的第一次见面,也是他抵沪后第一次出席会议。戴季陶、沈玄庐、李人杰(即李汉俊)也出席了会议。

4月间,共产国际代表维经斯基与翻译杨明斋(山东人、俄共党员)经李大钊介绍到上海，找陈独秀了解中国革命和商讨建党事宜。陈独秀邀《星期评论》社李汉俊、沈玄庐等同维经斯基一行座谈。"五一"节前，维经斯基也来到了三益里17号。

为了庆祝"五一"国际劳动节，陈独秀与李汉俊策划《新青年》和《星期评论》出了"五一"专号。陈独秀、李大钊还亲自为劳工问题撰文和题词，孙中山也为该期《新青年》题了词。李汉俊还翻译了外国友人给《星期评论》写的短文，受到知识界与工人们的欢迎。

5月1日，陈独秀、施存统、陈望道，参加了澄衷中学有工人、学生、教员出席的"五一"庆祝会。

应《星期评论》之邀，陈望道在家乡翻译了《共产党宣言》之后，带了译稿到上海。不料情况有变，《星期评论》已经不能刊登。住在三益里的陈望道和俞秀松就将译稿转给陈独秀。俞秀松在三益里写的日记里提及：6月27日"夜，望道叫我明天送他所译的《共产党宣言》到独秀家里去。这篇宣言底原文是德语，现在一时找不到，所以只用英、俄、日三国底译文来校了"。6月28日又记："九点到独秀家，将望道译的《共产党宣言》交给他。"陈独秀、李汉俊曾校对译文。《共产党宣言》中译本于8月出版，起到了指导筹备建党的作用。陈望道功不可没。

1920年6月6日，《星期评论》遭受租界当局和军阀政府迫害，出到第53期被迫停刊。《星期评论》刊出了《刊行中止宣言》，表示："我们的脑力，我们的体力，都应该属于社会。我们生存一天，一定是为改革社会尽力一天。"《星期评论》虽然停刊了，但它传播的真理火光却照亮了全国劳苦大众的心，三益里也因此而驰名于世。

老渔阳里：陈独秀成立共产党发起组，《新青年》于此改为党的机关刊物

环龙路渔阳里2号（今南昌路100弄2号），是两层楼砖木结构式石库门

建筑，坐北朝南。建于1912年。外墙是早期石灰白粉墙，门楣采用三角形雕饰。它与后来建造的霞飞路渔阳里，分别称为"老渔阳里"和"新渔阳里"，这两处都与建党活动有关。

老渔阳里2号，原为安徽都督柏文蔚住宅。柏与陈独秀是故友。辛亥革命后，孙中山派柏文蔚任安徽都督，陈独秀任都督府秘书长。1919年冬许德珩来沪候船赴法勤工俭学，忽接李大钊电报，嘱他为陈独秀在上海找所房子。许德珩与张国焘一起帮陈独秀找到了柏文蔚的住房。1920年初，陈独秀因受迫害而离京抵沪，住进老渔阳里2号，继续开展新文化活动和建党活动。不久，《新青年》编辑部也迁来此处。

1920年4月，共产国际代表维经斯基与翻译杨明斋等一行到上海，多次来到老渔阳里2号会晤陈独秀（其间也去过三益里17号《星期评论》社）。李汉俊与沈玄庐等曾应陈独秀之请，与维经斯基座谈。1920年6月，陈独秀在寓所召集李汉俊、俞秀松、施存统、陈公培共5人开会，决定成立共产党，主张用劳农专政和生产合作等革命手段，达到社会革命的目的。会上成立了中国共产党发起组，选举陈独秀为书记。

老渔阳里2号楼上厢房为陈独秀夫妇卧室，统楼为书房，楼下客厅是《新青年》编辑部，也是会客兼会议室，亭子间堆放杂物。担任编辑的有陈望道、沈雁冰、李汉俊、李达等，并常在此办公或居住。陈望道在《星期评论》停刊后，也从三益里搬到这里来帮助陈独秀编辑《新青年》。他说："那时，《新青年》在楼上编，马克思主义研究会在楼下开会。我同李汉俊、沈雁冰等天天碰头，研究有关问题。"陈独秀与陈望道齐心协力，把《新青年》从9月1日八卷一号起改为党的机关刊物。11月，中共发起组为从思想上理论上加强建党，创办了理论性的半公开的机关刊物《共产党》月刊。李达在楼上亭子间编第一、第二期《共产党》月刊。12月，陈独秀离沪赴粤任广东全省教育委员会委员长，李汉俊、陈望道、李达等在上海继续全力以赴参与筹备建党。

老渔阳里是个红色据点。1920年5月，毛泽东从湖南来上海，曾在此处会晤陈独秀,讨论了马克思主义和湖南改造等问题。上海的湖南籍青年工人李中,爱看《新青年》,来请教陈独秀,在老渔阳里2号住了一段时间。李达回忆说:"李中原是SY(社会主义青年团),后升为CP(中国共产党),在杨树浦组织机器工会。"李中在江南造船厂做工,是上海小组中唯一在工厂做工的成员。北京大学讲师张申府、学生张国焘因工作来沪,也曾在此借宿。上海发起组成员经常在此开会,讨论党的工作和工人运动等问题。

1921年7月,中国共产党成立,陈独秀虽然人在广东,但还是被推选为中共中央局书记。9月,陈独秀由粤返沪。老渔阳里2号就成为中央局机关成员陈独秀、李达、张国焘聚会处。中共上海地方委员会陈望道、沈雁冰、杨明斋、邵力子等也常来开会。10月4日,老渔阳里2号突遭法租界巡捕房搜检,拘捕了陈独秀及其妻高君曼和杨明斋、包惠僧、柯庆施。经马林、李达和张太雷努力营救,法租界当局以《新青年》有"过激言论""违背禁令"为由,罚款100元而结案。

陈独秀出狱后继续住在老渔阳里2号。11月,陈独秀在此以中共中央局书记名义,发表重要文件《中国共产党中央局通告》,开创了党的创建工作新局面。后来中共中央局另行租房办公。

1951年,《新青年》编辑部旧址经陈望道等勘查确认,1952年修复后被辟为上海革命历史纪念馆第二馆。

新渔阳里:建立了我党第一所干部学校
——外国语学社,创建了社会主义青年团

原法租界霞飞路新渔阳里6号(即今淮海中路567弄渔阳里6号),这里早年是上海社会主义青年团和中国社会主义青年团临时中央机关所在地。同时,也是我党第一所干部学校——"外国语学社"所在地。中俄通信社(后称华俄通讯社)也设于此处。中共发起组也常在此处开会及接待各地同志和友人。

1920年9月28日，上海《民国日报》登了"外国语学社招生广告"，最后指明"有志学习外国语者就速向霞飞路新渔阳里六号本社报名"。这是较早出现有别于环龙路老渔阳里的"新渔阳里"一说的文字记载。

新渔阳里6号建成于1918年。叶永烈在《红色的起点》中提到："新渔阳里六号，最初原是李汉俊住的。1918年底，李汉俊从日本回来，租下此屋居住。后来，李汉俊迁往三益里与哥哥同住。他把新渔阳里六号转给戴季陶住。维经斯基访问了戴季陶之后，觉得这位国民党员的家中更适合召开一些座谈会。"戴季陶搬走后，陈独秀、杨明斋租下此屋，作为中俄通信社、筹备建党建团、办学需用的活动场所。

当年新渔阳里6号，是一幢二楼二底的典型石库门房子。维经斯基等到上海，是以俄国《生活报》记者身份开展活动的。杨明斋承租此处房屋后，忙于筹建"中俄通信社"，旨在促进中俄邦交和两国人民的了解，介绍俄国革命成就与经验。杨明斋自任社长，通信社地址不公开。中共发起组成立后不久，杨明斋由俄共党员转为中共党员。陈独秀在筹备建党时，抓紧指导创建青年团，派党的发起组成员俞秀松出面和袁振英、叶天底、金家凤等8位青年一起，于1920年8月22日创建了上海社会主义青年团，21岁的俞秀松出任团的书记。1921年3月，俞秀松又担任中国社会主义青年团临时中央执行委员会书记。团址就设在新渔阳里6号。建团同时，中共上海发起组又创设了"外国语学社"，培养青年与党团干部，并为输送青年赴俄留学作准备。杨明斋负责主持学社工作，俞秀松任秘书协助处理学社事务。

俞秀松20世纪30年代在苏联写的自传中写道："根据党的委派，我组织了上海社会主义青年团……我还同其他同志一起组织了'外国语学社'，我们党最近几年的积极分子，几乎都是该社的学生。"

1920年9月在新渔阳里6号门口，挂起了魏碑体书写、白底黑字醒目的"外国语学社"招牌，并连续在《民国日报》上刊登招生广告："本社拟分设英、法、德、俄、日本语各班"，"文法读本由华人教授，读音会话由外国人教授"，"选习一班者月纳学费二元"。这样公然宣传，只为争取合法，使新渔阳里6号成为对外公开的机关。

在新渔阳里6号，朝西的亭子间是杨明斋的卧室兼华俄通信社办公室。客堂为团中央办公室。朝东的亭子间为俞秀松的卧室。当时楼上是宿舍，学生刘少奇、柯庆施、李启汉、肖劲光等都住过。楼上厢房、客堂也有铺位，有的睡棕绷床，有的睡板床，也有的睡地铺。楼下厢房是教室，杨明斋与维经斯基夫人库兹涅佐娃教俄文，李汉俊教法文，李达教日文，英文则由袁振英教。1921年学员增多，楼下客堂也做了教室。

后来库兹涅佐娃要回国了，杨明斋也要赴俄开会，陈独秀便与老友、同盟会会员王维祺联系，邀请在哈尔滨中东铁路公司女子商务学校毕业的王维祺女儿王元龄来学社任教。1921年初，王元龄来学社教俄文。学生少时二三十人，多时达五六十人。学生有的在学社住，有的在外面住。半天来校上课，半天回去自修。他们过着艰苦的生活，"每月生活费只有5元左右"。

上海外国语学社的学生大都是来自浙江、湖南、安徽、江西、河南、四川等地的进步青年。上海社会主义青年团在学社发展团员20余人。学社发给学生每人一本陈望道译的《共产党宣言》，作为必修课。所学外语除英、法、德、俄、日等语种外，还有世界语，但赴俄青年主要学习俄语。1920年10月3日，上海机器工会在外国语学社开发起会，各厂工人积极分子七八十人到会，由筹备会书记李中主持，陈独秀、杨明斋先后讲话。陈独秀称赞"发起这上海机器工会，算得是一个很好的事"。11月21日，该会在上海公学开成立大会时，近千人出席，陈独秀与孙中山到会演说，此时会员有370多人。1921年3月，中共发起组在外国语学社庆祝"三八"国际妇女节，陈独秀夫人高君曼到会演说。4月，上海筹备"五一"国际劳动节的会议多次在此进行，引起巡捕房密探和《警务日报》的注意。

外国语学社的学生一边学习理论、外语，一边参加革命实践。有的参加党办的工人半日学校做小先生，有的为《劳动界》周刊写文章或搞发行，有的到中俄通信社当校对，有时参加散发革命传单，参加庆祝"五一"节游行等活动。1921年4月前后，外国语学社分批分组输送青年学生数十人赴俄，

进入"东方劳动者共产主义大学"(也称"东大")中国班学习。

新渔阳里6号"外国语学社"是党的第一所干部学校,为中国人民的革命事业造就了一批出色的人才。他们中有早期青年运动和工人运动的领袖人物俞秀松、任弼时、李启汉、汪寿华;有我国早期的政治活动家罗亦农、王一飞、吴芳、任作民;有在第一次国共合作和北伐战争时期,为苏联军事政治顾问鲍罗廷和军事顾问加伦将军做翻译并得到好评的译员谢文锦、傅大庆;有在白色恐怖的上海,保存了中共中央文库2万多件档案史料的老党员、第一批赴俄探路的学社学生陈为人;有军事家肖劲光;有著名的翻译家、作家、诗人如曹靖华、韦素园、蒋光慈;有在俄国学习后回到中央苏区主持司法工作,起草《中华苏维埃共和国宪法》等法令的梁柏台;有30年代起在大学经济系任教,著有《中国货币史纲》《国际经济概论》,晚年编著《中国财政史》的经济学家周伯棣;更有担任过中共中央副主席和中华人民共和国主席的刘少奇和担任中央政治局委员和书记处书记的任弼时等。

从1927年至1944年的17年中,外国语学社的学员中为革命英勇牺牲的就有11位。他们是汪寿华、谢文锦、李启汉、王一飞、叶天底、罗亦农、吴芳、雷晋笙、梁柏台、俞秀松、傅大庆(其中除李启汉、叶天底、雷晋笙外,另8人为早期赴俄学生)。

在国内外享有盛誉的翻译家、作家、教育家曹靖华,90高龄还念念不忘渔阳里,向来医院探望他的老友张羽说:"想起了莫斯科,就会想起乌苏里、满洲里,更加要想起渔阳里","渔阳里开辟了一代人的道路","渔阳里的历史和人物,是一部丰富生动的教材"。

1957年,渔阳里6号经修缮后恢复原状布置,由上海革命历史纪念馆筹备处保护管理。刘少奇、肖劲光、柯庆施、许之桢等均亲临勘实。1959年5月26日渔阳里6号被公布为上海市文物保护单位。1973年4月,旧址移交上海市文物管理委员会管理。1987年市文管会对旧址进行整修,并根据肖劲光等回忆将教室布置在楼下客堂。1989年5月4日正式对外开放。

树德里：发生了开天辟地的大事变
——中国共产党成立

原法租界望志路106号（今兴业路76号），是中国共产党第一次全国代表大会会址。当年，李汉俊与其兄李书城住在望志路106号、108号，是沿马路一排五幢石库门房屋中并排的两幢，与后排四幢房屋成为一条弄堂，人称树德里（即原贝勒路树德里，今黄陂南路374弄）。

树德里于1920年夏秋之间建成，李氏兄弟在树德里新房造好后即由三益里迁来租住。那时马路对面还是一片菜地，仅有一座庵堂。西邻今兴业路82号至92号尚未建造。据出资建造树德里的陈老太回忆：新屋初建，她将106号、108号两幢房屋租给姓李的（即李书城、李汉俊兄弟俩）居住。李家把两屋的后天井打通了，但前面仍旧是两个大门、两个天井，分门进出。她的女婿徐某住在李家对面的树德里5号。她说李家的前门是不开的，出入都走后门，李家人口不多，来往客人却很多。李家兄弟还将两楼内墙打通，合用一道楼梯，组成一家。

望志路这五幢楼房，每幢一楼一底，砖木结构，坐北朝南，是典型的石库门建筑。外墙青红砖交错有序，其间镶嵌白色粉线；门框四周用米黄色石条围成；门扇是黑漆的实心厚木的大门，上配一对闪亮的铜环；正如罗小未教授所言，门楣取矾红色的半圆形雕饰构图，随半圆加半圈有间隔排列砌成的小砖，似牙般的"齿"饰，主体呈现巴洛克式卷涡状水草花的花饰。这种建筑风格，从总体上看反映了中西文化交融的特色。

李书城早年追随孙中山，是老同盟会员，参加辛亥革命，曾任北洋政府陆军总长。李书城对其弟李汉俊进行革命活动是同情与支持的。中共一大开会期间，李书城正在长沙参加反对湖北督军王占元的斗争。

当时李寓周围环境比较僻静，有利开展革命活动，若遇不测有前后门可走。党的发起组成员为向群众传播新文化，也有利建党工作，李达、李汉俊

修葺一新的树德里

等与在新文化运动中有影响的人士共15人，发起创办了《新时代丛书》社，登报声明"本丛书以增进国人普通知识为宗旨"，标明"（通信处）上海贝勒路树德里一百零八号转新时代丛书社"。李汉俊的公开身份是编辑人、联络人、房主人，秘密身份是党的"一大"上海代表、大会筹备人。1921年6月24日《民国日报》适时刊登《〈新时代丛书〉编辑缘起》，对推动新文化运动起了促进作用，又对召开中共建党大会起了很好的掩护作用。

在106号的石库门房子里，楼上是李汉俊的卧室，楼下是约18平方米的客厅。1921年7月23日至30日，中国共产党第一次全国代表大会即在此客厅秘密举行。出席会议的有毛泽东、何叔衡、董必武、陈潭秋、王尽美、邓恩铭、李达、李汉俊、包惠僧、张国焘、刘仁静、陈公博、周佛海共13人，代表全国50多名党员。共产国际代表马林和尼科尔斯基也出席了会议。

7月30日，中共一大第六次会议正在举行时，法租界当局先派密探窥视，代表们十分警觉，迅速离开。当时"李汉俊声言他是屋主人不应离开"（张国焘回忆），陈公博也留下未走。密探离去约一刻钟后，一个法国总巡带了两个法国侦探、两个中国侦探、一个法国士兵、三个翻译共9人，包围了李汉俊家，翻箱倒箧，严密搜查了一个多小时。

法国总巡用法语气势汹汹地盘问李汉俊："谁是这屋子的主人？"

"我。"李汉俊也用法语从容答道。

"你们刚才开什么会？"

"北京大学的几位教授谈谈编辑《新时代丛书》的问题，并不是开会。"

"为什么家里藏这么多书？"

"我是教员，这些书是为了参考、研究用的。"

"为什么有许多社会主义书籍？"

"我兼商务印书馆编辑，什么书都要看看。"

"那两个外国人是什么人？"

"他们是英国人，是北京大学的教授，这次暑假到上海，常来这里谈天。"

法国巡捕没有搜到什么东西，只好悻悻而去。

"一大"代表转移至嘉兴南湖的一条游船上继续举行会议，通过了党纲和决议。党的一大正式宣告中国共产党的成立。

李汉俊在"一大"后于1922年回武汉，长期在几所大学历史社会学系讲授唯物史观。1923年，他因与陈独秀、张国焘意见分歧而脱党，但仍坚持宣传马列主义，积极参加革命活动。在"五卅"运动中发动广大学生参加反帝斗争，支持北伐战争。1927年任湖北省政府委员兼教育厅长。"四一二"反革命政变后，他主张讨伐蒋介石，坚持与国民党反动派斗争。同年12月17日在汉口惨遭军阀杀害。毛泽东于1936年接见美国记者斯诺时，回忆中共建党，第一次提到"李汉俊1927年被害了"。1952年8月，中华人民共和国中央人民政府主席毛泽东亲笔签发了李汉俊烈士证书，并题："李汉俊同志在大革命中光荣牺牲，丰功伟绩永垂不朽！"

1950年9月，经中共上海市委第一书记、市长陈毅提议并由市委讨论决定，由市委宣传部负责组织专人，寻找中共一大会址。经历时半年的多方调查访问与实地勘察，终于在1951年4月找到并确定现兴业路76号、78号为中共一大会议旧址所在地。当时，沿街的底层房屋已成制作切面的"恒昌福面坊"，外墙的清水墙早已改为石灰泥水墙，内部结构也有改变。

中共上海市委随即组织有关部门对现有房屋按当年原貌进行全面修缮，邀请曾出席中共一大会议的李达、包惠僧前来核实确定旧址内部的布置。据李达意见，将中共一大会议室布置在兴业路78号楼上。1952年6月3日，"一大"会址即将修缮完毕，中共福建省委第一书记叶飞闻讯前来瞻仰，成为"一大"会址第一位参观者。7月1日，《解放日报》刊登有关中共一大会址修复的消息。2日，陈毅、潘汉年、陈丕显、方毅、刘长胜、王尧山等来纪念馆瞻仰视察。同年9月，中共一大会址正式对外开放。为了更好地保护中共一大会址，纪念馆征用了东部的兴业路70号至74号的房屋，并统一按原状修缮，这样使兴业路70号至78号房屋连成一体，恢复了当年的环境风貌。

1956年2月春节期间，党的"一大"代表董必武亲临中共一大会址视察。董老肯定地说："当年我们开会不是在楼上，而是在楼下，会议室应该布置在楼下。"李书城之妻薛文淑也证实说："106号楼下是客厅，家里仅有的一张餐桌（即"一大"会议桌）是放在楼下客厅里的。"经过认真深入地调查核实，从1958年5月以后，中共一大会议室正式布置在兴业路76号楼下，至今未变。

1961年3月，国务院公布中共一大会址为全国重点文物保护单位。1984年3月，邓小平同志为中共一大会址纪念馆题写了馆名。1997年6月，中共中央宣传部公布中共一大会址纪念馆为全国爱国主义教育示范基地。

1976年1月9日，中共一大纪念馆人员怀着沉痛心情收听周恩来总理逝

共产国际代表马林之女小西玛（左四）参观中共一大会址

世的讣告广播。上午，国务院副总理、中国人民解放军总参谋长罗瑞卿大将，带着沉痛的心情和对党诞生地的敬仰，由几位解放军同志陪来瞻仰"一大"会址。他两腿遭受折磨致残，下车时不愿坐轮椅，在随员关照下硬支撑着，对纪念馆人员亲切地说："你们在党的诞生地纪念馆工作是幸福的。"这位1928年入党又经过长征的将军，对中共一大会址工作的同志谦逊而深情地说：我到党的诞生地是来学习的，是来补课的。

众所周知，1921年中共一大会议有两个外国人参加，其中一位是荷兰人、共产国际代表马林，受列宁委派来中国。他后来在第二次世界大战期间参加荷兰抵抗运动，遭德国法西斯逮捕被判死刑，1942年死于集中营。他的小女儿西玛·斯内夫列特为寻找父亲当年帮助中国建党的足迹，1993年4月，她和丈夫范费恩来到中国，由北京的同志陪同到上海中共一大会址参观。这对有特殊身份的夫妇与陪同者和纪念馆接待者在中共一大会址石库门前合影留念，了却心愿。

全国人民关心党的"一大"，了解党的"一大"，著名的画家也以"画"赞颂"一大"。著名的版画家沈柔坚于1972年以"瞻仰"为题、歌颂党的诞生的版画，内涵丰富，画面很美，布局与人物处理别具一格。著名的山水画家陆一飞，以中国画这一样式表现城市风光，创作"一大"会址国画（又名"老树新芽"），在意境开拓、笔墨技法上有新尝试。他用国画笔调和艺术夸张手法，将东边的年代久远老大梧桐树移到石库门前，象征中国共产党历史悠久，老梧桐开新芽，是植根中国大地的参天大树，并把"一大"有特征的石库门予以突出，树后门前隐现一批穿绿衣服的青少年，寓意党的事业的接班人将不断成长。

1996年6月，中共上海市委决定实施中共一大会址纪念馆扩建工程。扩建工程位于中共一大会址西侧，新建筑的外貌与中共一大会址相仿，保留了20世纪20年代上海典型的石库门民居风格。这项工程于1999年5月26日上海解放50周年纪念日前夕竣工开放。

江泽民同志为中共一大会址纪念馆扩建竣工题词："没有共产党就没有新中国。"

中共一大会址自1952年6月第一位参观者叶飞将军开始，到2000年12月，国内外观众已超过1 000万人！

上海最早出版《共产党宣言》中译本

朱少伟

五四运动前后，马克思主义在中国文化界已成为新潮。为了适应革命运动的需要，陈独秀提出了整本翻译马克思主义经典著作的主张，他认为，"这已是社会之急需，时代之召唤"。

因而早期共产主义者主持的上海《星期评论》社决定译出《共产党宣言》的全文，先进行连载，然后再争取出版单行本。邵力子想到，多次向自己主编的上海《民国日报》"觉悟"副刊投稿的陈望道，不但思想进步、精通日文和英文，而且具有一定的马克思主义学识，便提出："能承担此任者，非杭州的陈望道莫属。"就这样，陈望道被定为最佳译者。

陈望道译《共产党宣言》中文本封面

陈望道出生于浙江义乌西北山区。早年赴日本留学，结识了日本著名学者河上肇等，常阅读其译介的马克思主义著作，逐渐认识到这样一个道理："救国不单纯是兴办实业，还必须进行社会革命。"1919年初夏他回国后，被浙江第一师范学校聘为语文教师。他提倡白话文，传授注音字母，热情投入新文化运动，曾受到顽固势力的围攻。同年底，他毅然辞去杭州教职，带着上海《星期评论》寄来的约稿函和《共产党宣言》日译本，回到离别数年的故里。在分水塘村的老家,他依靠《日汉辞典》和《英汉辞典》,着手翻译《共产党宣言》。其间,为便于精确对照,他请陈独秀通过李大钊从北京图书馆借来《共产党宣言》英译本。为了防备敌人的搜查,他只好整天躲在简陋的柴房里,凭借一盏油灯、一块铺板、两条长凳以及老母亲送来的三餐菜饭,夜以继日、孜孜不倦地工作。由于《共产党宣言》博大精深,加之中西文化背景存在差异,他花费"平常译书的五倍工夫",经过五个月的奋战,才完成翻译任务。随即,他提着箱子赶赴上海,找到白尔路三益里(今自忠路163弄)17号,将译稿交给《星期评论》编辑部的李汉俊。经过李汉俊和陈独秀两人校阅后,再由译者改定,准备连载;谁知就在此时,该刊突然因"言论问题"被上海军阀当局查禁。面对这个意外情况,陈独秀希望直接出版单行本。

  1920年6月,共产党上海早期组织成立,不久便在辣斐德路(今复兴中路)成裕里12号创办又新印刷所。同年8月,陈望道翻译的《共产党宣言》最早的中译本在沪以"社会主义研究社"名义出版,由又新印刷所印刷。它是竖排平装本,略小于32开,全书共56页,用5号铅字排印;封面为浅红色,有马克思半身坐像,印着"马格斯(即马克思)安格尔斯(即恩格斯)合著""陈望道译""社会主义研究小丛书第一种"字样;由于排印疏忽,封面上"共产党宣言"误印成"共党产宣言"。同年9月,为了满足读者需求,《共产党宣言》出第二版,并纠正封面书名差错;接着,其他书店也纷纷再版,有的出版机构重印近20次。当时,许多读者苦于找不到"社会主义研究社"的地址,纷纷写信给《星期评论》编辑部,询问发行处在哪里。同年9月30日,沈玄庐在上海《民国日报》"觉悟"副刊上复信,巧妙回答读者:"你们来信问陈译马格斯《共产党宣言》的买处,因为问的人太多,没工夫一一回信,所以借本栏答复你们问的话","'社会主义研究社',我不知道在哪里。我看的一本,是陈独秀先生给我的,独秀先生是到'新青年社'拿来的,新青年社在法大马路大自鸣钟对面"。

  陈望道翻译的《共产党宣言》,是马克思主义经典著作首次以完整形式在沪出版。陈望道后来在谈到翻译《共产党宣言》一事时，回忆道："第一版印了千把本，奉送。"当时，陈望道曾送了一册给鲁迅。鲁迅接到书后，当天就翻阅了一遍，并称赞："这个工作做得很好，现在大家都在议论什么'过激主义'来了，但就没有人切切实实地把这个'主义'真正介绍到国内来，其实这倒是当前最要紧的工作。望道在杭州大闹了一阵之后，这次埋头苦干，把这本书翻译出来，对中国做了一件好事。"陈望道翻译的《共产党宣言》很快就传到了海外。1922年11月，朱德在欧洲留学时加入中国共产党，周恩来曾赠此书给他。随着岁月的流逝，陈望道翻译的《共产党宣言》初版本，如今存世仅数册。

《资本论》中译本在上海印行

朱少伟

把《资本论》全部翻译成中文并出版，很早即为我国革命志士和进步知识分子的热切期望。如郭沫若在1924年秋从日本回国后曾准备花5年时间翻译《资本论》，"觉得如果能为译完《资本论》而死，要算一种光荣的死"。然而，由于《资本论》篇幅宏大，在白色恐怖的反动统治之下出版商怕担风险，多年未能如愿。1930年3月，上海昆仑书店出版《资本论》第一卷第一分册（由陈启修翻译）；1934年5月，上海商务印书馆出版《资本论》第一卷第一册（由吴半农译、千家驹校），才使人们得以初窥其貌。

1930年，上海昆仑书店出版的《资本论》第一卷第一分册（陈启修译）

《资本论》最早的中文全译本于上海印行，则是在抗战初期。1928年1月，郭大力在杭州西湖畔结识王亚南，两人志趣相投，商定了合译《资本论》的计划。两位青年虽才华横溢，但考虑到《资本论》是博大精深的马克思主义经典，要准确翻译必须有厚实的经济学修养和渊博的学识，于是就先联手翻译了大卫·李嘉图的《政治经济学及赋税之原理》和亚当·斯密的《国富论》等著作，作为练习。郭大力还一边在中学教英语以维持生计，一边刻苦自修德语和钻研古典经济学。在1932年"一·二八"事变中,郭大力翻译完成的《资本论》第一卷书稿顷刻毁于日军炮火。但他并没有气馁,到1934年又从头翻译。党领导的读书生活出版社早有出版《资本论》中文全译本的打算,该社得知郭大力不畏艰辛努力译书,便由该社主持编辑业务的艾思奇、郑易里出面与他洽谈出版事宜,很快签订了约稿合同;为使翻译顺利进行,该社每月向译者预付40元版税用于生活开支。由此,郭大力集中精力译书,他依据苏联马克思恩格斯研究院校正过的最新德文版,并参照两种英文译本和两种日文译本;王亚南也带着极认真的态度,积极参与这项工作。

郭大力、王亚南译《资本论》封面

在1937年"八一三"事变中,日军的飞机狂轰滥炸,郭大力不得不带领全家到租界暂避;但昂贵的房租实在难以承受,于是他把已完成的《资本论》第一卷译稿交给读书生活出版社后,携妻儿返回江西南康,继续翻译第二、三卷。郭大力的老家系穷乡僻壤,虽然艰苦,却比较安宁,使他能专心致志地从事翻译。此时,王亚南也去了内地,两人在分散的情况下坚持合作,并分批将译毕的书稿寄出。

上海沦陷后,读书生活出版社总店迁到内地,大部分人员相继离沪,在"孤岛"留守负责日常事务的只有郑易里夫妇等数人。1938年4月,郑易里打电报给郭大力,请他到上海共同处理《资本论》的排印、出版等事宜。郭大力毅然踏上艰险征途,绕经香港前往申城,栖身于仅两间小屋的读书生活出版社。在简陋的条件下,郭大力既要赶译《资本论》第三卷剩余章节,还要负责全部译稿(包括王亚南所译部分)的统稿、校订,同时又要与郑易里一起审阅新排印出来的清样,常忙得废寝忘食。经过大家四个多月的紧张劳动,郭大力、王亚南合译的《资本论》终于付梓,8月31日出版了第一卷,

9月15日出版了第二卷，9月30日出版了第三卷。从此，这部人类文化史上的鸿篇巨制以全貌展现在中国人民面前。

1938年出版的《资本论》"译者跋"中，郭大力有这样的说明："就第一卷说，序跋以及由第一篇至第四篇是我译的；第五篇至第一卷终，是亚南译的；就第二卷说，序和第一篇是亚南译的；第二篇第三篇是我译的。但到第三卷，因为亚南担任更重要工作的缘故，他只能译极少的部分了（第六篇第三十七章至四十章），其余的部分就都归到我肩上来了。我为使译名统一，笔调近于一致起见，当时对全稿负起责任。"当时该书印刷3 000部（其中2 000部拟运往大后方），用细纹米黄色布制的封面，中间三厘米宽的部位套印红色，上有"资本论"三个大字，既严肃端庄又美观，其风格同德文原版基本一致。它深受文化界、学术界的欢迎，据说不少社会知名人士如宋庆龄、冯玉祥、邵力子等都订购了。后来，这个版本又多次在国统区和解放区重印。根据不完全统计，此版本的《资本论》共重印六七次，发行总量达3万多部，在国内得到了比较广泛的传播。

党的领袖寓居上海的时候

陆米强

当年,党的领袖毛泽东、周恩来、刘少奇、陈云都曾在党的诞生地——上海领导人民进行革命斗争。本文就是当年轰轰烈烈的历史的生动写照。

毛泽东多次来到上海

1920年5月初至7月初,毛泽东曾寓居上海哈同路民厚南里29号(今安义路63号)。

1920年5月初,毛泽东与湖南学生李思安(女)、张文亮、张百龄、罗宗汉四人一起住进这间房子。毛泽东此次来沪,主要是为了进一步推动驱逐湖南军阀张敬尧的运动;欢送新民学会会员赴法国勤工俭学;继续筹建湖南改造促成会和自修学社;向陈独秀请教改造中国社会的根本方法。

当年寓居上海的生活相当艰难。毛泽东与两个同学轮流做饭,经常吃蚕豆拌米

安义路毛泽东旧居

甲秀里318号毛泽东故居

饭；有时还与同学一起帮人家洗衣服赚些钱以作交通费，购买《申报》《新青年》等书报。

1924年2月至年底，毛泽东再次来沪住在慕尔鸣路甲秀里（今威海路583弄，抗战期间甲秀里改名云兰坊）。

1924年2月底，为了建立统一战线，毛泽东在广州参加了国民党"一大"后再赴上海，参加国民党上海执行部工作。同年端午节前后，夫人杨开慧陪伴母亲、携带儿子毛岸英和毛岸青也来到上海与毛泽东同住一处，以照顾毛泽东的日常生活。

其间，毛泽东常与恽代英、罗章龙一起前往松江等地指导国民党区分部工作，替湖南学生办理入黄埔军校学习的手续，并专门负责管理国民党党员重新登记的工作。有一天，国民党元老谢持不服，冲着毛泽东问："我是谢持，谁管填表工作？我不登记！"并煽动一批人大叫大吵，拒不填表。毛泽东立即严词答复："不来登记，就丧失国民党党籍。必须维护革命纪律，没有纪律就无法革命。"迫使这些人不得不参加登记。

5月5日，毛泽东与国民党上海执行部的成员在孙中山先生寓所（今中山故居）举行庆祝孙中山先生就任非常大总统三周年纪念活动，并合影留念。

刘少奇在上海接受马列主义

1920年9月至1921年初，刘少奇寓居上海蒲柏路（今太仓路）。不久，他又和任弼时、肖劲光等人同住在菜市路（今顺昌路）一间亭子间里。

1920年9月，上海社会主义青年团在霞飞路渔阳里6号（今淮海中路567弄6号）创办了外国语学社，并公开登报招生。青年刘少奇闻讯后，立即从保定转到上海来学习，住在蒲柏路，并成为工读互助团的负责人。同年冬，他在此转为青年团员。

每天清晨，他徒步到外国语学社听共产国际代表维经斯基的夫人库兹涅佐娃和杨明斋等人讲授俄文。晚上，复习功课，学习马列主义书刊。星期天，他还专程赶到外国语学社听俞秀松和陈望道等人讲授《共产党宣言》等马克思主义经典著作。平时，他还和大家一起协助共产主义小组抄写、校对、编辑出版《劳动界》以及刻印革命传单。有时还到工厂做工，跟工人交朋友，宣传革命道理。

1958年11月1日，刘少奇偕同夫人王光美来到上海，至外国语学社怀旧。

1925年"五卅"运动爆发至同年11月，刘少奇受党中央委托，再次抵沪，担任全国总工会总务科主任（相当于秘书长），寓居宝山里82号的总工会机关。在这里，他协助总工会委员长李立三经常召集工会代表开会研究反帝罢工的策略和具体斗争步骤。同年9月18日，军阀政府调集大批军警查封总工会，下令通缉李立三和刘少奇。刘少奇在机关被封的第二天，就和总工

渔阳里6号外国语学社

会组织科负责人等联名致函临时济安会（"五卅"运动中资产阶级建立的慈善团体），要求该会继续救济英厂罢工工人。

陈云在上海发动农民革命

陈云幼年至青年时代，生活在青浦县练塘镇下塘街19号（原18号）。他在这里曾结识了许多进步学生和农民，并从这里走向革命。

1927年9月，时任中共淞浦特委组织部长的陈云奉命急返青浦，执行中央"八七"会议决议，组织农民暴动。他住在陆铨生家里，并将暴动指挥所设在陆家，平时，陈云居住楼上。陈云首先组织农民抗租斗争，并利用"十月朝"庙会，发动30多个村庄的两千多农民云集小蒸镇，鼓动农民抗租；并组建农民革命军，1928年1月3日，陈云命令农民军拦击敌人枪船，发生激战，小蒸起义爆发。之后，他领导农民武装，打土豪，袭团防，除恶霸，

小蒸老街——小蒸农民暴动指挥所

威震敌胆。

小蒸起义最后被反动派残酷镇压，陈云冒着随时被逮捕的危险，坚持在青浦重建地下党组织，播下革命火种。

周恩来在上海指挥若定

1946年6月至1947年3月，中共代表团驻沪办事处设于马斯南路107号（今思南路73号）。由于国民党当局百般阻挠代表团公开挂牌，为此，董必武决定以周恩来公馆的名称来开展党的活动。6月22日，在房外大门上挂出了"周公馆"的户名木牌，木牌下面还印有"周恩来将军寓邸"的英文字。

马斯南路107号周公馆

1946年7月14日下午3时,周恩来从南京来此办公。他不断机智地甩掉特务跟踪监视,与社会各界人士会晤,共商国是。

7月15日晚,周恩来在此举行中外记者招待会,痛斥国民党当局出动军队进攻苏北解放区,还揭露国民党当局使用美国飞机轰炸淮安。

7月18日下午3时,周恩来邀集100多名中外记者在此举行招待会,谴责国民党当局残酷杀害爱国民主人士李公朴和闻一多先生,引起与会者强烈共鸣。

1946年10月中旬,国民党军队攻占张家口,向解放区发动大规模进攻,并在上海出动反动军警大肆逮捕共产党人和民主人士,时局极为险恶。然而,周恩来在周公馆里仍与郭沫若、许广平、马叙伦和马寅初等老朋友谈笑风生，泰然自若，并满怀信心地说，再过几年，蒋介石必然被我们打败，看形势，三五年之后胜利返回上海极有可能。最后，周恩来告诉朋友们自己即将应召回延安。众朋友依依不舍，郭沫若即席赋五言诗一首，赠给周恩来："疾风知劲草，岁寒见后凋。根节构盘错，梁大庶可遭。驾言期骏骥，岂畏路迢迢？临岐何所赠，陈言当宝刀！"

10月21日上午7时45分，周恩来、李维汉、章文晋、陈家康、华岗等人离沪途经南京返回延安。

列宁派到上海的特使

叶永烈

惊动上海密探

在地中海之畔的塞得港，一艘名叫"英斯布鲁克"号的意大利轮船，进港后正在沿着苏伊士运河缓缓南行。

船舷，一位年近四十的壮汉，正在细细观赏着这一举世闻名的运河。他，熊腰虎背，身材高大，八字胡子，衣着随便。可那一副金丝边近视眼镜，开阔的前额，却又显示出知识分子的风度。他随手在小本子上记下通过苏伊士运河的日期——1921年5月12日。

他，打从4月21日在意大利"水城"威尼斯踏上这艘驶往上海的"英斯布鲁克"号，便惊动了北京的荷兰驻华公使、上海的荷兰代理总领事，惊动了海牙的荷兰外交大臣，惊动了荷属东印度总督府（东印度即今印度尼西亚），也惊动了英驻华公使以及上海公共租界工部局捕房和上海警察局……

他们之间，密电交驰，转告着"英斯布鲁克"号的动向，提醒着注意船上那个负有特殊使命的壮汉。那架势，真可谓如临大敌！

岁月淡化了昔日的剑拔弩张的气氛。荷兰海牙殖民事务部当年的绝密档案，如今也允许中共党史专家前往查阅。内中1921年4月21日奥地利维也纳警察局致荷兰驻维也纳使馆的信，称那位壮汉为"斯内夫利特"。此信十分清楚地密告斯内夫利特的行踪，全文如下：

马林

警察局谨就1921年4月19日贵馆第1063号函通知如下：如前告知，斯内夫利特持有1918年爪哇所发护照，其上盖有前往德国、奥地利、瑞士、意大利、中国和日本的签证。其他身份证件则一概没有。经验证其身份和雇聘与解雇证明之后，斯不愿在维也纳逗留，遂于1921年4月15日离此前往意大利威尼斯市乘直达上海的火轮继续其旅行。

在上海，他将作为一家英国杂志（引者注：应为日本杂志）《东方经济学家》的记者进行活动。据本警察局所掌握的材料，1921年3月在海牙举行的国际反军国主义大会期间曾有传言说斯内夫利特到东方也将为进行反军国主义的宣传而建立联系。

一家《东方经济学家》杂志的记者前往东方，会引起警察、密探、公使、领事们如此恐慌？

早在1920年11月，荷兰外交部从海牙发往北京荷兰驻华公使的一份密电，倒是把斯内夫利特的身份说得清清楚楚："斯内夫利特受莫斯科第三国际派遣去东方完成宣传使命！"

第三国际，通称共产国际，是列宁在1919年领导创立的，是全世界共产党的国际联合组织。斯内夫利特是共产国际执行委员，他被列宁派往东方。他所肩负的任务是：考察包括中国在内的远东各国的情况和建立联系，调查是否有希望和可能在上海建立共产国际远东局，帮助建立中国共产党。

肩负如此重任的共产国际高级代表难怪会引起西方资本主义世界和东方统治者们的恐慌和焦虑。无线电波急急传送情报。"英斯布鲁克"号沿途所到之处，都在严密监视那位壮汉的一举一动。荷属东印度的密探还探明，斯内夫利特的"同党"阿塞尔·巴尔斯及其17岁的爪哇妻子在中途上船，一起前来上海。

意大利轮船"英斯布鲁克"号刚刚在上海靠岸，斯内夫利特便成为密探跟踪的目标。

65

斯内夫利特跳上一辆黄包车，消失在十里洋场的茫茫人海之中。

幸亏如今荷兰外交部还保存着当年上海法租界公董局致荷兰驻沪总领事的信，即"G类档案"，清楚地记载着斯内夫利特的行踪：

那辆黄包车驶入行人如鲫的南京路，在高悬"统销环球百货"六个大字的永安公司附近拐弯，便歇了下来。迎面，便是"大东旅社"招牌。大东旅社是永安公司附设的旅馆，就在永安百货商场楼上。在当年上海滩，大东旅社名列一流之中。斯内夫利特化名"安德莱森"，住进大东旅社三十二号房间。据密探侦查，斯内夫利特的"同党"巴尔斯，化名达姆龙，和妻子一起也住进大东旅社。还查到"同党"（印尼共产党党员）达尔索诺也于6月3日从新加坡赶抵上海，住进大东旅社。不过，达尔索诺于6月8日上午离沪前往长春，巴尔斯夫妇于6月10日离沪前往哈尔滨。唯有斯内夫利特仍留在上海。

密探们的监视虽说够严密的了，可是，老练的斯内夫利特毕竟甩掉了身后的"尾巴"：他来到永安公司的屋顶花园，会晤了来自苏俄的23岁的小伙子——尼柯尔斯基。这位从西伯利亚经中国东北来到上海的大学生模样的人物，是由设在伊尔库茨克的共产国际远东书记处派出，负有和斯内夫利特同样的使命，即帮助建立中国共产党。

斯内夫利特避开了跟踪者的目光，悄然会晤了上海的"二李"——上海共产党早期组织代理书记李达，以及前任代理书记李汉俊。他们商量了召开中国共产党第一次全国代表大会事宜。这样，中共"一大"的筹备工作，开始着手进行……

斯内夫利特确实成功地甩掉了密探，因为在密探们的记录中，只记载着他"于7月14日离开南京路大东旅社，住进麦根路32号（今康定东路归仁里一带。）一家供膳食的旅馆内"，"9月底，他到汇山路（今霍山路）俄国人里亚赞诺夫家居住。在这个地方一直住到1921年12月11日"。密探们没有发觉他在上海筹备、参加中共"一大"。

会晤列宁　接受委派

斯内夫利特在大东旅社旅客登记册上用的名字是"安德莱森",他跟中国人打交道用的是中国式的名字"倪恭卿",对于他来说,在不同的场合改名换姓,毫不足奇。鉴于他后来以"马林"这一化名在中国著称,本文沿用这一习惯,以下均以"马林"相称。

他是荷兰人。1883年5月13日,降生在盛开郁金香的荷兰海港鹿特丹。中学毕业后,来到首都阿姆斯特丹,考入荷京大学学习政治经济学。1902年,19岁的马林加入荷兰社会民主党,开始了他的政治生涯。他在铁路部门从事工会工作,表现出很强的组织能力。

1913年2月,30岁的马林远渡重洋,前往"千岛之国"——印尼——那时的荷兰殖民地。在那里,马林站在被压迫者的一边,投身于革命活动。1914年5月9日,在他的倡议下,发起成立了"东印度社会民主联盟"(印尼共产党的前身)。

1917年11月,列宁成功地领导了俄国的十月革命。喜讯传到荷属东印度,马林兴奋不已,一连发表了好多篇文章,欢呼十月革命的胜利。

荷属东印度总督早已把马林视为眼中钉。这时,他抓住马林的文章作为把柄,通缉马林,并由三宝垄法院对马林进行了审讯。1918年12月5日,马林被荷属东印度总督下令驱逐出境。

马林不得不回到荷兰。但是,他仍通过他在荷属东印度的战友,领导着那里的革命活动。

1920年5月23日,东印度社会民主联盟举行第七次代表大会,决定把党的名称改为"印尼共产党"。就在这个月,马林从荷兰前往苏俄,以印尼共产党代表的身份参加了共产国际"二大"的筹备工作。

在莫斯科,马林非常荣幸地会晤了列宁。列宁是民族和殖民地委员会的主席,马林被任命为秘书。在共事的那些日子里,马林的胆识、经验和对共产主义的赤诚，给列宁留下很深的印象。

列宁那睿智的目光，关注着世界的东方，尤其是关心东方举足轻重的大国——中国。列宁在考虑着、物色着恰当的人选，派往中国，帮助中国革命者建立中国共产党。在此之前，1920年3月，俄共（布）中央与共产国际磋商，并获得共产国际的批准，由俄共（布）中央远东局派出了以维经斯基为首的代表团前往中国，同中国共产主义者建立了联系。维经斯基在北京会晤了李大钊，在上海结识了陈独秀。维经斯基认为中国经过"五四"运动的战斗洗礼，涌现了一批马克思主义者，他们在北京、上海、长沙、武汉、济南、广州进行革命活动，在中国建立共产党的条件已日臻成熟。

马林闯进了列宁的视线。1920年8月，马林被列宁委派为共产国际的正式代表前往中国。

就在马林动身前往中国前夕，他在途经维也纳时落进奥地利警察手中。由于友人和一位律师的奔走，他在被捕六天之后获释，并被奥地利驱逐出境。他在威尼斯踏上了驶往上海的"英斯布鲁克"号。

"一大"中的马林：精力充沛，富有口才

马林来到上海时，陈独秀到广州工作去了。李达和李汉俊挑起了筹备中共"一大"的重担。

李达后来回忆："六月初旬，马林（荷兰人）和尼可洛夫（俄人）由第三国际派到上海来，和我们接谈了以后，他们建议我们应当及早召开全国代表大会，宣告党的成立。于是由我发信给各地党小组，各派代表二人到上海开会，大会决定于7月1日开幕……"李达提及的"尼可洛夫"，亦即尼科尔斯基。当然，"一大"开幕日期他是记错了。

毕竟这是中国共产主义者的第一次全国性会议，各地代表陆续动身，直至7月21日，最晚的一位代表——陈公博抵沪后，13位代表才算全部到齐。他们是：湖南代表毛泽东、何叔衡，湖北代表董必武、陈潭秋，山东代表王

尽美、邓恩铭，上海代表李达、李汉俊，北京代表张国焘、刘仁静，广东代表陈公博、包惠僧（也有人认为包惠僧只是出席者，不算正式代表），留日学生代表周佛海。代表们以"北大师生暑期旅行团"的名义，借宿于上海法租界白尔路389号（今太仓路127号）私立博文女校（陈公博住在大东旅社）。"北李南陈"因事务繁忙，未能赴会。

7月23日晚8时许，13位来自各地的中共"一大"代表以及共产国际代表马林、共产国际远东书记处派出的代表尼科尔斯基，围坐在望志路106号（今兴业路76号）李公馆餐厅的长方形大餐桌四周。张国焘主持会议，记录为毛泽东、周佛海。划时代的中国共产党第一次全国代表大会，就这样拉开了帷幕。

大约花了二十来分钟，张国焘报告了大会筹备经过，提出大会的议题，即制定党的纲领、工作计划和选举中央机构。然后，马林代表共产国际致辞。刘仁静是北京大学英语系学生，坐在马林旁边担任翻译。

马林这个人讲起话来，声若洪钟，滔滔不绝，一派宣传鼓动家本色。马林一开头便说："中国共产党的正式成立，具有重大的世界意义。共产国际增添了一个东方支部，苏俄布尔什维克增添了一个东方战友。"

马林详尽地向中国战友介绍了共产国际的性质、组织和使命。他谈及了他和列宁在莫斯科的会见，会场顿时变得热烈起来。列宁在中国共产党人心中享有崇高的威望。马林说起了列宁期望着中国建立共产党，期望世界的东方建立起社会主义制度。倘不是马林事先关照过不许鼓掌以免惊动密探，到会的代表们定然会热烈鼓掌。

马林一口气讲了三四个小时，一直讲到夜深。

他的这一席话，给毛泽东留下的印象是："精力充沛，富有口才。"（见斯诺《西行漫记》）

他的这一席话，给包惠僧留下的印象是："口若悬河，有纵横捭阖的辩才。"（见《包惠僧回忆录》）

马林讲毕之后，尼科尔斯基简短致辞。他向大会表示祝贺，介绍了在伊尔库茨克建立的共产国际远东书记处，并建议大会给共产国际远东书记处发去电报，报告大会的进程。

尼科尔斯基讲毕之后，张国焘宣布散会，代表们很快就消失在浓重的夜幕之中。

考虑到外国人进出李公馆容易引起那些特殊的眼睛的注意，马林此后没有出席会议，但是每天听取张国焘的汇报。

7月30日晚，当中共"一大"在李公馆举行会议时，马林和尼科尔斯基又来到了那里。天气异常的闷热。虽然彤云四布，却未曾有一点雨滴从空中落下。

8时多，15个代表刚刚在那张大餐桌四周坐定，马林正准备讲话。这时，从那扇虚掩的后门，忽地进来一个面孔陌生、穿灰布长衫的中年男子，这人闯入餐厅，朝屋里环视了一周。

李汉俊首先发现这不速之客，问道："你找谁？"

"我找社联的王主席。"那人随口答道。

"这儿哪有社联？哪有什么王主席？"李汉俊颇为诧异。

"对不起，找错了地方。"那人一边哈哈腰，一边匆匆朝后退出。

马林双眼射出警惕的目光。他用英语询问李汉俊刚才是怎么回事，李汉俊当即用英语作了简要的答复。

多年的地下工作经验，使马林判断出那位陌生人是何等人物。"砰"的一声，马林用手掌猛击大餐桌，当机立断："一定是包打听！我建议会议立即停止，大家迅速离开！"

代表们一听，马上站了起来。李汉俊领着大家分别从前门走出去。平时，李公馆的前门是紧闭的，这时悄然启开……

代表们散去才十分钟，李公馆便被法国巡捕和中国警察所包围。法国捕头带着两个法国侦探、两个中国侦探、一名法兵、三个翻译，闯进了李公馆，却扑了个空。

当时，中共"一大"的代表们尚缺乏地下工作经验。马林的当机立断，使中共"一大"代表们避免了一场灾祸。

那个闯进李公馆的穿灰布长衫的中国侦探究竟是谁？多年来从未知晓。笔者不久前访问了年已耄耋、曾在上海法租界巡捕房工作多年的薛耕莘先生，据他告知，那人便是程子卿，当时法租界巡捕房的政治探长。程子卿与黄金荣结拜兄弟，进入上海法租界巡捕房后，先是做巡捕，后升为探长。薛耕莘先生出示他当年穿警服时与上司程子卿的合影给笔者看，并说程子卿生前曾与他谈及前往李公馆侦查中共"一大"之事（当时只知一个外国"赤色分子"在那里召集会议）。程子卿在1956年病逝于上海。薛耕莘先生早在解放前，便已把程子卿的谈话录于自己的笔记本上。他的回忆应当说是可靠的。他第一次透露这段鲜为人知的史实，为研究中共"一大"提供了新的史料。

居然同毛泽东谈过话

中国共产党建立后，马林又帮助中国共产党确立了重大的战略方针——实行国共合作。马林以为，中共党员在保留自己的身份前提下，应加入国民党，进入国民党领导层，以迅速壮大中共。

马林的建议，受到中共中央总书记陈独秀等的激烈反对。陈独秀写信给维经斯基，请他代向共产国际转告"余等持反对之理由"，共六条。为此，马林于1922年4月23日离沪前往莫斯科。在莫斯科留克斯饭店，马林与维经斯基长谈，说明自己关于国共合作的意见，得到维经斯基支持。他又与维经斯基一起，向主持共产国际常务工作的斯大林、季诺维也夫作了汇报。这样，共产国际执委会在7月18日作出了正式决定，赞同马林意见。

共产国际执委会把这文件打印在马林的一件衬衫上。马林带着这件衬衫于同年7月27日回到中国。根据马林建议，中共中央全会于8月29日、30日在杭州召开，传达了那衬衫上的文件。经过讨论，中共中央接受了共产国际执委会的意见，决定实行国共合作。

毛泽东十分坚决地赞同、支持马林关于国共合作的战略。迄今，在马林

的遗物中，仍保存着他亲手所记录的《与毛泽东同志的一次谈话》。马林称毛泽东为"一个很能干的湖南学生"。在那次谈话之后，马林十分重视毛泽东。在1923年6月召开的中共"三大"上，毛泽东当选为中共中央委员（当时中共中央委员只有五人）并兼任中共中央局秘书，这是毛泽东第一次在中共中央担任显要职务。由于毛泽东支持国共合作，紧接着在国民党"一大"上当选为候补中央执行委员，兼任国民党中央宣传部代理部长。

马林在1923年10月被调离中国。

壮烈牺牲在法西斯刑场

1924年初，马林回到了莫斯科，在共产国际东方部工作。鉴于意见不合，1924年4月，马林向共产国际辞职，回到了祖国荷兰，参加荷兰共产党工作，担任码头工会秘书。

笔者不久前访问年已九旬的罗章龙，他回忆1925年赴汉堡出席国际运输会议，与马林相遇。罗章龙是中共最早的党员之一，又是北京大学德语系学生，能用德语与马林畅谈。马林邀他到阿姆斯特丹家中做客。马林住在一幢花园洋房里，公开身份是教授。罗章龙在马林家住了一星期。言谈之间，马林非常关心中国的命运。

一年之后，马林的情况剧变：斯大林在共产国际以及联共（布）开展反对托洛茨基反对派的斗争。马林站在托洛茨基一边。因此，他无法再在荷兰共产党内立足，于1927年宣布退出。

1928年，当罗章龙到莫斯科出席中共"六大"，正巧马林也在莫斯科。马林当即赶往鸥林别墅看望老朋友。谈及中共在1927年"四一二"之后的艰难处境，马林很感叹地对罗章龙说："中国问题，棋输一着，我们大家都有责任，今后应该正视错误，努力前进，历史车轮自会循正当轨道迈进。"

翌年，马林在荷兰组建"革命社会党"。此后，以"革命社会党"代表的身份参加荷兰国会。虽然他赞同托洛茨基的一些主张，但是1938年当托洛茨基组织第四国际时,马林拒绝参加。

1940年,德国法西斯侵吞了荷兰。作为一位热烈的爱国者,马林投身于反法西斯的正义斗争之中。他编辑了秘密发行的报纸《斯巴达克》,鼓励荷兰人民奋起反抗侵略者。

1942年3月6日,马林落进德国法西斯手中。

马林在狱中坚贞不屈。4月7日至9日,在法庭开庭审讯时,他怒斥德国法西斯。

他自知难逃厄运,在4月11日给女儿菩菩、女婿桑顿写下感人至深的遗书:

永别了,我的女儿,我的宝宝——永别了,我亲爱的人!

孩子们,我无疑真诚地愿为我的理想献身。谁知骤然间死神将至,不可逆转。但我心中坦然——多年来我始终是一个忠诚的战士。告发我的人和法官们无不承认我死得光明磊落。这使我非常感动,因为人们都已十分了解我至死不渝,矢信矢忠,殚精竭虑,高举我信仰的旗帜,奋斗到最后一息……

马林视死如归,壮烈走向刑场。一位幸存的难友普雷特尔,后来在1945年11月6日写文章给荷兰《火炬》周刊,记述了马林和六位战友一起殉难的悲壮一幕,那是1942年4月13日早晨6时,德国法西斯要下毒手了:

斯内夫利特(即马林)当时问,他们是否可以手拉手一起受刑。这个要求遭到了拒绝。"你们要把手放在背后受刑。"斯内夫利特又问,枪毙时他们是否可不戴遮眼布,这个要求被允许了。

在临死前一个钟头,七个人挺起胸膛唱起了《国际歌》。多么豪壮的旋律!何等感人的歌词啊!我曾出席过多次音乐会,可从来没听过这样感人肺腑的合唱。……然后,他们被装进了一辆汽车。九时二十分,第一声枪声响了。……

马林这年不过53岁。

中共党史专家飞赴荷兰

中国共产党人始终怀念着列宁派来的共产国际代表、曾对中国革命作出不可磨灭的贡献的马林。

1986年5月21日中午，两位中国女性飞抵荷兰。她们是中共党史专家。在荷兰汉学家班国瑞先生的帮助下，她俩埋头于阿姆斯特丹荷兰皇家科学院国际社会历史研究所，查阅那里保存的马林档案。

那是历史的瑰宝！内中有马林的女儿、女婿整理出来的马林来往信件、文稿、遗物，也包括荷兰警方当年监视马林留下的种种记录。她们见到了1921年12月孙中山发给马林的"大本营出入证"，见到了马林给共产国际执委会的报告，还见到了马林与孙中山、布哈林、季诺维也夫以至蒋介石的往返函件等。马林的女婿把珍藏多年的马林绝命书复印赠给中国学者。这些纸张发黄的马林档案，是研究中共党史的珍贵的第一手史料。

中共二大纪念馆激荡着历史风云

范建英

静安区延中绿地的成都北路7弄30号（旧为辅德里625号），是两排砖木结构、东西走向的石库门里弄住宅，三面环绿，一面临街，绿树成荫，环境优美。这里曾是中央局宣传主任李达的寓所，中国共产党第二次全国代表大会第一次全体会议在此召开，现为中共二大会址纪念馆（简称"二大纪念馆"）。这是中国共产党历史上的一个重要的里程碑，它与党的"一大"共同完成了党的创建任务。在那中华民族面临内忧外患的时代，中共二大犹如黑夜中的一盏明灯，为中国革命指明了方向。

延安路高架为中共二大会址让道

这幢房子建造于1915年，是典型的石库门样式。这里的石库门建筑原有4排，辅德里625号位于深巷中的第2排。翻开《老上海百业指南》，"辅德里"所在清晰可见，周边道路、住宅纵横交错，一派市井繁华。

为了中共二大的召开，中央局煞费苦心地选择开会地点。一开始曾考虑去广州，鉴于当时广州的政情复杂，问题繁多，故又考虑过在上海法租界召开，但有前车之鉴，中共一大召开时曾遭到巡捕的搜查，显然也不安全。相对而言，身处公共租界和法租界交汇处的李达寓所，是党在上海尚未暴露的联络点，掩映在4排相同的石库门房屋内，不容易被发现，且处于深巷内，有前后门可以通行，便于疏散。经过慎重考虑，最后中央局选择了在李达寓所召开中共二大。1922年7月16日，中共二大第一次全体会议便在这座貌似寻常的民居里秘密召开。

中共二大会址纪念馆

延安路高架为中共二大会址让道

如今保留下来的中共二大会址纪念馆，已经成为独立的两排石库门房子，一前一后的另外两排房子均在市政建设中被拆除。纪念馆周边现代气息浓重，绿化精致，曲径通幽，已然成为人们休闲娱乐的好去处。夜幕下的中共二大会址纪念馆，更是延安高架道路旁一道亮丽的风景。

中共二大会议旧址的保留，曾引起社会的广泛关注，并得到相关部门论证及专家的认可。1999年，因建造延安路高架道路之需，这一

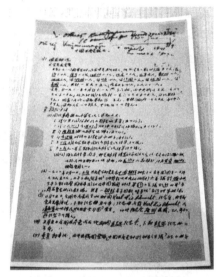

1922年6月30日，陈独秀给共产国际的报告

地区整片石库门房子进行了动迁。在拆迁过程中，人们发现这里是市级文物保护单位，工程因此紧急叫停，接着对有关规划进行微调，从而使中共二大会址和上海平民女校旧址的两排老房子得以完整保留。细心的人们会发现，延安高架路在途经延中绿地成都路、延安路口时有个细微的转弯，这就是有关部门为保护中共二大会址而在规划上特地作的微调。

中共二大会址纪念馆于2002年对外开放，经过两次扩建后，现有建筑面积2 282平方米，展览面积1 170平方米，展厅由序厅、中共二大展厅、党章历程厅、中共二大会议旧址、平民女校旧址展厅5个部分组成。2009年6月，中共二大纪念馆被中宣部公布为全国爱国主义教育示范基地；2013年3月，中共二大纪念馆被公布为第七批全国重点文物保护单位。

来自俄罗斯的珍贵档案

在第一展厅的展柜里，陈列着王尽美等代表参加远东国际会议时的调查

表与登记表，登记表中王尽美等人的签名、学历、职业和所属的团体等情况一目了然。这是应中国社会科学院近代史研究所研究员李玉贞教授推荐，原中共二大会址纪念馆筹备组一行前往俄罗斯国立社会政治史档案馆（原共产国际档案馆）征集到的共产国际早期活动档案。除此之外，还征集到《中国北部劳动运动概况》《劳动组合书记部北方分部报告》《陈独秀为张国焘参加远东国际会议开具的委任状》及中共代表团团长张国焘向远东各国共产党及民族革命团体第一次代表大会（简称远东会议）提交的报告等珍贵文件。

第一次世界大战后，帝国主义各国步步加紧对中国的侵略。1921年11月12日至1922年2月6日，旨在重新瓜分远东和太平洋地区的殖民地和势力范围的"华盛顿会议"召开，参会有美、英、法、意、日、比、荷、葡和中国北洋政府的代表团。

1922年1月，为对抗华盛顿会议，结成国际反帝统一战线，共产国际在莫斯科召开远东会议。出席这次会议的有中国、朝鲜、日本、蒙古等远东国家的代表。中国共产党指派张国焘、瞿秋白、高君宇、王尽美、邓恩铭等参加。大会通过的宣言明确指出，中国和远东各被压迫民族当前的中心任务是进行反帝反封建的民族民主革命。列宁在会议期间接见了中国共产党代表张国焘和国民党代表张秋白、工人代表邓培等，并表达了他和共产国际希望国共两党合作的愿望。现纪念馆内悬挂有油画家张正刚的作品《列宁抱病接见远东会议中国代表》，所展现的历史情景栩栩如生。会议结束后，中国代表陆续回国，有的到上海出席中国共产党第二次全国代表大会，他们在会上介绍远东会议的情况，并阐明列宁关于民族和殖民地的理论。中共二大根据远东会议精神，正确分析了国内、国际政治经济形势，立足中国国情，制定了反帝反封建的民主革命纲领。

从党的"一大"提出直接进行社会主义革命，到"二大"确定首先进行民主革命，然后再进行社会主义革命，这是党的战略方针的一次重大转变，是中国共产党人对中国国情和中国革命问题认识的深化。党的民主革命纲领的制定，是党的第二次全国代表大会的中心议题和突出贡献。

王尽美、邓培等代表参加远东国际会议时的调查表

"二大"代表的实物来之不易

在纪念馆展厅里有三座玻璃幕墙，上面镂刻的是参加中共二大正式代表的头像。中共二大的正式代表共12人，代表全国195名党员。其中有中央局代表陈独秀、张国焘、李达，还有上海的杨明斋、北京的罗章龙、山东的王尽美、湖北的许白昊、湖南的蔡和森、广东的谭平山、中国劳动组合书记部代表李震瀛、团中央代表施存统等，另有一人姓名不详，难以确认。该玻璃雕刻由中国工艺美术大师、台州玻璃雕刻传人金全才创制，摹写传神，纤毫毕现，屹立正中，熠熠生辉。

展柜里展出了部分"二大"代表的实物。比较珍贵的有1952年9月17日毛泽东致李达的亲笔信，信中讨论了毛泽东的哲学著作《矛盾论》，毛泽东所尊称的"鹤鸣兄"就是李达。还有罗章龙的生前印章，印文为"纵宇一郎"。"纵宇一郎"是罗章龙早年在新民学会从事革命活动时候使用的化名。印章是篆刻家孙竹为罗章龙刻的。展柜中还陈列着盖有罗章龙印鉴的回忆录《椿园载记》。

1915年，毛泽东在湖南省立第一师范学习期间，曾以"二十八画生"

罗章龙回忆录《椿园载记》

（毛泽东名字的繁体共28画）的笔名向长沙地区各学校发出的《征友启事》，罗章龙以"纵宇一郎"之名响应，两人成为一见倾心的好朋友。1918年4月，新民学会在长沙成立。学会成立之初，会员们经常讨论出省出国求学的问题，学会干事会决定支援罗章龙等赴日留学。临行前，毛泽东特赋诗《七古·送纵宇一郎东行》赠予罗章龙。后据查，该诗是迄今所能见到的毛泽东学生时代唯一的赠友诗作。

为征集到罗章龙等代表的实物，纪念馆工作人员曾数次前往各地拜访"二大"代表后人，包括罗章龙之子罗平海、蔡和森之女蔡妮、李达之子李心天、王尽美之子王杰等老人。其中，罗章龙生前所使用的印章及《椿园载记》印章本均来自罗平海老人。毛泽东致李达的信来自李心天老人。2007年7月16日，中共二大召开85周年之时，李心天、王杰等"二大"代表后人应邀来到中共二大会址纪念馆参加座谈会，耄耋老人握手致意，徘徊旧居追怀先贤，当时的场景让人感慨万千。回想起来，中共二大会址纪念馆的每件陈列品背后，都倾注着纪念馆筹备组人员的热情与心血。

陈列着各种版本的《党章》

在纪念馆二楼专门开设了中国共产党党章展厅。这里按照时间顺序陈列了中国共产党自诞生以来产生的所有党章或党章修订案，有不同年代和各种版本的《中国共产党章程》以及《共产党宣言》，供来访者参观。这些展品多由半生醉心收集《共产党宣言》的北京红展网范强鸣先生捐赠。2012年，广东肇庆收藏家程瑞文曾向馆内捐赠中共七大党章及部分展品。

有人或许奇怪，为什么在中共二大纪念馆里要设专门的党章厅，中共二大和党章之间有着什么样的关系？其实，中共二大创造了很多第一：第一次提出党的民主革命纲领，第一次提出党的统一战线思想——民主联合战线的思想，制定了第一部《党章》，第一次公开发表了《中国共产党宣言》，第一次比较完整地对工人运动、妇女运动和青少年运动提出了要求，第一次决定加入共产国际，第一次提出

中共二大第一次会议会场

了"中国共产党万岁"的口号。毫无疑问，这里是中国共产党第一部党章的诞生地。

　　由于党的事业和自身建设的不断发展，在经历一段时间之后，需要对原有的党章进行修改和补充。在中国共产党的历史上，制订过一个纲领（"一大"），制订过八部党章（"二大、六大、七大、八大、九大、十大、十一大、十二大"），九次修订党章（"三大、四大、五大、十三大、十四大、十五大、十六大、十七大、十八大"）。纪念馆将历次党章样本一一呈现。每一部党章都记录下了一段珍贵的历史，留下了共产党人在前进征途中的足迹。陈列馆中的"二大"党章只有手掌大小，篇幅只占《中国共产党第二次全国代表大会》文件合订本中的几页。物品寒微毫不起眼，却呈现出中国共产党第一部党章的原始风貌。该陈列品来源于中央档案馆实物仿真复制，睹物遥想，倍

增筚路蓝缕、不忘初心之感。

人民出版社在这里成立

中国共产党成立以后，非常重视出版事业。当时党的宣传出版工作由李达负责，而辅德里625号是李达的住宅。于是，李达的寓所也自然而然成为编辑出版革命书籍的地方。由李达负责出版的革命书刊有《共产党礼拜六》《工钱、劳动与资本》《劳农之成功与困难》《列宁传》《俄国共产党党纲》等15本，展厅里陈列了其中的一部分。细心的观众会发现，书籍封面上印的是"广州人民出版社"出版。人们难免好奇：人民出版社既然设于上海，为什么出版物上却标有"广州人民出版社"字样，而且标明的地址为"广州兴昌路26号"？

当时上海的政治形势非常复杂，为了躲避敌人的搜查，宣传刊物的出版只能是秘密进行。与人民出版社同时期存在的出版机构还有《新青年》社。《新青年》是公开出版的，是合法的，《新青年》社的社址在广州兴昌路26号。广州作为国民革命的根据地，人民出版社社址写在广州是顺理成章的，也会比较安全。因此，人民出版社编辑的书籍均以"广州人民出版社"名义作为掩护，且社址填写的实际上是《新青年》在广州发行的地址。

1921年9月，人民出版社成立。《新青年》杂志第9卷第5号曾刊登《人民出版社通告》，宣布了它的宗旨和任务。《通告》说："近年来新主义新学说盛行，研究的人渐渐多了，本社同人为供给此项要求起见，特刊行各种重要书籍，以资同志诸君之研究。本社出版品的性质，在指示新潮底趋势……"人民出版社以翻译马克思主义的原著为主，着重介绍列宁的革命理论及其革命事迹。人民出版社原有较大的出版计划，后来由于经济及翻译力量所限等原因未能实现。李达《关于人民出版社的回忆》中说："本年秋季，在上海还成立了'人民出版社'（社址在南成都路辅德里625号），准备出版马克思全书十五种，列宁全书十四种，共产主义者（康民尼斯特）丛书十一种，其他九种，但在这一年中，只出版了十五种，如《第三国际及宣言》《国家与革命》《共产党宣言》《苏维埃论》《共产党星期六》《哥达纲领批判》等书。"

  关于这些书籍的珍藏还有一段鲜为人知的故事。书籍的左上角均标有"张静泉（人亚）同志秘藏山穴二十余年的书报"字样，这是张人亚用生命保存下来的珍贵文献史料。张人亚曾任中共中央秘书处内交科主任，负责党的文件书报的安全。1928年，张人亚突然回到霞浦老家，请求父亲代为保管带回的书刊文件。其父张爵谦以张人亚长期在外不归恐已不在人世为由，为张人亚设置棺木，并将此包书刊文件藏于其中直至新中国成立。这其中就有人民出版社出版刊印的《工钱、劳动与资本》《劳农会之建设》等。纪念馆在中共二大召开90周年之际，曾组织专人前往嘉兴南湖采访张人亚的侄子张时才，并拍摄专题片《1922：明灯指路》记录了这个感人的故事。

中共四大纪念馆里的故事

陶雨辰

1925年1月11日至22日,中国共产党第四次全国代表大会在上海虹口的一条石库门弄堂里悄然召开。1932年"一·二八"淞沪抗战爆发后,中共四大会址毁于日军炮火。

2012年9月,在中央和上海有关部门的共同努力下,一座庄严肃穆、大气恢弘的中共四大纪念馆(简称"四大纪念馆")在四川北路绿地公园开馆亮相。褚红色的外墙与苍翠的树木相映成趣,墙面的镂空设计更给建筑平添了几分灵动。纪念馆分上下两层,建筑面积3 180平方米,其中展示陈列面

中共四大纪念馆

积1 620平方米,分为序厅、主展厅、场景再现厅、影视厅、副展厅、临展厅,通过图片、史料、实物以及多媒体等形式,详细介绍中共四大召开的时代背景、主要历程和历史意义,一件又一件展品,向人们诉说着大革命时期的动人故事。

一本口袋书诉说着"四大"的历史贡献

在纪念馆主展厅的一个展柜中,静静地躺着一本口袋书。它的纸张已经泛黄,封面上的字也有些模糊了。但仔细看,一行竖排字还是依稀可见的——"中国共产党第四次全国大会议决案及宣言"。

这本书长约35厘米,宽约9厘米,称之为"口袋书",真是名副其实。就是这本和人的手掌差不多大小的小册子,承载着中国共产党曾经走过的一段光辉历程,记录了中共四大不可磨灭的历史贡献。

中共四大通过了《对于民族革命运动之议决案》《对于职工运动之议决案》《对于农民运动之议决案》《对于青年运动之议决案》《对于妇女运动之议决案》等14个文件和议决案,是党的历史上通过议决案最多的一次党代会。会议第一次明确提出无产阶级在民主革命运动中的领导权问题和工农联盟问题,指出农民是工人阶级的天然同盟军,进一步强调了农民问题在民族革命运动中的重要性。

中共四大通过的议决案,在内容上突出了中国共产党的领导,并提出

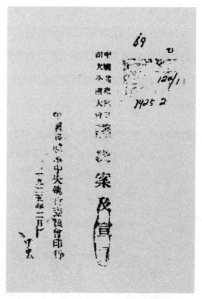

《中国共产党第四次全国大会议决案及宣言》

了明确的策略和方法,具有较强的针对性和可操作性。可以说,这些议决案在国民革命运动的实践过程中,有着十分重要的指导作用。因此,中共四大召开后,全国反帝反封建的工农运动、学生运动和妇女运动都得到了迅猛发展。到了1925年5月,在中国共产党领导和影响下的工会已有160多个,拥有有组织的工人54万人。中共党员人数也从"四大"召开前的不足千人,迅速发展到1925年10月的3 000人。中国共产党已成为我国革命运动的领导核心。

这次会议还对党章进行了修改,强调了重视和加强党组织的建设,第一次将党的基本组织由"组"改为"支部",同时设立了支委会制度,当时叫"支部干事会",确立了基层党组织集体领导的制度,并且将党的最高领导人由"委员长"改称为"总书记"。

一幅油画再现了第一次国共合作的历史风云

中共四大纪念馆主展厅内,悬挂着一幅宽3.4米、高1.8米的油画。这幅画作名为《国共合作》,由上海大学美术学院前院长邱瑞敏和他的学生李根共同创作。油画以广州的国民党一大会址——广东高等师范学堂钟楼为背

主展厅内的油画《国共合作》

中国国民党第一次全国代表大会会场

景,真实展现了当时共产党与国民党的重要人物。其中,共产党人有李大钊、陈独秀、瞿秋白、张国焘、毛泽东等,国民党人有孙中山、于右任、胡汉民、邓泽如、廖仲恺、汪精卫等,以及共产国际的代表鲍罗廷。

1923年召开的中共三大以国共合作为中心议题,决定了共产党人可以以个人身份加入国民党,同时中国共产党应以国民革命运动为中心工作,采取党内合作的形式,同国民党建立联合战线。中共三大后,国共合作的步伐逐渐加快,各地共产党员积极投入到国民党的改组工作中。1924年1月20日,国民党一大在广州召开,标志着国共合作的正式形成。

第一次国共合作的形成主要有三个原因:第一,是孙中山欢迎中国共产党帮助他完成资产阶级的民主革命;第二,中国无产阶级作为一支独立的政治力量尚未成熟;第三,当时的社会症结是帝国主义与封建军阀相勾结,民族革命目标是反帝反封建,这符合中共二大时提出的最低纲领。

这次大会选举产生的国民党中央执行委员会中,共产党人占了近四分之

1984年5月7日,曾担任中共四大会议工作人员的郑超麟实地考证中共四大会址

一。当时有许多共产党员在国民党中担任重要职务。可以说,国共合作开创了国民革命的新局面,也是中共四大召开的重要背景之一。

这幅作品从构思到完成历时4个多月。艺术家根据中共四大纪念馆筹建小组提供的资料,包括所涉及的历史人物关系和性格特征,以及为数不多的照片资料进行创作。画面中的细节部分,也充分考虑了广州的气候、环境、树种等各种因素。创作过程中,最大的难度就在于缺少与会代表的图片资料,绝大部分与会代表只能找到一张照片。如何通过仅有的一个角度,将人物的容貌复现出来,并让观众能认得,这的确让邱瑞敏老师琢磨了许久。

今天,走进纪念馆主展厅,这幅栩栩如生的油画格外惹人注意,让观众仿佛回到从前的岁月,有身临其境之感。油画《国共合作》既弥补了历史资料不足的缺憾,又达到了提升纪念馆艺术欣赏价值的目的,成为纪念馆的珍贵藏品之一。

郑超麟协助寻找中共四大会址

由于中共四大原址上的建筑早在"一·二八"淞沪抗战中已被夷为平

地，经历过"四大"的当事人也已先后离世，所以对中共四大会址的考证一度成为一个历史难题。

根据"四大"天津代表李逸的回忆，中共四大的会场位于上海闸北地区，开会地点是一座三层楼房。他参加"四大"会议时，是由宝山路向北走，随后转进右侧的一条横巷。弄堂的顶端就是一幢石库门楼房，当时房屋还相当新。李逸是从房屋的后门进入的，三楼那空荡荡的阁楼便是他与其他几位外地代表的宿舍。由于进出都是走后门，所以李逸并不知道这幢小楼是几弄几号，只记得从窗户望出去是一片空地，空地对面是北四川路一排商店的后墙。

关于中共四大的会址，当年担任中共四大记录员的郑超麟印象却颇深。其时，郑超麟任中共中央宣传部秘书，召开中共四大时，大会秘书彭述之指定他做会议的记录工作。他回忆说，开会时他住在静安寺附近，乘电车到北四川路横浜桥下车，沿公路走到铁道口转弯就能到会场。除此以外，到会场还有另外两条分散的路线，所有的路线他都走过。

除了做会议记录员，郑超麟的另一身份是代表们的向导，负责把他们带入会场。当虹口区有关部门请求郑超麟帮助寻找中共四大会址时，郑老边回忆边实地勘察，认定当年"四大"会议的地点是在东宝兴路弄堂里的一座三层楼房的二楼。当年会议结束后，郑超麟又多次回到过这里。这座房子是租来的。选择这里开会的原因，主要是靠近铁路，交通便捷，又邻近租界，一旦发生情况便于代表们及时疏散。

纪念馆的主厅里，还陈列着一张郑超麟于1984年5月7日考证"四大"会址时拍摄的照片。照片中，郑超麟站在当年的淞沪铁路旁，而附近的印度锡克教堂也是确定"四大"会址的重要依据。

中共四大会址的寻觅工作费时3年多，虽经历了一些波折，但总算有了一个圆满的结果。经查证，上海市人民政府于1987年4月25日正式确认中共四大会址就是在今天的虹口区东宝兴路254弄28支弄8号处，邻近地铁3号线东宝兴路站。1987年11月17日，上海市人民政府公布其为纪念地点。

上海市文物管理委员会在原址上立了一块纪念碑。

在"英文补习班"掩护下召开中共四大

中共四大会址原是一幢坐西朝东的砖木结构三层石库门民居。纪念馆场景再现厅对"四大"会址的原建筑进行了还原,这里被打造成一幢两层石库门房屋。

据当事人回忆,这幢石库门背靠淞沪铁路,面向北四川路。当时房子的一楼是空着的,有一位苏北籍的女工负责警戒工作,一旦有情况发生,她就会拉响安在一楼楼梯口的警铃,向二楼开会的代表们发出警报。

走上楼梯,二楼就是会场了。纪念馆竭尽所能复原了当时"四大"会议召开时的场景。几张方桌拼凑成的会议桌上,放着几把茶壶和一些茶杯。

而令人好奇的是,桌子的一边,整齐地叠放着几本英文书籍,桌子后的黑板上,写了一首英文小诗。原来,这里被故意布置成一个课堂的模样,中

中共四大会场复原

共四大代表们仿佛是在参加英文补习班。倘若会议期间发生紧急情况，代表们就会赶紧收起手中正在讨论的议案，拿起英文课本作掩护。事实上，开会的地方很安全，十余天的会期中没有发生过任何突发事件。

由于房子是租用来的，所以部分桌椅是向隔壁邻居借用的。三层的阁楼是外地代表们的宿舍，当时有4位外地代表住在这里，分别是李逸、李维汉、尹宽和阮章。中共四大召开时正值冬天，由于没有床，大家只能打地铺，条件非常艰苦。李维汉和尹宽两人身材比较高大，而棉被长度不够，晚上睡觉时，双脚常常露在外面。为了抵御严寒，他们只能和衣而睡，并想办法将被子的尾端扎挺来，以免脚受冻。

李逸还记得，"四大"会议召开期间，给代表们做饭的就是那位在底楼担任警戒的苏北籍女工。由于经费十分紧张，所以代表们每天吃的饭菜都很俭朴，大都是蔬菜，偶尔会加上几片五花肉。

会议期间，几乎天天都开会，代表们的进出也都走后门。会议结束后，这幢石库门民居被保留了下来，作为当时中央工农部工作人员的宿舍。张国焘时任工农部主任，常来这里。

出席"四大"的代表究竟有多少人

究竟有多少代表参加了中共四大？今天，无论是去搜索网页还是来到纪念馆聆听讲解，你都会得到同样的答案——20人。

一直以来，考证和确认中共四大出席代表人数，是一项比较困难的工作，各种资料说法不一。首要原因就是中共四大没有留下有关代表姓名的原始资料或会议记录。研究者只能依靠间接的手段去推测。目前确定的20名代表，主要是通过大会亲历者的回忆和自述，以及"四大"前后的一些相关的文件材料，通过将多个证据对比分析，来推定哪些是参加中共四大的正式代表。

关于20个代表人数的确定，主要是依据中央于1924年9月15日发出的

20名中共四大代表

《关于召开"四大"的正式通知》。这份通知中非常清晰地拟定了全国10个地区各委派一名代表参加会议,法国、莫斯科支部各派一名代表,社会主义青年团派一名代表,以及特邀出席一名代表,这样加起来是14人。另外依照惯例,上届代表大会也就是中共三大的9位中央委员应当作为中央代表出席"四大"的,后来确定有6位参加了,所以初步认定参加中共四大的应该有20位代表。但这个数字还是建立在个人回忆与有限的文献考证的基础上,并没有确定的史料证明,只能说是一个相对可信的数字。

目前所能确认的20名"四大"代表,在当时代表了全国各地994名党员,其中,14人具有表决权。在这20名代表中,后来有9名代表为革命牺牲,年龄最小的是汪寿华,年仅26岁;年龄最大的是陈潭秋,牺牲时47岁。陈独秀主持了大会,并代表中央第三届执行委员会作工作报告。中共四大选举产生了新一届的中央领导机构。陈独秀、李大钊、蔡和森、张国焘、项英、瞿秋白、彭述之、谭平山、李维汉等9人当选为中央执行委员会委员,邓培、王荷波、罗章龙、张太雷、朱锦堂等5人为候补委员。陈独秀为总书记。

细心的观众会发现，在中共四大的20名代表中，有一位没有照片，他的名字叫阮章。由于他去世时年仅24岁，没有后人，也没有留下任何影照。工作人员在征集史料时，北上唐山（阮章曾经工作过的地方），南下广州（阮章的出生地），都没有找到阮章的照片。

确认阮章的身份也经历了一番波折。李逸曾在20世纪90年代所著回忆录《中共四大会议琐忆》中，提到了一个名为阮济的人。除此之外，没有其他书籍资料提及此人。

为了弄清这位代表的身份，虹口区委党史办工作人员远赴唐山，查阅了诸多资料，仍然无法确认阮济就是阮章。直到2003年11月4日发现的一份1962年的口述史料表明，阮章代表唐山党组织出席了在上海召开的中共四大，这样阮章的身份才被最终认定。这位口述者是唐山早期革命人士梁鹏云，他参加了1925年1月26日在上海召开的中国社会主义青年团第三次全国代表大会，因此将他的口述作为确认阮章身份的证据，应该是十分可靠的。

毛泽东报道：崇明农民暴动

季金安

1926年10月25日，毛泽东同志在中共中央机关刊物《向导》周报第179期上，发表了一篇题为《江浙农民的痛苦及其反抗运动》的报道，热情赞扬了崇明西沙农民暴动："崇明，长江口之一岛，岛之全域为崇明县，均长江泥沙沉淀冲积而成。岛之四周年涨新沙，因此沙田甚多，佃农甚多。今举上沙一地为例。此地地主剥削佃农非常厉害，每千步田（约四亩，下同）要纳保证金五十元。这种田完全是新涨的沙田，农民逐渐替他们经营成熟。成熟后，地主管田底所有权，农民管田面的权。每年耕种所用人工、肥料、农具种子等均归农民自备。秋收后每千步田要纳租谷五百斤甚至五百斤以上。地主到农民家里的时候，农民要请他吃好酒饭，不然便难免加租。收租的秤，大概都在二十两以上。农民如稍反抗，马上送县究办。农民若今年欠了五元租，明年就要你还十元二十元，又不得不还，于是农民之破产者年年有之。此地农民曾在民国十一年（作者按：应为民国十年）起了一个暴动，并没有什么赤党过激党煽动他们，他们自己成群的起来打毁警察局，割去地主陶某的耳朵，并大闹县署要求减租。后因团结不固，首领被捕，以致失败。今年江苏遭了普遍的旱灾，田亩减收，上沙地方每千步田农民只收谷三四百斤，而地主缴租却坚持要照旧例缴五百斤。地主且以《业佃维持会议决》以欺农民（业佃维持会系十一年地主组织以欺农民的），于是农民恨地主愈深，暴动又将发生了。"

这篇报道，概括简练。按照报道的提示，追踪当年崇明西沙农民那有声有色的斗争，至今仍然令人血脉贲张，惊叹不已。

崇明遭灾　饥民进城报灾情

民国十年（1921）八月下旬，孤悬长江口的崇明岛上风雨大作，狂潮蔽天，一连20余天，致使崇明岛遭劫，尤以西沙为甚。崇明本由诸沙涨连而成，西部地区统称西沙，又称上沙。灾情严重，田里棉铃纷纷烂落，许多即将收割的稻谷发了芽。即使地势较高的一些田块，每千步田也只收获三四百斤稻谷。但心狠手辣的地主（当地人称粮户、业主）却以"荒不减，熟不拖"为由，仍按旧例每千步田收租谷五百斤。

于是，一批血气方刚的佃农忍无可忍了。新安镇北边刘万芳、三星镇东北范仲英等人分头聚集佃农，共同商讨如何对付粮户逼租，逐渐在佃农中形成核心。

经过一段时间酝酿，刘万芳、范仲英聚众商量，接受在群众中颇有声望的乡村医生周成之的意见："多约点穷乡亲们，到城里报荒请愿，要求县署答应减租，县里不答应再硬干！"乃决定在8月29日组织佃农进城向县署报荒，请求减租。

8月29日，东方刚刚露白。唢！唢！唢！忽然一片急促的锣声，从西沙各乡同时响起，佃农们纷纷举起用蓝色土布围腰作的旗帜，涌向崇明西部最大的集镇——庙镇。很快，汇集成一支由数千佃农组成的请愿队伍，急奔县城。

上任刚刚一个多月的县知事看见成群结队的佃农涌进城来报荒，深知此事非同小可，稍有不慎，很可能激起民变。于是，他连忙派出一名二等警佐向请愿佃农传话："今年风雨为灾，花谷歉收，可以减租；但各地歉收情况不一，需派员查勘后，方能决定减租数额。尔等百姓速速回去，静候查勘，待查清情况后，再出减租布告。"

佃农们见县知事发下话来，答应减租，以为目的已达到，便兴高采烈地退出城去，各自归家了。

被迫暴动　佃农攻打严家仓

但是，县知事的话却激怒了岛上的地主豪绅势力，县城内最有势力的苏、周、昝、严、陆、黄六姓大地主听到县知事答应减租，立刻作出反应。他们一方面在《新崇明报》上写文章责备县知事"本县田赋系额征制度，无论年岁如何，均须缴纳，今岁混言准减，尚有未妥"，向县知事施加压力；一方面指派狗腿子悍然下乡逼租。而县知事派往乡村查勘灾情的官员又与地主豪绅沆瀣一气，狼狈为奸，谎报查勘结果，说是"灾情尚轻"。县知事也不愿得罪当地粮户，所以听报后，便假作糊涂，索性将农民请愿一事束之高阁，不了了之。

佃农们眼巴巴地盼了一个月，没见到县署发布减租布告，而乡间粮户逼租却越来越凶，其中尤以设在三光镇西边的严家仓为最。到了这一地步，佃农走投无路，又自动聚集到范仲英家里商议对策，决定举行暴动，攻打严家仓！

9月29日上午，锣声骤起。佃农们随着锣声从四面八方如潮水般地涌向严家仓。人们愤怒地高呼："打死恶粮户！""打死收租先生！""捣毁严家仓！"呼喊声震耳欲聋。这天严仓地主侥幸不在，收账的账房先生吓得魂不附体，吓得跪在地上，连连磕头求饶，一再保证再不上门逼租，佃农们才算饶了他。与此同时，其他被地主派下乡催租的法警也都遭痛打。

再度请愿　迫令县知事减租

10月中旬，地主与佃农之间的斗争越演越烈。这期间，范仲英的家几乎成了佃农抗租的参谋部。每天，各方佃农的领头人和骨干在此进进出出，商议减租大事。此刻，有一些胆小怕事的佃农在地主高压下偷偷完租，佃农领头人发现后，立刻派出佃农骨干上门劝阻。为了使减租"合法"，各乡佃农领头人经过反复研究，认为必须再次进城请愿，敦促县知事贴出布告，对折减租。大家商定，这次去的人要组织得越多越好；到城里去的各路人马，要事先安排好次序和位置，一起由北门入城，然后分东、西、中三路进发，集中到县衙前请愿。最后大家公推范仲英为总领头人，并定下了再次入城请愿的时间和其他具体细节。

10月13日清晨，锣声又一次四下敲响。数不清的佃农高举围腰旗，手持钉耙、扁担，随带干粮，呐喊着奔向县城。中午时分，这支上万人的队伍很快汇聚到县署衙门前面。佃农人人手持出了芽的稻穗和烂铃的棉秆，说明灾情的严重；更多的佃农则不断振臂高呼："要求县知事接见！""请县知事出布告减租！""我们要活命！"……

俄顷，县衙门启开了一扇边门，一位名叫徐仰山的西沙乡董走了出来。目睹佃农们浩大声势，不由一惊，便故作镇定地干咳了两声，颤颤地向佃农们说道："县知事答应接见你们，请你们派代表进去。"

几个佃农领头人立刻紧急磋商，很快推出了范仲英、刘万英、袁守玄三位代表，进花厅与县知事直接谈判。

进入花厅，县知事清了清嗓子，问道："诸位进城请愿减租，不知欲减几何？今年灾情到底怎样？"口才较好的袁守玄立起答道："知事大人明镜高悬，今日接见佃农代表，面听灾情，实乃西沙十万佃农之幸。今年西沙风、雨、潮三兄弟一起到来，江堤决口，遍地泽国，以后又连续阴雨20余天，稻子割在田里全出了芽，"他边说边从衣袋里拿出一把出芽的稻子送到县知事面前，"呈请大人明鉴。"

县知事看后点了点头，袁守玄又接着说道："就是这样出芽的稻，收成好的每千步田也最多只收个二三百斤，那些重灾区，颗粒无收的更不在少数。"

"租总还是要交的吧，"县知事打断袁守玄的话说，"粮户们荒年不也照样纳粮赋吗？"

"粮户历年每千步田收取的租谷合米350斤，而所纳粮赋仅合米32斤，赋只有租的十分之一不到。"袁守玄高声抗道："这荒年粮户包一年赋，又有何不可？何况我们并非不交租，仅仅是要求减一些租嘛。"

接着，三位代表又你一言我一语，当堂算了一笔种田收支细账，提出每千步田稻租从500斤减为150～300斤，棉花从120斤减为30～70斤。县知事见代表提得有理有据，无法辩驳，不得不表示同意。

此时，县衙外上万人的呼喊声此起彼伏，一阵阵传进花厅。县知事唯恐时间久了发生意外，便催促道："行了，本知事同意减租，尔等速去劝谕众乡民赶快归家，不可再在城内喧哗！"

"慢！我们还有一个要求，"刘万芳呼地站起来，趋前一步说道，"现在粮户收租用的都是24两为1斤的重秤，他们大秤进，小秤出，百姓受尽其害，请知事大人明鉴，下令取消重秤收租！"

"果有此事？"县知事皱了皱眉头。

"若有半句虚言，愿受任何处置！"刘万芳朗声答道。

"还有陈租、小租，请知事大人也一并下令取消！"范仲英紧跟着又补充了一个要求，这些都是穷兄弟们最关心的几个大问题。

"好了好了，都准了你们，快让乡民们都退出城去！"县知事不耐烦地挥挥手，站了起来，摆出送客架势。

"请大人速出减租布告，不使西沙十万佃农再次失望！"三位代表见目的已达到，便一起起身，向县知事拱了拱手，转身大踏步走出了花厅。代表们向佃农们一宣布谈判结果，顿时，万众欢腾，掌声经久不息。很快，县署贴出了减租布告，佃农们取得了初步胜利。

惩办恶霸　万人捣毁警察局

地主们不甘心失败，他们无视县署的减租布告，依然穷凶极恶地逼迫佃农们照旧例缴租。三星镇极有势力的大地主陶希成便是地主的一名代表人物。陶希成绰号"陶杀头"，有20多万步收租田，为西沙一霸。县署减租布告贴出后，他仍然强迫佃农照原标准交租，一粒也不减。佃农们则针锋相对，坚持减租。陶希成便一边威吓佃农，一边游说各地主，筹集经费，准备去省府告状，扬言要惩办佃农代表。

佃农闻讯决定惩罚陶希成，煞煞地主们的气焰。

一天上午，代表们探知陶希成正在三星镇收租仓逼租，立即敲响铜锣，成百上千的佃农立即从四面八方冲进三星镇收租仓。陶希成见状，拔脚从仓后门溜走，但终于被愤怒的佃农们在半路上抓住，一顿好揍，并割去一只耳朵，幸亏佃农代表赶到及时劝阻，才保得他一条命。

佃农们怒揍陶希成，极大震慑了那些不肯减租的地主。

紧接着，佃农们又愤怒地捣毁了西沙三光镇上的警察分局，教训了那些平时帮助地主敲诈农民的反动警察。

事后，巡长张士俊与乡董徐仰山勾结西沙恶霸蔡茂芝，到县署控告佃农代表鸣锣聚众捣毁警局。县署派法警前来传唤代表，法警又差点被数千佃农捉住示众。乱子越闹越大，蔡茂芝、张士俊以为凭这两件事，足以置佃农代表于死地，便不断向县署控告，要求追究查办佃农代表。佃农代表针锋相对，决定反告蔡茂芝勾结警察局乱收苛捐杂税，敲诈勒索，鱼肉乡民，并集资大洋数千，延请律师，与蔡茂芝打官司。理亏心虚的蔡茂芝不敢到庭，屡以重金贿赂法警，在县署发出9次传票、13次拘票的情况下仍然拒不出庭。佃农代表于是抓住这个机会，发动数千佃农，人人手持写有蔡茂芝十大罪状的芭蕉扇，冒着暑热，进城请愿告"芭蕉状"，要求县署严惩恶霸蔡茂芝。请愿队伍齐集县署大堂前，要求面见县知事。迫于众人压力，县署最后不得不作出扣押监禁蔡茂芝、乡董徐仰山革职两个月的决定。

团结不固　暴动胜利付东流

几次胜利，使不少佃农误以为大功告成了，从此，天下太平。于是各人只埋头自家的事，团结也逐渐涣散。佃农代表在打官司的过程中，好处没捞到，却各自卖去了不少田地以支付打官司的费用，有的因此而欠了不少债。

对此，不仅亲属有怨言，就连本人也觉得吃亏，有的就此不愿再做佃农的领头人了。

  1923年8月，县署和地主们瞅准机会，提出召集地主与佃农的代表，筹划成立"业佃维持会"，负责制定今后租额标准，协调解决粮户与佃农之间关于缴租方面的纠纷，以此来麻醉佃农，防止佃农再次暴动。县署规定佃方代表为四人，地主方面代表为五人，会长、副会长、会计、书记等要职，均为地主所把持。对此，佃农总领头人范仲英等代表也反对不力。广大佃农对于"业佃维持会"组成人选这么一桩大事似乎都觉得与己无关，赫赫有名的几位佃农代表只有一个人参加"业佃维持会"，注定了它最终沦为欺骗佃农、维护地主利益的反动组织。

  秋天很快又到了，这年是一个平收年。由于"业佃维持会"刚成立不久，地主代表对1921年农民暴动的声威还记忆犹新，心有余悸。所以，经过一番激烈争辩，"维持会"首次通过的租额低于农民暴动前的标准。随即县署贴布告公布了这一标准：收成差的地方每千步田完租谷不超过280～300斤；一般收成的地方每千步田完租谷不超过300～320斤；收成较好的地方每千步田完租谷不超过300～340斤。而农民暴动前的每千步田完租谷都要在480～520斤！

  然而，这种好景并未维持多久。地主们时刻都在梦想着恢复农民暴动前的收租制度。他们先是在"业佃维持会"中对佃方代表软硬兼施，逐步把持了"维持会"，继而便堂而皇之地用"维持会"的名义，把租额又逐步抬高到农民暴动前的标准，再由县署贴出布告，佃农们想反对，他们马上就以"这是'业佃维持会'议决的标准"来唬人。不仅如此，地主还恢复了用大秤收租！至此，农民暴动取得的一点成果便付之东流。

又逢灾年　陆、俞归来播火种

  历史的车轮转到了1926年。这一年崇明又是一个重灾年：水灾接着虫灾，秋熟打下来的粮食只有平年的四成。此时，"业佃维持会"早已为粮户们所把持，凶残的地主们坚持按每千步田完租谷480～520斤的旧标准收租，佃农们急火攻心，愁眉紧锁。佃农们希望再像1921年那样，组织起来抗租，但却无人愿意出头组织，当年的佃农代表全都保持着沉默。

就在此时，两位年轻的共产党员秘密来到西沙。一个名叫陆铁强，19岁；一个名叫俞甫才，20岁，都是崇明城北排衙镇人。

原来1926年9月11日，陆铁强、俞甫才在毛泽东同志主办的广州第六届农民运动讲习所学习结业后回到上海，受中共江浙区委委派，以特派员身份回乡发展党员，建立党组织，开展农民运动。回崇明后，他们了解到1921年西沙农民暴动的详细情况，同时也听到了西沙佃农今年因缴不起重租，意欲再次暴动的消息，立即奔赴西沙，找到刘万芳家。

"抗租？"刘万芳头摇得像拨浪鼓，"谈何容易！谁领头呀？"

"您大叔呀？民国十年辰光，你们不是搞得惊天动地吗？"

"还提那老皇历干啥？我现在可没这个本领了。"

"不瞒你们两位先生，我家万芳那时候做代表，弄脱几百大洋，到现在债还没拔清呢！"刘妻抢着说。

陆铁强、俞甫才知道一时难以说动刘万芳，便征得他同意，暂时先在刘家住了下来，重点做群众工作。他们白天到一些佃农家串门，晚上又和刘万芳拉起了家常，陆铁强谈了一些白天到佃农家串门时的所见所闻，感慨地说："今年收成听说只有正常年景的三成，粮户却要收租谷500斤，现在，不少人家已经揭不开锅了，还拿啥交租呀？你是老前辈了，能忍心看着这么多佃农受难？"刘万芳摇摇头，深深地叹了口气。俞甫才接着说："万芳叔，过去你们受了许多苦，这我们理解。不过，现在的情况可不比民国十年了。前不久，国民革命军出师北伐，节节胜利，军阀政府十分恐慌，粮户的后台就要倒了，现在我们的力量也越来越大，更何况西沙有十万佃农，大家都憋着一股劲，只要有人领个头，荒年减租一定能办到。你有经验，你出来带头，我俩保证全力支持你！"

左说右说，刘万芳有点动心了。第二天，刘万芳叫来了袁守玄等一大批佃农积极分子。陆铁强、俞甫才乘机向大家介绍了全国革命的形势，提出只要佃农们抱成团，组织起来和粮户斗，就一定能实现荒年减租，把大伙儿的心说得热乎乎的。到会的佃农听后高兴地说："我们早就忍不下这口恶气了，可惜我们不识字，又不晓得怎么组织法，现在你们来帮我们同粮户斗，那真是再好也不过了。"从此，西沙的农民运动便在中国共产党的领导之下，蓬勃有力地开展起来。

群雄再聚　议租大会展神威

陆铁强、俞甫才深知，要把西沙的佃农发动起来，必须要有一大批骨干。于是，他们在新安镇一带办起了农民夜校，对佃农骨干进行革命理论的宣传教育。崇明农村集镇天天有早市，陆、俞及参加农民夜校的学员便利用早市人多的条件，经常到各集镇设台演讲，向上镇群众宣传打倒军阀、打倒土豪劣绅、建立农民协会、实行减租的革命道理。讲得最精彩的是一位叫杨末郎的，他是新安镇茶馆里冲茶的年轻伙计。他讲起陆、俞传播的革命道理来，用的全是佃农的语言，所以群众特别爱听，也最容易接受，都称他为"上台百灵"。

陆铁强、俞甫才在西沙发动佃农的同时，地主们也在紧急策划，妄图把即将兴起的农民运动弹压下去。他们秘密派人向驻扎在上海的军阀头子、五省联军总司令孙传芳控告，请求派兵镇压。谁知孙传芳的主力刚被北伐军歼灭，10月上旬上海又发生了工人武装起义，军阀头子自顾不暇，哪还顾得了崇明！于是，粮户们不得已又故伎重施，抬出"业佃维持会"这块牌子，以维持会和县知事的名义，通知西沙佃农派代表到凤阳镇参加"议租大会"，妄图通过议租形式再次欺骗农民，逼迫佃农交租。

陆、俞闻讯后，立即召集佃农骨干分子会议商量对策，决定将计就计进行公开议租，并商定了与粮户议租时的交租限额，一致推举"上台百灵"杨末郎为佃农代表直接与县知事谈判,接着众人又推举袁志德做杨末郎的助手。为防地主们日后报复,杨末郎化名黄廷相,袁志德化名张殿清。

议租大会这一天,细雨蒙蒙。万余名佃农云集凤阳镇,镇上到处贴满了传单,佃农们人人手持写有"打倒土豪劣绅!""打倒贪官污吏!""要求县知事出布告减租!""荒年应减租,我们要活命!"等口号的红绿小旗。会前,刘万芳等人先行演讲,强调荒年减租理所当然。

上午10时,县知事奚侗在大地主冯公培及一批荷枪警察的簇拥下,从50里路外的县城赶到凤阳镇,黄廷相与张殿清即上前与奚侗联系。奚侗以为议租只要找个地方,在他主持下,业佃双方派几个代表谈谈就行了,所以不无矜持地说:"好吧,到镇公所去谈吧。"黄廷相早就料到这点,便微微一笑说:"今天是议租大会,应在乡民大会上去议,租额定多少还是请听听大家意见。"奚侗无奈,只好命人在操场上安排了两张桌子作为讲台。然后,由警察扶持,他先站到了一张桌子上,下面陪着一些粮户;黄廷相旋即跃上了与之相对的另一张桌子,张殿清站在旁边,下面有陆铁强、俞甫才、刘万芳、张万菊等一班人守着。

议租开始了,奚侗要黄廷相先讲。在万目注视下,黄廷相不慌不忙,先讲了这一年西沙灾害情况,年成欠收,佃农家家断粮,减租势在必行,接着提出每千步田完租从原来的500斤减为200斤,并要求取消陈租、小租和重秤收租。奚侗听后问道:"田有高低,灾有轻重,各地情况不一,怎能一样减租?"黄廷相早有准备,放开嗓子道:"满天乌云,何处不落雨?哪能不一样减租?"奚侗看了一眼台下的粮户,见他们皆面露不悦,皱了皱眉头说:"减得太多了,能否少减一些?"黄廷相问:"依你说该减多少?"奚侗俯身与台下的粮户们叽咕了一阵,说:"每千步田完租360斤怎么样?"黄廷相见与自己开始时提出的要求相距甚远,便灵机一动说:"这个我得问问农民群众,"随即转身高喊:"每千步田完租360斤,大家答应不答应?"话音刚落全场雷鸣:"不答应!坚决不答应!"黄廷相对县知事摇摇头说:"你看大家都不答应呀!"接着又高声问全场:"那每千步田完租200斤,大家答应不答应?答应

的举手!"刹时全场手臂高举如林,"答应!答应!"之声响彻云霄。奚侗见状,呆若木鸡,站在他台下的粮户们个个垂头丧气。陆铁强等人看到这种情况,心里十分高兴。

这时,雨渐渐大了,奚侗急于脱身,便对黄廷相说:"减租应与粮户商量,我是县知事,做不了主。现在这个减租数额等我回城去与粮户们商量商量,否则就算我答应了,他们反对,事情也不好办。"黄廷相知道县知事在耍花样,便一针见血地说:"你不必怕那些粮户,只要你答应出示布告每千步田租200斤,由我黄廷相担保你没事;我黄廷相又由全体农民伯伯担保,城里的老鸦(穷人对大地主的蔑称)如果真要钳你,我们全体佃农涌进城去,拔光白颈黑爪老鸦毛!"他随即将此话大声向全场复述了一遍,并问道:"大家肯不肯为我担保?"

"担保!担保!"喊声此起彼伏。等全场喊声稍小时,黄廷相又高声问道:"进城拔光老鸦毛,去不去呀?"台下雷鸣般的一片吼声:"去呀!去呀!进城去拔光老鸦毛!"

奚侗看到雨越下越大,身上衣服已湿,再待下去也没什么益处,只好答应黄廷相提出的减租数额,并无可奈何地对黄廷相苦笑道:"今天我这县知事还不如你老兄呵!"议租大会就此变成了声势浩大的群众减租大会,并取得了胜利。

建立组织　一切权力归农会

经过一个多月的群众发动工作,特别是经过议租大会这一仗,陆铁强、俞甫才在西沙开展的农运工作有了很大的进展。他们将西沙民国十年的农民暴动情况,回崇后一个多月的工作,以及西沙目前的形势和对策等,写成了一份《崇明工作报告》,上报中共江浙区委。中共江浙区委又将报告中的某些内容上报给上级党组织。毛泽东同志并没有到过崇明,他发表在《向导》第179期上的报道,材料来源就是这个报告。毛泽东预言:"农民恨地主愈深，暴动又将发生了。"后来，崇明农民又掀起大规模的反抗斗争。

1926年11月28日，崇明党组织派代表参加了江浙区农民运动委员会会议。根据会议决议，在前阶段工作的基础上，陆、俞组织西沙万余佃农在同年12月份正式成立了崇明县农民协会。

与此同时，陆、俞还在西沙佃农中发展了共产党员，并在庙镇、新安镇等地建起了崇明最早的党支部。

县农民协会成立以后，立刻在各个方面发挥了巨大的作用：过去西沙疏浚农田河道，都由河董把持，百姓深受其害，农会成立后由农会负责河道疏浚工作，农民的事情农会办，农民特别高兴；佃农儿子黄凤岩（学生）因参加抗租斗争而被捕，农会四乡鸣锣发动数千名佃农请愿营救，迫使县署很快就释放了黄凤岩；在减租问题上，农会的影响就更大了。

当然，一些顽固的大地主并不甘心凤阳镇议租的失败，他们多次到上海告发，说西沙有便衣党军煽动农运，请求派兵来镇压。北洋军阀派来缉私营，缉私营到西沙转了一圈后，没有搜到赤党，便用竹片、纸条封闭了县农民协会和协隆分会。一些大地主见有武装士兵相助，气焰顿时嚣张起来，提出向佃户照每千步田360斤的标准收租。陆、俞将此情况迅速向江浙区委作了汇报，区委指示要根据县署减租布告，鼓动农民向县署请愿，要求启封农会。陆、俞按照上级指示，结合崇明实际情况，布置县农会坚持对折交租。其时缉私营离崇，少数地主虽然凶狠，但后台已倒，观农会不好对付，相持了一段时间后只好无可奈何地向佃农让步。佃农们获得抗租胜利，又自己启封了两个农会，农民协会的活动更加活跃了起来。

建立武装　打开粮仓赈饥民

1927年2月4日，陆铁强等在西沙协平乡建立了崇明第一支农民武装——农民自卫军。自卫军有300多人，掌握一些枪支，下属3个分队，1个警备队。自卫军由县农会领导。

1927年3月，正是青黄不接之时，西沙农民人人为春荒难度而发愁。一天下午，农会协隆分会会长龚翰元和一些农民代表急匆匆地找到陆铁强，汇报了一个重要情况：

金字圩龚万兴和黄安斋两个地主的收租仓里囤积着1 000多担稻谷，听说他们马上想要把粮食运往城内。现在四乡佃农都私下议论着，希望农会组织大家打开地主粮仓，帮助佃农们度过春荒。陆铁强听了，当即研究决定，破仓济贫，支持佃农。

第二天上午，大批佃农紧随农民自卫军向龚家仓冲去。仓前有一道深沟挡住了群众的去路，进仓的吊桥早已被地主抽掉。沟里的水很深，面上结着薄薄的一层冰。怎样才能冲进粮仓？正当大家犯难时，一批农民自卫军"吭哧吭哧"喘着粗气，抬来了几大块用芦竹编成的芦笆。佃农们一声欢呼，相帮着将芦笆拖放到宅沟中，很快，搭起了一座临时浮桥。随即，人们便从这浮桥上一拥而进，打破仓门，冲进仓内，由农民自卫军维持秩序，佃农们装的装，扛的扛，仅仅一个上午就把龚万兴仓内的800多担贮谷全部搬光。

当天下午，佃农们又把黄安斋仓内的500多担贮谷也畚光。县农民协会把从地主仓内弄来的粮食，分配到各家佃户，佃农们的脸上终于再一次绽开了笑容。

之后，崇明的农民群众在中国共产党领导下，历尽艰难困苦，同国民党反动派、日伪政权以及地主豪绅进行了百折不挠的斗争，直至1949年获得解放。

血染南京路

周天华

1925年初，上海、青岛等地的日本纱厂工人先后举行大罢工，遭到日本帝国主义和北洋军阀政府的血腥镇压。5月15日，上海日商内外棉七厂资本家枪杀工人顾正红，激起全市工人、学生和市民的极大愤怒。28日，中共中央决定动员群众进一步开展反对帝国主义的斗争。5月30日，上海公共租界当局公然在南京路上向示威群众开枪，制造了震惊中外的"五卅"惨案。1925年5月30日这一天，已作为上海人民反抗帝国主义侵略、反对北洋军阀统治的光荣历史，永远载入史册。

顾正红烈士像

5月30日零点 晴

黑暗笼罩着浦江两岸，人们还沉浸于梦乡，全市各大学学生在中国共产党的领导下，正准备拂晓以后在全市展开规模宏大的示威。坐落在吴淞镇的同济大学灯火通明，学生们在尹景伊、陈宝聪等带领下，紧张地赶制小旗、书写标语、油印传单，直至清晨5时。与此同时，位于西摩路（今陕西北路）和海格路（今华山路）的上海大学、南洋大学亦为拂晓后的示威忙于编排决死队、演讲队。

0：30

环龙路（今南昌路）国民党上海执行部各校宣传委员会议作出了最后决

议：各校30日停课，出发演讲，设指挥部于望志路（今兴业路）永吉里34号国民党江苏省党部内，由共产党人恽代英、侯绍裘坐镇总指挥，并在公共租界二马路（今九江路）孟渊旅社三楼十四室设置现场秘密指挥所。此刻，南市林荫路正兴里23号内（国民党二区二分部），中共党员沈资田为发动更多工人参加斗争，正有条不紊地进行宣传鼓动工作。

1：00

上海学联内，一群青年分别在制定动员更多民众参加示威斗争的具体方案，拟定标语口号、起草宣言、规划游行示威路线。最后根据党的指示，决定示威总发动时间为下午13时。

一大批爱国志士，面对帝国主义的压迫欺凌，无不热血沸腾，期待着黎明，迎接那反帝大风暴的洗礼。

8：00　晴

气温近30摄氏度。南洋大学的学生齐集大操场，第一支队伍出发了。

8：30

普陀路捕房门口，几名日前因参加公祭顾正红大会而被捕的学生被押上囚车，直驶北浙江路（今浙江北路）海宁路南会审公堂，进行庭审宣判。会审公堂四周荷枪实弹的巡捕如临大敌，戒备森严。此际，上海大学的13支决死队，远离市区的同济大学16支演讲队及同文书院、复旦大学等学生队伍亦踏上了征途。

9：00

会审公堂门口已聚集了一批学生在等候审判结果，愤激地向周围群众控诉帝国主义者的罪行，不时高呼口号，散发传单。公堂内，北洋军阀政府中方审判官陆襄与日本陪审官宫田岛如坐针毡，面对愤怒的人群，假惺惺地宣布：各交100元罚金，暂行保释。消息传出，门外学生与市民情绪更为激昂，

"收回会审公堂""取消租界"的口号此起彼伏，他们当即前往交涉署去请愿。

上海总商会大厅里正在召开联席会议，商界人士坚决反对工部局加征码头捐、印刷附律、交易所注册三案，副会长方椒伯（时会长虞洽卿在北京）及会董们联名致函交涉署抗议工部局侵犯我国主权之行径。

10：00

沪上各校示威演讲队进入市中心与公共租界，北站、大马路（今南京东路）、北京路（今北京东路）、海宁路、宁波路、望平街、虞洽卿路（今西藏中路）新世界一带，演讲队比比皆是，附近市民反响强烈，纷纷围拢听讲，示威队伍不断扩大。

学生们的爱国行动，顿时引起帝国主义领事馆及工部局的注意，旋即派出大批侦探、便衣混迹在示威人群中加以监视，他们的宣传喉舌《字林西报》《泰晤士报》记者亦夹杂在示威队伍中探听消息，不时将演讲者悄悄摄入镜头之中。

12：00

示威演讲队伍愈来愈多，仅北站一地就云集了上千学生与自动加入队伍的群众，各路队伍均向公共租界行进。

12：40

工部局总巡（即警务处长）麦高云正气急败坏地通知各捕房：立即对上街示威演讲的学生采取防范措施。大批巡捕倾巢出动，这些帝国主义豢养的鹰犬借"扰乱治安"之名，挥舞棍棒妄图驱散示威队伍，且拘捕了数十名学生，但斗志激昂的示威者毫无惧色，他们只有一个信念：打倒帝国主义！觉醒的同胞早已把帝国主义的威风和他们的强盗法律踩在脚下了。

13：00　多云

五卅示威游行总指挥部一声令下，租界总示威开始。各校30多支队伍

国棉二厂内的顾正红烈士雕塑

陆续云集沪西工友俱乐部组织的数百人队伍,拉起巨幅标语浩浩荡荡向南京路挺进;途经外滩的一支队伍把外滩公园(今黄浦公园)门口包括有"华人与狗不得入内"内容的牌子砸得粉碎,抛入江中。

南京路上每隔十几家店面,就有一队学生站在高处演讲,声若洪钟。一簇簇行人驻足凝神倾听,当学生们诉说到顾正红惨遭日人杀害时,听者动容,唏嘘不已。印有"打倒帝国主义""上海是中国人的上海""学生被捕"等字样的传单随风飘舞,满蔽天日。橱窗上、电线杆上、墙头上贴满了"抵制日货""反对印刷附律""反对越界筑路""取消一切不平等条约"等内容的标语。其中有一份中国共产党拟定的《上海学生市民反抗帝国主义大运动宣言》特别引人注目:

上海是中国人的上海!然而自从帝国主义强迫开埠以来,上海租界上的中国人,吞声忍气的蜷伏于帝国主义的压迫之下,比十几国奴隶还不如!

我们忍无可忍了!我们已经联合各校学生及一切爱国的市民工人,从今日下午起,分队到公共租界各大马路讲演,唤醒全埠中国人,一致起来反抗帝国主义!

我们已经预备牺牲一切,冒犯各种困难与危险,为全中国反抗帝国主义的民族革命作前驱!

我们希望全上海的中国人闻风起来!

我们希望全中国被压迫的四万万同胞闻风起来!

"五卅"运动爆发时上海总工会的游行队伍

反帝的怒火已熊熊燃烧起来,千万人的呐喊声似隆隆春雷震天撼地。偌大的十里洋场,人潮汹涌,路旁观看的市民接踵摩肩;沿街各幢房子的窗口里、阳台边及电车上人头攒动。他们不时挥舞拳头,摇着帽子以示支持学生工人的游行队伍,在大马路上形成了一股巨大的反帝洪流。

13:30

闸北共和路奉军第一军司令部内,正在举行军事会议,会上军务处长袁子和、军保处长李奎元突与由济来沪的28旅旅长程国瑞发生冲突,由责骂演变成枪战,李当即殒命,程、袁负伤,致使闸北一带秩序大乱,阻断交通至晚间22时。法租界内,杜月笙等流氓大亨勾结军阀、法董,正在导演一出抢"土"(即鸦片)闹剧。他们趁各界对烟土案不遑顾及,连日召集大小同行磋商推销办法,鸦片销售不仅未受影响,且由日铺50箱增至70箱,并积极策划成立专卖鸦片的"三鑫公司"。

14：00

老闸捕房里异常紧张，又高又瘦的捕头爱活生正满肚怨气，紧绷着似刷了浆糊般苍白的脸，在捕房门口来回踱步，不时抬头朝外眺望。南京路上的情况使他大伤脑筋，不然他早就在跑马厅的看台上或台球桌边了，咳，这倒霉的星期六！刚从南京路抓来几名学生，可外面示威的人群却愈来愈多，在捕房20年生涯中爱活生第一次感到惊恐不安，看来只有进行大规模逮捕和镇压了，他盘算着。

14：40

爱活生下令："如有不服制止者，准予拘究。"霎时，凶神般的巡捕朝示威人群扑去，那注铅的警棍、手杖、藤鞭像疯狗似的殴打示威者，一见演讲者上前便抓。时大庆里口有一学生高立邮筒之上正在演讲，被西捕一拳击下，站于西捕身边一邮局工人不等他上前抓人，挥手给了这家伙一巴掌，博得一片喝彩声。"嚯嚯……"不绝的警笛从巡捕嘴里慌乱地吹出，旋即七八个巡捕蜂涌而至，把学生、工人团团围住，并用绳子捆绑押向捕房。周围学生群众被激怒了，跟随其后，齐声高喊："要坐牢，一起坐！"一齐涌入捕房。

15：00

老闸捕房内被捕的学生群众已近二百人，这些不怕死的好汉在捕房里毫无惧色，继续呼口号示威，高声叱责巡捕，并拍桌子、跺地板、砸门窗，搅得捕房如开锅一般。

15：20

爱活生原以为抓一些学生进来就可吓退示威群众，未料学生们把捕房都给挤满了，如此下去捕房岂不形同虚设了？想到此，爱活生色厉内荏地嚎叫道："都给我轰出去！"随后又命人将贵州路后门上锁关闭，召集通班巡捕持枪列于捕房门口警戒。

示威游行指挥部得悉学生群众被拘捕，指挥各路队伍集结老闸捕房门口。片刻，三千愤怒至极的人群将捕房围得水泄不通，要求释放全部被捕者。走在最前列的学生群众离捕房大门只有20码了！

15：35

站在捕房门口的爱活生，脸上的肌肉不停地抽搐着，眼珠充血，命令11名印捕与12名华捕及4个西捕分两排呈半月形站立，来福枪与手枪对准了手无寸铁的示威群众。爱活生阴险地注视着继续涌近的人群，忽然用半生不熟的中国话大叫："停！停下！"人潮依然向捕房门口迈进。

"预备！"爱活生歇斯底里地吼道，他既不想朝天空鸣，也不愿朝人群脚部射击，只想杀死这些"暴徒"！因为他手中有一纸工部局的"紧急动员令"，即危急关头可"决定开枪，但决不为恐吓"。可见帝国主义当局对屠杀我国人民是蓄谋已久了！眼下这个嗜杀成性的刽子手正想使用这一"权力"！

15：37

"瞄准！"

"开枪！"话音未落，"叭"一声尖啸，第一颗罪恶的子弹从爱活生枪口射出，瞬间枪声大作，硝烟弥漫，44颗子弹穿进了中华儿女的胸膛！南京路顿成血街！

共产党员、上海大学学生何秉彝（时为共青团上海地委组织主任）虽饮弹倒地，仍连呼"打倒帝国主义！""中华民族解放万岁！"

同济大学学生尹景伊中弹后血流如注，仍坚持演讲，高呼："我不死，我仍旧要喊！"

13位烈士献出了生命（当场牺牲4人，重伤后当晚牺牲9人；其中学生4人，职工8人，商人1人），伤者无数，继而被捕者50余人。这就是帝国主义者制造的震惊中外的流血大惨案！

1925年6月1日，上海市人民为抗议帝国主义的大屠杀举行示威游行

16：00 阴

血案发生后，救护车飞驰而来，将尸体拉走，巡捕立即封锁了路面。《民国日报》主编邵力子和记者前去察看、拍照，马上被驱赶出去。双手沾满中国人民鲜血的刽子手，并不善罢甘休，变本加厉地准备进一步镇压人民斗争，工部局总董费信惇命令万国商团处于战备状态。

《申报》刊登五卅惨案消息　《民国日报》刊登五卅惨案消息

16∶30

凶手们企图掩盖罪行,老闸捕房门口几辆消防车正忙于冲洗路面的血迹。就在这时,上海友联公司的司机胡廷芳驾驶汽车,载着公司创办人陈铿然、摄影师刘亮禅、女演员徐琴芳驶抵现场,出其不意地拍下了冲洗血迹的一些镜头。巡捕察觉后,勒令停车检查,徐琴芳急中生智迅速将那具"挨摩"小摄影机藏在大裤管里(当时妇女流行大裤管裤子),免去一场灾祸,为日后辑成《五卅风潮》一片留下了一组珍贵的镜头。

顾正红的鲜血未干,帝国主义又欠下一笔血债,新仇旧恨激起了人民空前的反帝怒潮。上海各厂工会干部集于沪西工友俱乐部开会,陶静轩报告了惨案情况,人们听后无不裂眦冲发,义愤填膺,纷纷要求奋起报仇。主持会议的刘华当即宣布:工会将发动工人大罢工,反击帝国主义的暴行。

上海学生总会和学联分别召开紧急会议,决定通电全国呼吁援助,并继续到租界游行演说,奋斗到底。

17∶30

大批荷枪实弹的万国商团士兵在司令官戈登上校的统领下,在租界各马路上示威,与巡捕一起实行戒严。

19∶00

夜幕终于降临,上海市笼罩在血雨腥风之中。工部局的会议室里,总巡麦高云正对前来交涉的江苏交涉署(北洋政府外交部驻各地办理涉外事务的机构)的陈世光大耍威风,蛮横无理地说:"除了当时所采取的行动外,别无他法可以阻挡它的发生;骚乱的首领必须拘押,等待查办!"陈世光碰壁而归,无可奈何地向北京外交部电告当日事件。

中共上海地委、国民党上海执行部、各马路商会联合会等团体纷纷集会,研究对策,制定进一步反帝方案。

1926年，五卅惨案周年纪念大会　　　　　五卅烈士墓落成

20：00

  中共中央在上海及时召开了紧急会议。陈独秀、蔡和森、李立三、恽代英、王一飞、罗亦农、张国焘等出席了会议。李立三汇报工人情况，恽代英、王一飞分别报告了国民党与学生方面情况。蔡和森进一步提出：号召全上海工学商实行罢工、罢课、罢市，以造成全上海市民总联合的反帝大运动。议决组织行动委员会领导"三罢"斗争。

  上海工人学生血染南京路，震动了全国，震动了世界。全国人民掀起了一场空前规模的伟大的反帝运动，北京、南京、汉口、广州、长沙、青岛等近五百个城镇人民，在中国共产党领导下，举行游行示威、罢工、罢课、罢市。中国人民的反帝斗争，得到了国际工人阶级和进步人士的声援。五卅运动形成了全国规模的反帝怒潮，揭开了第一次国内革命战争的序幕。

周恩来谈上海工人三次武装起义
（1957年12月22日）

本文是周恩来同志于1957年12月22日在上海接见参加上海工人三次武装起义的老工人和部分劳动模范时的讲话，这是了解和研究上海党史、工人运动史以及继承和发扬上海工人阶级光荣革命传统的一份珍贵资料。承蒙上海工人运动史料委员会提供的根据纪录整理的稿本，在本刊摘要发表，以志纪念。

上海第三次武装起义时，罗亦农、赵世炎、汪寿华三位同志也是领导者，他们都牺牲了。还有王若飞同志，他当时是指挥南市暴动的，后来也牺牲了。他是抗日战争胜利以后，1946年4月8日飞机上遇难牺牲的。罗亦农、赵世炎、汪寿华、王若飞，这些都是领导同志，都先后牺牲了。前三位同志是给敌人捉进去后牺牲的。起义时，赵世炎（当时的名字叫施英）还在《向导》周刊上写文章。到现在，罗亦农同志的尸首也没有找到，赵世炎同志的骨头也找不到。后来，党中央又派了陈延年同志到上海来工作，这是第五位了，也牺牲在上海。牺牲的人多了。我们讲的还只是上海起义的。如工人运动方面的还有刘华、顾正红等同志。这些同志，你们是常常纪念他们的，他们都直接领导上海工作。这是一些代表人物。"四一二"流血牺牲的人数就更多了。"四一二"以后，武汉国民党又叛变，这时候，上海牺牲了很大一批。这些同志为上海工人立下了光荣的传统，

上海工人第三次武装起义的领导者之一——周恩来

他们替我们开了路，值得我们纪念。

另外，我也要讲一讲，我在上海和同志们见面，第一次有半年，即在1926年11月到1927年5月，整整6个月，以后我到了武汉。南昌起义失败后，我又到了上海，这是1927年冬天。第二次是从1927年冬天到1931年冬天，即"九一八"事变以后，差不多整整四年在上海工作。我在上海工作两次，你们也知道一点。这两次工作对我教育意义很深很大。

经过轰轰烈烈的五卅运动，全中国的反对帝国主义的革命浪潮蓬勃发展起来。当时我在广东。后来上海工人三次武装起义时，第一次我不在，后两次我是参加的。

第一次暴动没有经验，很少几个人，有一位同志——奚祖尧同志牺牲了。初次革命没有经验，那也是免不了。那时，北伐军从广东出发，到了金华，工人动起来了，被孙传芳军队控制住了。这次经历了挫折，取得了经验。

中共早期工人运动的杰出组织者——汪寿华

第二次武装起义是在1927年2月，上海工人响应北伐军进发，进行罢工。那时，北伐军已近松江，但离开上海还很远，这时敌人恐慌了。北伐军到了松江，上海工人运动高涨。现在想来，当时资产阶级，特别是买办资产阶级已经到了南昌，蒋介石手下的何应钦、白崇禧指挥的东路军到了松江，就按兵不动，不进上海。既然工人罢工，就要有武装行动。闸北、龙华罢工以后准备起义，结果来不及准备，没有经验，又失败了。

有了两次失败的经验，第三次起义是北伐军接近龙华，这就是3月20日（注一）的一次。这次起义成功了，沪东杨树浦工人、沪西曹家渡工人和闸北、吴淞的工人结合起来，坚持了两天一夜，反动军队退出了闸北。6 800个工人纠察队（员）组织起来了，这是第一次工人组织的武装，缴来了5 000多支枪。原来只有200多支驳壳枪，是从租界里运来的。今天在座的瞿素珍同志也在，商务印书馆的工人也出来了。各个地区都对工人进行了训练、组织，敌人恐慌了，夺取武装胜利了。这是工人阶级第一次成功地夺取了武装。第三次罢工以后，就到了街上夺取武装，

王若飞

特点也就在这里。武装起义后，巷战两天。工人阶级夺取了武装后，建立了联合政权——上海市政府委员会，由资本家、国民党右派、国民党左派、共产党组成。工人纠察队设在东方图书馆。

工人纠察队守卫在上海总工会门口

119

武装起义是成功了，但当时经验不足。我在二十六岁时就当上了黄埔军校的政治部主任，那时还是个娃娃，比裔式娟还年轻。当时陈毅同志也在黄埔做工作。那时我们有手提枪、木壳枪等，有8 000多个武装的纠察队员（注二），蒋介石的军队又不来，我们就不知道如何办，我们就等在那里。而当时租界上还有帝国主义，又不能马上就赶走。当然，我们年轻，青年人又瞧不起他，认为帝国主义算得了什么，结果帝国主义与蒋介石勾结起来搞我们。另一方面，蒋介石军队的军官比我们年纪大一些，经验比我们多一些，他们参加过辛亥革命，而我们在辛亥革命时还是带辫子的娃娃，而那时蒋介石、何应钦、白崇禧这些买办资产阶级、封建资产阶级的代表经验比我们多，帝国主义又教他们，这样，帝国主义和蒋介石勾结起来搞我们，我们又没有准备。那时候，按理应该把工人运动和农民运动结合起来。当时江浙两省农民运动已有相当发展，如果我们工人武装和农民结合起来，无论如何是可以保持力量的，当然长期坚持还是有困难的。

我们有工人武装，但不懂得与农民结合起来。我们那时做了一些工作，但不深入，最主要的是没有精神准备，没有下一步。结果给敌人骗了。

敌人是怎样骗我们的呢？一个驻在闸北的国民党师长叫斯烈，他的弟弟斯理是黄埔军校出来的，是我的学生。斯烈就利用这个关系和我们谈判，我们就迷糊了，认为可以利用他，我们认为他不会对我们动手。其实，我们这时重点放错了，重点应放在保持武装。当时斯烈写了一封信给我，要我去谈一谈，我就被骗去了。当时我们的副指挥也去了。原来我是住在商务印书馆的，不出去也要失败，但不至于一下子就失败。结果在他那里搞了半个小时，商务印书馆因为没有人指挥，就松劲了，一下子被缴去了。谈了一会，我们看着谈得没有结果，就出来，到商务印书馆时已经空了。路上碰到几个人，他们告诉我说，东方图书馆的工人纠察队已经散了。这是一个教训。骗我们武装的时间是4月11日（注三）。

我们是经过长期业务锻炼才逐渐地坚强起来的。所以我们现在要青年知识分子下去锻炼，共产党员、青年知识分子下去锻炼是最根本的问题。当

上海工人第三次武装起义胜利后,上海总工会召开庆祝大会

工人纠察队经过激烈战斗,夺取了虬江路警察署

然，在当时的斗争中，也可能被敌人杀头杀掉了，这也是一种锻炼，但这种坚强是一时的英勇。经过长期锻炼后的坚强与一时的坚强是有区别的。

那时，上海约有50万工人罢工，有20多万人即一半的人跑到街上来了。这是一个检阅，给上海工人阶级树立了好的传统。工人阶级要求解放、要求斗争，工人阶级要得到民族解放，才能前进，上海工人阶级是懂得这些道理的。当时没有能够使上海工人阶级保持一部分优秀干部下来，在城市中不能长期坚持就可以退到农村中去。当然，也保持了一部分力量，但那是另一种形式，一部分没有牺牲的人中，有一批退到武汉去了，那是少数；有一批送到莫斯科去学习，苏联对我们招待很好，这种锻炼就比较红了，是温室中培养出来的，从苏联学习回来后，有一批是好的，但也有的消沉了。如果那时我们把力量暂时撤退到农村中去，那就会保持很大的干部力量。那时整个党是陈独秀领导的，他不重视农村工作，陈独秀路线是不重视农民运动的。要武装就要与地主翻脸，农民要求土地革命，而陈独秀连农民的减租减息也不要。从全党来讲，农民运动是做的，但整个路线是陈独秀领导的。这对我们上海也有影响。"四一二"以后，陈独秀到武汉去了。

如果不犯这个错误，上海可以保存一些力量。如果不犯这些错误，城市是否会大发展？也不会的。因为必然是这么一个规律。因为我们革命运动是先从城市起来，集合了很多工人、学生（就是革命知识分子），然后派到农村里去，同农民结合起来，然后做一些军事运动、军队运动，工农兵知识分子结合起来。把革命高潮搞起来以后，说是能够一下子一帆风顺，武汉就取得全国政权，共产党的领导权就确立了，这也是不大容易的。尽管我们不犯路线错误，恐怕也要受一些挫折，因为究竟全党缺乏经验，不是一个人缺乏经验。少数有深刻的思想的人，也还要有群众才行，个人离不开群众。群众的觉悟还没有那么深刻，所以免不了要犯些错误，受些挫折。俄国革命经过1905年的锻炼，中国的1924年至1927年这个阶段完全成功也比较难，但是不犯这个错误也可能收获更大一些，保留更多一点。因此1927年至1937年，这十年，上海党也不可能大发展。起义本身还是成功的，但是以后受路

1927年3月23日，上海市临时市政府召开第一次执行委员常务会议时的合影

线领导之下犯了错误。以后三次"左"倾路线使得上海损失很大。如果没有这些错误，上海就会保存力量多一些。但是秘密党完全不受挫折也不可能。俄国的经验，它的秘密党也是经过多次破获，列宁是流亡海外，斯大林是被捕多次，不仅斯大林，他们老一辈的同志都是经过被捕的，如莫洛托夫、加里宁、斯维德洛夫。他们有一个好处，不杀头，只充军，可以保存力量。我们也被捕，绝大多数是牺牲，所以我们损失就大。不然上海地下党不经过这些错误，我们保存力量多些，上海的革命传统就更深一些。

（注一）应为3月21日。

（注二）起义五千人，另据上海总工会于1927年编写的《"四·一二"大屠杀纪实》一文所载，起义后，纠察队员的人数为两千七百人。

（注三）应为4月12日。

周恩来在北站前线

边震遐

党中央电令:从广州赶到上海

1926年10月,上海工人发动的第一次武装起义失败了。第二次武装起义正在酝酿之中。1926年12月,中共中央军委委员周恩来,突然接到党中央的电令,离开温暖如春的广州,离开结婚才一年多并且怀有身孕的妻子邓颖超,独自来到寒风凛冽的上海。

周恩来一到上海,就怀着急切的心情去见总书记陈独秀,他恨不能立即上阵,投入武装起义的洪流中。但是,陈独秀委派他的职务则是:中央组织部秘书,这使他大感意外。

周恩来无条件地服从了"老先生"的命令。

陈独秀那一年46岁,并不老。与陈独秀共事的同志们,当面称他"仲甫同志",背后都叫他"老先生"或"老头子"。冠以"老"字的原因,主要是其他人大都很年轻,如:参加领导三次武装起义的几位主要负责人,除陈独秀和周恩来外,还有中共上海区委书记罗亦农,那年才24岁;上海区委组织部长、区委主席团委员赵世炎,25岁;上海区委主席团委员、上海总工会委员长汪寿华,也是25岁。在这些青年革命家面前,陈独秀不但在年龄上高出一辈,而且是党的主要领导人,当时在党内有着崇高的威望。尽管他貌不出众,中等身材,平时爱穿长袍马褂,爱抽劣质雪茄烟,说话慢条斯理,但他作了决定的事,似有一言九鼎之势,轻易是不好更动的。

陈独秀让周恩来搞组织工作,也有一定理由。随着北伐战争的顺利推进和工农运动的蓬勃发展，中国共产党在全国的政治影响越来越大，党员人数由1925年1月"四大"开会时的994人，到1926年12月已增加到18 526人。而当时中央组织部并无专人负责，日常工作全由陈独秀带病兼管。他把周恩来调到中央，名义上虽是组织部秘书，实际上是要他负责全党的组织工作。

这一决定，应该说是一种重托，但毕竟不是知人善任，使得周恩来未能参与第二次武装起义的准备工作，未能在实战中发挥应有的作用。

中央特委会议在周恩来诞辰那天召开

1927年2月，上海工人第二次武装起义爆发。尽管起义前的罢工游行规模浩大，气势雄壮，但因为准备不周和时机选择不当等原因，再次失败了。

在失败已成定局之际，陈独秀经上海区委领导人的力荐，才想到了一直从事军事工作的周恩来，便临时派他到南市，力图挽回颓势。周恩来匆忙赶到南市，发现武装的工人纠察队已经溃散，只找到了几位纠察队领导人。他唯一能做的事情，便是组织退却，保存力量，以利再战。

第二次武装起义失败之时，也正是第三次武装起义准备的开始。1927年2月23日，第二次武装起义失败后的第二天，陈独秀主持召开了中共中央和上海区委联席会议，总结了这两次武装起义失败的教训之后，决定成立领导第三次武装起义的最高决策机关——党的特别委员会。由陈独秀主要负责，成员有罗亦农、赵世炎、汪寿华、尹宽、彭述之、周恩来、萧子璋，共八人。特委会下面又设特别军事委员会和特别宣传委员会。周恩来被选为特别军委书记。

山雨欲来风满楼。3月初的上海，各区都已处于无政府状态。孙传芳的联军与张宗昌的鲁军正在换防。由苏联顾问参与指挥的北伐军已分三路进逼上海，一路攻松江，一路由宜兴包抄苏州，一路经宁波夺取浦东。3月2日，中共上海区委发出《对工人宣传大纲》，提出"上海革命的时机完全到了"，

"准备马上大罢工、大暴动"。

为迎接即将到来的殊死搏斗，陈独秀于3月5日主持召开了特委会议，这是一次重要的历史性会议。会上提议进一步精简最高指挥机构，从原来仅有八人的特委会成员中，选出陈独秀、周恩来、罗亦农、汪寿华四人，建立核心小组，以便于更有效地处置紧急情况。

这次会议上，还任命了全市七个暴动区域的指挥人员。南市区是上海华界的政治经济中心，反动政府和军警首脑机关都集中于此，属起义的重点地区。周恩来被指派为领导南市区起义的指挥员，并规定在必要时，可调至军阀兵力最集中的闸北地区任起义指挥员。闸北是党中央和上海区委机关所在地，可以号令四方。面临决战关头，陈独秀终于发现了周恩来的军事才能，实际上授予了他指挥上海第三次工人武装起义的神圣权力。

当时的陈独秀，倒不搞论资排辈。以他本人为首脑的特委会核心小组，只吸收了周恩来、罗亦农、汪寿华三个年轻人。那时候，这三个青年革命家的年龄加在一起正好80岁。

谁都知道陈独秀家长制的领导方式，好固执己见，发起脾气来，动辄拍桌子，摔茶杯，不顾一切。难怪李达对他的"恶霸作风"十分恼火，曾说："这个家伙要有了权，一定先杀了人以后，再认错。"可是，3月5日这一天，"老头子"却表现出难得有的从善如流。关于起义时机选择问题，他最初提出需要具备两个先决条件才动手：一是等军阀部队退出上海，只留下警察；二是北伐军到达松江后继续前进，或者等北伐军到达龙华。周恩来不同意陈独秀的意见，主张"假使松江下，必可动"，"苏州下，也必可动"，原因是军阀部队见大势将去，军心动摇，可以奋力与之一搏，定操胜券。两人争辩开来，最后，陈独秀接受了周恩来意见，确定："一、松江下，二、苏州下，三、麦根路与北站兵向苏州退，三个条件有一个就决定发动。"这一主张，表明了周恩来的胆识，表明了他对当时敌我力量的正确估量。

这一决定，为第三次武装起义的胜利奠定了基石。

这一天，正是周恩来的29岁诞辰。这当然是巧合。

起义前夜受命担任总指挥

3月21日中午,江海关大钟的指针移向12时整,全上海无数的工厂、学校、机关、商店、火车、轮船的汽笛、电铃、悬钟,顿时齐鸣,上海工人总同盟大罢工开始了。继之而起的是学生罢课、商人罢市。仅半个小时,不论租界和华界,所有工厂一律关车,全部电车和公共汽车一概停驶。全上海125万工人中,约有80万人参加了浩浩荡荡的罢工行列。

这时候,根据军阀部队向北火车站集中企图固守待援的情况,特委会解除周恩来的南市地区起义指挥的职务,正式任命他为上海工人第三次武装起义总指挥,赵世炎为副总指挥。总指挥部设在闸北宝山路横浜桥南商务印书馆职工医院内。陈独秀也住到了附近福生路中央宣传部机关所在的一个亭子间里,以便直接和总指挥部保持密切联系。

预定由大罢工转为起义的时间,是当天下午1时整。可是不到预定时间,由王若飞、徐梅坤指挥的南市工人纠察队首先打响,势如破竹,仅5个小时,就攻下了淞沪警察厅和所属的一署三所,占领了电话局、江南造船厂和高昌庙兵工厂等所有重要目标。虹口、浦东、吴淞、沪东、沪西五个地区也于当晚基本结束战斗。最后,只剩下了闸北鏖战犹酣,胜败未决。

闸北是张宗昌的主力毕庶澄的第八军驻地,情况最为复杂,重要的据点就达十多处,守敌装备精良。北站的装甲列车内,还有一批作战经验丰富的白俄官兵参加作战。

周恩来面临强敌,毫不畏惧,沉着地指挥战斗。他身穿蓝色学生装,戴一顶鸭舌帽,缠着绑腿,腰扎皮带,挂着手枪,英姿勃勃。自从选入特委会并担任军委书记的一个月来,他为争取起义的全胜而殚精竭虑,几乎没有睡过一个安稳觉。他在罗亦农、汪寿华、赵世炎等战友们的亲密配合下,从侦察敌情、制订起义计划、筹集和运送武器弹药、组织黄埔学生对工人纠察队进行作战训练,以及联络北伐军、策反敌军、联合商人保卫团等,简直是日理万机。由于他的军事才能和周密准备，在极短的时间内，使五千余毫无作战经验的工人纠察队员，掌握了基本的巷战知识，形成了强大的战斗力。

夜幕降临，闸北的战斗在延续，枪声不绝于耳，战果在艰难而缓慢地扩大中。总指挥部跟着战线的推进，已经三易其所，从商务职工医院转到第五警察署，又移到东方图书馆。当攻击目标最后集中到北火车站的时候，经过反复拼杀，双方一时出现了胶着状态。

麕集北站的两千多名毕庶澄部队，凭借装甲列车上的大量轻重火器，对起义者进行了一次又一次的反扑，还丧心病狂地对宝山路虬江路一带当年的繁华商业区进行炮火轰击，燃起的熊熊大火，映红了夜空。

周恩来冒着密集的枪林弹雨，亲临激战前沿，视察战情，鼓动士气，组织救火，安排灾民疏散，又亲自参加修筑工事，急速调集增援力量，誓死要拿下北站这个最后堡垒，决不让起义功败垂成。

陈独秀坐镇亭子间下令退却

此时，坐镇在福生路亭子间的陈独秀，焦虑万端，忧心如焚。他对周恩来的工作是放手的，也是满意的。可是，眼前出现的困境，却出乎他的意料。他深知起义的大忌，就是拖延时间，这不仅会影响士气，而且如果敌人援兵一到，难免前功尽弃。想到这些，他如坐针毡，连续派人前往业已挺进到龙华的北伐军东路军前敌指挥部，交涉请愿，申明起义本意就是为了实施孙中山先生的"联俄、联共、扶助农工"三大政策，为了响应北伐军，里应外合，防止溃军烧杀抢掠，拯救民众，要求北伐军立即进军上海。可是，东路军前敌总指挥白崇禧遵照国民革命军总司令蒋介石的密令，硬是按兵不动，忍看军阀残杀工人和居民，作壁上观。第一师师长薛岳激愤求战，也遭严辞呵责。子夜3时左右，当陈独秀得悉北站的工人纠察队又一次攻击受挫时，他便决定采取三十六计的最末一计——"走为上"，立刻撤兵。他当即写下亲笔手令，命专人送往前线指挥部，要求全体武装纠察队停止进攻，火

1927年3月23日，上海工人纠察队参加上海市民庆祝胜利大会

速撤往大场方向的远郊农村，以求保存力量。下达这项退兵手令的时候，特别宣传委员会委员郑超麟等人正在陈独秀的身边。

"将在外，君命有所不受"

全党最高领导人和起义军最高决策人的这一重要手令，作为起义总指挥的周恩来，到底是否收到？采取了什么相应措施？如今的史料档案中，却一点痕迹也没有留下。而看一看当时周恩来的实际行动，却同陈独秀的意图完全背道而驰：周恩来一方面力促北站的纠察队发动当地居民，共同加固守备工事，紧缩包围圈，不让敌军突出一兵一卒；另一方面，又调动武装纠察队堵截自吴淞方面乘火车回援北站的一个团敌军，拆去铁轨，颠覆列车，突然伏击，予以全歼。随即，又集中除租界隔绝地区以外的各区武装纠察队员，向北站守敌发动总攻，于次日下午6时许，在不依赖外力援助的情况下，完全依靠工人武装的力量，取得了彻底的胜利。北洋军阀奉鲁联军第八军军长兼渤海舰队司令毕庶澄中将穷途末路，只好脱下军装，化装逃入租界，被他的上司"狗肉将军"张宗昌调回济南，以违抗军令罪处死。

第三次武装起义获得了令人鼓舞的全胜，歼灭北洋军阀的正规军三千多人，武装警察两千多人，缴枪五千多支，弹药无数，还有军马大炮、装甲车和其他辎重装备。当晚7点钟，在荡平敌巢后一个小时，由薛岳将军率领的北伐军东路军第一师，不费一枪一弹，举行了隆重的入城式，打着军旗，唱着军歌，列成方阵，步伐整齐地开进了闸北，参加了同工人纠察队和居民们的祝捷大联欢。

深夜，在施高塔路（今山阴路）上海区委机关召开的特委会扩大会议上，党中央和上海区委的领导人欣喜若狂，一些二三十岁的青年革命家们按捺不住激越的胜利豪情，把"老先生"陈独秀高高抬起，抛向空中；有人还庄重倡议，从此应当加强宣传仲甫同志，宣传他作为全党最高领袖的正确领导。然而，关于他的这一错误手令之事，已没有任何人在任何场合下提起片言只语了。

按当时的具体情况，周恩来不可能不收到陈独秀的这一重要手令。但他根据当时的力量对比，基于必胜的信念，斟酌利弊之后，悄然抵制了陈独秀的撤退命令，"将在外，君命有所不受"。他一定考虑到，如果中途撤兵，不但同样会遭到军阀的残忍报复，更为严重的是，将大大有损于起义的形象，有损于新生的中国共产党的威望。而"老先生"缺乏军事斗争经验，坐镇亭子间又不可能全面了解战场的具体情况，出此退兵下策，实是大错特错。幸亏周恩来在这样的复杂的形势面前，经过冷静分析，果断地作出坚决歼灭敌人的决定，才使上海工人第三次武装起义成为中国革命史上辉煌的一页。

腥风血雨"四一二"

沈宏礼

1927年的4月12日,以蒋介石为首的国民党右派,发动了震惊中外的政变,反革命的屠刀,在工人群众头上狂舞。上海,这座英雄的城市,沉浸在血泊之中。回顾历史,我们不妨把视野的焦点先集中在1926年。

磨刀霍霍

1926年7月,北伐军的千军万马,在工农群众的支援下,兵分三路,直指两湖、江西、闽浙地区杀奔而来。这时担任国民革命军(北伐军)总司令的蒋介石乘着战事的迅速进展,不断扩充自己的军事实力,又在暗中与帝国主义互通声气。他首先在南昌、九江、芜湖、安庆、南京等地唆使流氓捣毁农民协会及各该地国民党左派党部,打击和迫害共产党人与农会干部;接着又与国民党内的老右派西山会议派分子商定:"一俟北伐军攻克上海即将实行清党。"

与此同时,蒋介石的把兄弟张静江按预谋于1927年3月21日从南昌赶抵杭州,邀集几位国民党中央监察委员"立即到沪处置一切"。他们在24日到达上海后,与白崇禧、吴稚晖、李石曾等,一起"共商应付党务事务",等待"总司令"蒋介石一到,立即"清党"反共。

3月26日,蒋介石乘坐楚同舰驶抵上海南码头,立即驱车前往设在沪西枫林桥原淞沪交涉使署行营,行装甫卸,马上与他的谋士武将密谋政变计划,共图建立蒋家王朝。

软硬兼施

3月27日，蒋介石召集吴稚晖、张静江、李石曾诸人迁入他的行营居住，以便于"共商与共产党分裂之办法"。

次日，在蒋介石的授意下，吴、张、李等举行了国民党中央监察委员会常委会议，通过了"反对国民党中共产分子"的所谓"护党救国案"，叫嚣要尽快于"宣传与实行上表现之"。

同日，蒋介石亲自出面接见了上海资产阶级头面人物虞洽卿、王晓籁、钱新之等29人，要求他们协同反共。果然不出三天，这些江浙财阀就为蒋介石筹集了300万元以为"赞敬"。

蒋介石一面表示，如果上海工人纠察队能够遵守法令，则可以持有武器；一面又对由中国共产党发起，由上海市各界人士组成的上海市临时市政府的成立进行威胁和阻挠，说什么："在此军事期内，一切行政处处与军事政治系统攸关，若不审慎于先，难免纠纷于后，中正为完成政治统系及确定市制度计，已另〔函〕中央熟商办法，务望暂缓办会。"这样，新市政府就被他扼杀了。对于全市约80万工人的战斗堡垒——上海总工会，蒋介石不敢硬碰，便指使流氓政客董福开等着手另组"上海工界联合总会"，以与总工会分庭抗礼。

"大亨"出场

蒋介石与上海青红帮素有渊源。他到上海后就秘密指派他的亲信、总司令部特务处长杨虎和东路军前敌总指挥部政治部主任陈群与三"大亨"——黄金荣、杜月笙、张啸林取得联络，拜为把兄弟，三"大亨"受宠若惊，喜出望外。黄、杜、张立即设法购买枪支弹药，武装党徒。不久，重新扯起早被解散了的"中华共进会"的大旗。集结大批流氓打手，推举原宁波炮台司令张伯歧为总指挥。这群被杜月笙称之为"愿为国民革命军效死"的亡命之徒，只待蒋介石一声令下，随时准备杀向工人纠察队和广大工人群众。

与此同时，公共租界和法租界当局以"遏阻工人煽动分子对上海外国租界之袭击"为借口，与"共进会"作了密切的配合。

扑朔迷离

正当蒋介石在紧锣密鼓策划政变之际，4月1日，汪精卫从法国"养病"归国返抵上海。

汪精卫在当时俨然还是一位国民党"左派"领袖。他于上年因"中山舰事件"为蒋介石所逼流亡海外经年。此时，趁国内民众对蒋介石日益不满之时，他借着民意回来，重登国民党和国民政府的最高权力宝座，以与蒋介石再比高下。

对于汪精卫归国，蒋介石故作姿态，连续发表"通电"声明，"支持"汪精卫复主党政大计，他本人则专司军职。蒋、汪两人各怀鬼胎，尔虞我诈，共欺天下舆论。

汪精卫在上海一方面与蒋介石等会晤，另一方面又与中国共产党总书记陈独秀暗中"磋商"，并于4月5日签署发表了"国共两党领袖联合宣言"。"宣言"给人以假象，似乎国共两党仍将携手合作，天下复归太平。

"宣言"发表当晚，汪精卫便急急登上日本轮船，赴武汉去实现他当"最高领袖"的美梦。过了一两天，陈独秀亦到武汉去了。

蒋介石则在上海步步加紧反革命政变。

退居幕后

4月6日，上海总工会在闸北青云路广场举行工人纠察队授旗仪式。蒋介石为继续麻痹工人群众，竟也派人送去一面题有"共同奋斗"的锦旗。同一天，他又秘密指令薛岳第一师撤离上海，调来刚由孙传芳部收编的周凤歧第26军填防；也在这一天，他又下令查封了由副主任郭沫若率领到沪的国民革命军总政治部办事处。

蒋介石在上海的反革命部署已基本就绪。他便扬言要离沪赴宁"筹划北伐事宜"。消息传出，使上海资产阶级上层人士颇感不安。4月7日，十余位大资产阶级代表人物又前往挽留，蒋宽慰他们说，沪事布置粗告就绪，地方秩序当由白总指挥同周军长维持，一切可无他虑。

4月8日，蒋介石又宣布由吴稚晖、白崇禧、钮永健、陈果夫等组成"上海临时政治委员会"，并指定它为"上海最高机关，有处决上海市一切军事政治财政之权，并指挥当地党务"。

蒋介石把一场反革命活剧唱开场之后，便要退居幕后，静观他的党徒们去演出最后的真刀真枪的全武行了。

4月9日，蒋介石登轮起程前往南京。行前又宣告成立以白崇禧、周凤歧为正副司令的"淞沪戒严司令部"，并悍然宣布禁止一切集会、罢工、游行等"戒严条例"。

白色恐怖的阴影笼罩了上海滩。

鬼魅出洞

1927年4月上旬的最后几天，整个上海已是风声鹤唳。

数星期来，各帝国主义在"保护租界"的借口下，派驻上海的军队已逾两万，黄浦江上卸去炮衣的各国军舰多达50余艘。租界当局早就用铁丝网封闭了与华界的通道，晚上10时后禁止一切行人通行。4月10日，日本海军公然冲入华界搜查海员工会理货部办事处，抓去20余人。

局势已到了剑拔弩张的境地。

4月11日晚8时，杜月笙以"宴请"为名，诱骗上海总工会委员长汪寿华到华格臬路杜宅，并命人押至枫林桥，残忍地将汪寿华杀害。流氓们竟称

在震惊中外的"四一二"反革命政变中，许多共产党人和工人群众被杀害

此为"开刀祭旗"。此时，大批中华共进会的流氓杀手们俱已手持凶器，臂戴"工"字袖章，待命冲出租界，杀向工人纠察队的驻地。

4月12日凌晨2时，幢幢鬼影呼啸着向南北两路冲去。

4时许，闸北湖州会馆（上海总工会会所）响起枪声，武装流氓包围了总工会。会所内的工人纠察队20余人奋起抵抗。未及10分钟，又有大批26军部队开到。带队的军官诡称工人内讧，假惺惺地把双方枪械一并缴下，然后命令军队占领会所，并把工人纠察队总指挥等人押解到二师司令部。

几乎在同时，国民党反动派以流氓在先、反动军队殿后的同样卑鄙手段，分别解除了闸北、南市、曹家渡、浦东、吴淞等地区共24处工人纠察队的武装。在冲突中，120余名纠察队员被打死，更多的人受伤或被捕。

血洗宝山路

"四一二"反革命政变发生后，白崇禧为混淆视听，于当天张贴布告，诬称"武装工友任意冲突",故而"不得不严行制止,以保公安"。

反革命政变激起了全市工人群众和各界人士的极度愤慨与反抗。

12日中午,有数万徒手工人在青云路广场集会抗议,然后游行至湖州会馆,愤怒的人们不顾一切冲入会所,把反动军队逐出。

13日,上海总工会发动十万人在青云路广场举行群众大会。会上群情激愤,会后工人群众到二师司令部游行请愿,要求立即释放被捕工友,交还纠察队枪械。当队伍行至宝山路三德里附近时,早已埋伏好的反动军队即分头冲出,向着手无寸铁的人群开枪扫射。刹时间,死者一百余人,伤者不计其数,时值大雨倾盆,宝山路顷刻间血流成河。

"四一二"政变以后,上海变成了"虎狼成群"的恐怖世界,到处流淌着革命人民的鲜血,无数优秀的共产党员与工人领袖惨遭杀害。

蒋介石所策划发动的"四一二"反革命政变,彻底背叛了孙中山制定的"联俄、联共、扶助农工"的三大政策,破坏了由于国共合作所形成的大革命局面,使中国人民重又陷入蒋介石独裁统治达22年之久。

福兴字庄：党中央在上海最机密的机关

乔金伯

1966年元旦，周恩来在一份文件上批注证明："在内战时期，熊瑾玎、朱端绶两同志担任党中央最机密的机关工作，出生入死，贡献甚大，最可依赖……"这里提到的"最机密的机关"，指的是什么机关呢？1979年，上海市文管会有关部门按照线索，通过深入的调查和邀请当事人实地指认，终于弄清了它就是20世纪二三十年代设于上海云南中路171—173号（原云南路447号）的中共"六大"后的中央政治局机关，当时它对外以"福兴字庄"为掩护。该处与同时期党的其他机关相比较，存在时间长、层次高、作用大，因而具有重要的地位。

那么，它是如何建立起来并发挥重要作用的呢？历经半个世纪，又是怎样找到它的呢？

熊老板觅房设机关

1927年大革命失败后，中共中央在武汉召开"八七"紧急会议，确立开展土地革命和武装反抗国民党反动派的方针。不久，党中央迁至上海。面临大革命失败后的严峻形势，摆在党中央面前的紧迫任务是尽快恢复和整顿党组织，建立中央及地方各级组织机构，扭转组织涣散、思想混乱的局面。为了尽快开展工作，党中央首先需要寻觅到极为安全的地方，供开会和办公之用。经审慎考虑，党中央将这一任务交给了熊瑾玎同志。因湖北省委遭到破坏，熊瑾玎于1928年4月由汉口转移至上海，后经李维汉接上了组织关系。因其富有理财经验及善于交友等特长，党中央分配他担任中央机关的会计，主要任务是筹集和管理经费，建立中央政治局开会与办公的秘密机关和中央同各地联络通讯的地址。

熊瑾玎接受任务后，以商人身份四处奔波找房，终于在公共租界沪中区四马路（今福州路）云南路口寻到一处合适的房子，可供设立中央政治局机关。它当时的门牌号码是云南路447号，是坐西面东两层临街房子。这里具有开展秘密工作的有利条件：它地处闹市中心，毗连天蟾舞台，每天晚上演出期间，霓虹闪烁，人声嘈杂；机关设于二楼，楼下是二房东周生来开设的"生黎医院"，时常有人前来求医问药。这样的地方反倒不易引起敌特警觉。这里出入方便，有一条不为人注目的小弄堂可以直接进入后门，由水泥砖块砌成的扶梯拾级而上二楼，不必经楼下正门出入，万一遇险，可及时疏散。二楼共有三间房，可供中央政治局开会之用。根据周恩来提出的白区工作要坚持社会化和职业化的原则，在房内挂起了"福兴字庄"的招牌，主要经营湖南纱布等。熊瑾玎常穿着长衫马褂，端坐在桌旁拨弄着算盘，俨然一副老板的模样。

周恩来巧语促姻缘

为了便于工作和掩护革命活动，熊瑾玎报请中央审查批准之后，于是年夏天将在汉口互济会的朱端绶调来协助他工作。朱端绶1924年曾在长沙女子师范学校就读，而当时熊瑾玎任该校校务委员，对朱端绶的勤奋聪慧留有深刻的印象。在上海相处的几个月中，两人彼此加深了了解，建立了真挚的感情。有一次，熊瑾玎带着探询的口气问朱端绶："你理想的爱人是怎么个人呢？"朱端绶含蓄地引用王勃的《滕王阁序》应答道："我不羡慕'落霞与孤鹜齐飞，秋水共长天一色'，我欣赏'老当益壮，宁知白首之心；穷且益坚，不坠青云之志。酌贪泉而觉爽，处涸辙以犹欢'。"熊瑾玎见这年轻姑娘竟有如此的文学修养和高尚的品格，内心非常激动，爱意弥深。周恩来了解这些情况后，有意促成他们的婚事。

1928年中秋之夜，周恩来与李维汉、邓小平等中央领导人在"福兴字庄"开过会后，熊瑾玎与朱端绶在四马路川菜馆筹办了一席酒菜，一起饮酒赏月。席间，周恩来意味深长地提议说："瑾玎同志是我们革命的'老板'，现在还要有一位机灵的'老板娘'。我看端绶同志担任这个角色很合适。"李维汉、邓小平等立即附议赞成。朱端绶腼腆地说："党需要我这样做，我就一定当好'老板娘'。"周恩来巧语促姻缘，一时在党内传为佳话。从此，"老板"和"老板娘"在党内叫开了。两人终成眷属后，熊瑾玎特赋诗赠予端绶以表心迹。诗曰："少小朱家子，超然思不群。操劳孟慎德，俊丽卓文君。一见情如故，相亲意更殷。同心今缔结，共度百年春。"自此，这对革命夫妻驻守政治局机关，恪守党的纪律，勤奋工作，比翼齐飞。

当时，上海笼罩着白色恐怖，租界帝国主义分子与国民党反动势力相勾结，大肆搜捕中共人士；时有党内变节分子告密出卖，致使党组织惨遭破坏。邓小平在回忆中谈到："我们在上海做秘密工作，非常艰苦，那是吊起脑袋在干革命。我们没照过相，连电影院也没去过。"可见那时斗争是何等艰险。为了确保机关的安全，熊瑾玎、朱端绶对工作极为细心，防范十分严密，平时在窗口或门口总以挂篮子等方式作为联络警示信号。白天，熊瑾玎以商人身份在机关内坐庄，忙于接洽各种经营业务，与各界人士周旋；晚上，又忙着党的秘密工作，常常彻夜不眠。他身任中央会计，为筹集经费

1946年下半年，熊瑾玎、朱端绶重返机关旧址时在房间内合影

和建立联络点,主持开设了三家酒店、一个钱庄,并同毛泽民经营了"集成印刷厂",同钱之光经营了一个织绸厂,同曹子建经营了一个小洋货店,还入股一家大型布店。这些经营收入都被用作党的活动经费,而他们自己则过着简朴的生活。朱端绶作为"老板娘"也身负重任,平时要跑交通、洗印抄送文件,在开会时做好烧开水、做饭等事务,还要时时关注着周围的动静,以防不测。

政治局在此定大计

中央政治局和政治局常委会议,几乎都在这个机关内召开。会议内容事先定好,都是带有全局性或影响重大的事项,如国内外形势、工人运动、经济问题、苏区工作及应对局势的策略、方针等。每次会议,先由主管某方面工作的同志作中心发言,然后大家围绕中心展开讨论,发言要求简短扼要。其中发言最多的是周恩来,当时他是中共中央政治局常委,先后兼任中共中央组织部长、中央军委书记。他了解情况多,会前便写好发言提纲,准备充分,内容又涉及苏区的工作和军事斗争等敏感问题,因而他的发言特别引起大家的重视。邓小平时任中共中央秘书长,开会时担任记录,虽然发言不多,但发言和提问都很有分量,而且深入浅出,容易使人听懂。在一次会上,针对李立三提出的先取得一省数省胜利的主张,邓小平起而反对,说国民党有几百万军队,我们刚刚组织起来,没有武装,土枪土炮的怎么打得赢?

到这里来出席会议的都是中央及各部门和江苏省委的领导同志,除了周恩来、邓小平、李立三之外,还有向忠发、项英、瞿秋白、彭湃、黄文容、李维汉、徐锡根、顾顺章、李富春、关向应、罗登贤、温裕成等。不开会时,周恩来也经常装扮成商人来此听取汇报、布置工作。秘书长邓小平因为要领导机关的日常工作,所以来机关次数就更多些。

在白色恐怖笼罩下的国民党统治区,险情随时都会发生。1931年4月下旬，中共中央政治局候补委员、中央特科负责人顾顺章被捕叛变。周恩来获悉情报后，迅即指示党中央秘书黄文客及时通知熊瑾玎夫妇转移，并采取其他相应措施。就在机关撤离三天后，巡捕就前来向房东查询楼上住户的去向。周恩来果断采取的应变措施，使党中央免遭一次劫难。

这个机关从设立到撤离历时近三年，从未遭到敌人破坏，这在充满腥风血雨的白区环境中实属奇迹，也充分显示出老一辈共产党人丰富的斗争经验和超人的胆略。

周生来回忆识旧址

多少年后，无论斗争形势如何复杂，革命工作多么繁忙，周恩来等领导同志都没有忘记这个机关旧址。

1946年下半年，周恩来在上海周公馆居住工作期间，特地关照熊瑾玎、朱端绶去这个机关旧址看看，并安排周公馆的祝华驾车陪同他们前往。他们到了旧址后，遇见了当年的几户老居民，互送了礼物，还在旧址处摄影留念。这些珍贵照片，伴随着主人从上海到延安，一直珍藏了近半个世纪。1952年，邓小平、李维汉去杭州途经上海时，也抽空到机关旧址看了看，发现房间结构并没有大的变化。待到李维汉于1980年4月再次前去时，却

1946年下半年，熊瑾玎、朱端绶重返机关旧址时所摄旧址外景照，门前汽车系周公馆所派

已是面目全非了。"文革"前，曾根据有关老同志提供的线索，对旧址勘查过，但因年代久远，变化较大，没有作深入调查。我们真正花气力调查并勘定下来，缘起于1979年10月中共上海市委宣传部长陈沂批转的一封信。此信来自北京一位老同志，信中提供了机关旧址的线索，谓：该机关在"上海四马路'生黎医院'楼上"，"房东叫周生来，是个花柳病医生"。由1931年版的《上海商业名录》查得："生黎医院，地址：云南路447号，院长：周生赉（赉与来同音）。"经实地勘察，天蟾舞台（时称劳动剧场）所处云南中路，最大门牌号码仅373号，显然门牌号码已有改动。看来，要确定云南路447号如今是几号，设法找到房东周生来是解决问题的关键。

此后，笔者惊喜地在1939年版的《上海市行号图录》中查得：云南路173号为生黎医院。另在《上海市大观》一书中，找到了一帧天蟾舞台门面照片。在紧挨着天蟾舞台南邻电线杆上竖有一块招牌，借助放大镜，可看到"周生来医师〇〇白浊专科"几个字。由此推断生黎医院就是位于天蟾舞台南侧的云南中路173号。但问题并没有全部搞清，因为生黎医院所处位置现在还有另一个门牌号为171号。为进一步确定位置，笔者通过卫生局、派出所终于找到尚健在的周生来老先生，并邀请他实地进行勘察。周老先生虽已年近80岁，但精神尚好，思维也较清晰。他说，他27岁到上海，在天蟾舞台南面隔壁开设生黎医院，门面就是现在的171—173号。楼上曾出租给一位姓熊的，他自称是湖南来上海办货的，经常打打算盘，待人非常客气。周先生还说，到二层楼可由后门直接上去，现在上面的三层是他们走后加建的。至此，我们终于查明，当年党中央政治局机关就设在今云南中路171—173号。周生来的回忆与老同志提供的线索正相吻合。

该旧址经调查勘定上报后，于1980年8月26日，由上海市人民政府批准公布为市级文物保护单位。上海又增添了一个革命纪念地。

她的父母瞿秋白杨之华

葛昆元

瞿独伊,是瞿秋白和杨之华唯一的女儿。如今,她虽已年逾古稀,却仍深深怀念着她的父母……

杨之华:出身世家的新女性

杨之华于1900年出生于浙江省萧山县坎山街三岔路一户殷实人家。她自幼生性倔强,像个男孩子。哥哥读书,她也要读,从家塾一直读到杭州师范学校。人家女孩缠足,她死活不缠,外婆拗不过她,只得作罢。她立志效法秋瑾救国救民,积极参加五四运动,被校方作为"害群之马"开除。在乡间,她剃光头、下河游泳、骑自行车……向封建礼教宣战,轰动了整个萧山县城;使那些封建遗老遗少目瞪口呆,极为恼怒。

然而,杨之华的举动却得到了萧山城里的名士沈玄庐先生的赞赏。当年,沈玄庐思想激进,很有学问,主张中国变革,是上海共产党早期组织的发起人之一。1919年冬,杨之华在沈玄庐主编的《星期评论》编辑部工作过几个月,沈玄庐非常喜欢她。不久,杨之华便成了沈玄庐的儿媳妇。婚后一两年,夫妻感情尚好。

不久,杨之华怀孕了,仍然努力工作,但丈夫沈剑龙却耐不住农村的单调乏味的生活,应朋友之邀,到上海寻欢作乐去了。杨之华在悲愤之中生下了一个女孩,沈家取名晓光。刚满月,她满怀希望,只身到上海苦口婆心地劝丈夫回头。哪知丈夫已病入膏肓,无可救药。她伤心不已,遂为女孩改名"独伊",意指只生这一个,以示她无限的怨恨之情。在公公的支持下,她于1923年底来到上海,一举考取了上海大学社会学系。

在"上大"结识瞿秋白

也许世上真有缘份。杨之华在这里遇上了时任社会学系主任的瞿秋白。那天,瞿秋白第一次给杨之华等新同学上"苏联新经济政策"的课。这是大家渴望了解的新知识,教室里的人特别多,除本系学生外,还有中文系、英文系的学生,连肖楚女、恽代英等老师也来听课。她与张琴秋、丁玲、王剑虹、何葆珍、孔德沚、钟复光等同学一起认真地听、迅速地记,很为瞿秋白的精彩讲课所兴奋。杨之华非常尊敬他,把他看作革命的指路人。不久,瞿秋白与向警予一起介绍杨之华入了党。

1924年7月,瞿秋白结婚仅半年的妻子王剑虹因患严重的肺结核病而去世,王剑虹与杨之华是上海大学同学、好朋友,她酷爱古诗词,很有才华。剑虹病重,杨之华去探望时,总见到秋白坐在剑虹身边的写字台旁,一面陪伴着她,一面工作。剑虹病逝后,瞿秋白非常哀痛,仿佛自己的心也随她而去,憔悴了许多。但他一旦投入工作中仍然精神抖擞,生气勃勃,很使杨之华佩服。杨之华感到只要和他在一起,就有了勇气和力量。

三人协议:沈杨离婚,瞿杨结婚

然而,当杨之华发现瞿秋白有爱她的迹象时,内心又十分矛盾,她虽然与沈剑龙感情破裂,但毕竟还是有夫之妇,她需要冷静地思索,她悄然回到萧山家里。想不到瞿秋白竟勇敢地追踪而来。杨之华的哥哥很敏感,很同情妹妹的难处,于是亲自出面去找沈剑龙。沈剑龙把瞿秋白和杨之华接到了家里。三人先在书房,后又到花园进行了推心置腹的长谈。两天以后,瞿秋白又把杨之华、沈剑龙接到常州自己家中,三个人又谈了一天,终于协商出解决问题的办法。

1924年11月27日至29日,上海《民国日报》连续三天刊登了三个启事：一是杨之华、沈剑龙宣布自11月18日起"正式脱离恋爱的关系"的启事（当时恋爱与婚姻同义）；二是宣布自11月18日起，杨之华与瞿秋白"正式结合恋爱的关系"的启事；三是宣布瞿秋白、沈剑龙自11月18日起，"正式结合朋友的关系"。这在当时的上海成为一大新闻，一时传为美谈。

聂荣臻：我们称他俩为"秋之白华"

沈剑龙非但不嫉恨瞿秋白，反而很佩服他的学问和人品，还赠给他一张自己的6寸半身照片，照片上的沈剑龙剃着光头，身穿袈裟，手捧一束鲜花，旁题"鲜花献佛"四字，表达了他此刻视杨之华为鲜花，以高洁献佛的心情成全他俩结合的诚意，以及他的一片忏悔之意。这帧照片，一直为瞿秋白和杨之华珍藏着。

瞿秋白和杨之华相爱至深，他亲自刻了一枚精美的图章，上书"秋之白华"，巧妙地把两个人的名字糅和在一起，蕴含着深厚的爱情。对此，老一辈革命家们都是了解的，记得聂荣臻元帅有一次也对瞿独伊说："你知道父母的感情很好，很相爱吗？我们称呼他俩'秋之白华'。"

把孩子从沈家偷出来

秋白与之华结婚后，他俩搬到了上海闸北顺泰里12号，与住在11号的茅盾为邻。茅盾时任中共商务印书馆的支部书记，瞿秋白是中央委员、中央局成员，常代表中央参加商务的支部会议，两人关系密切，而杨之华与茅盾夫人孔德沚又是上海大学同学，因此，两家过从甚密。

杨之华性情活泼开朗，富于生活情趣；瞿秋白温文尔雅，多才多艺。他俩是天造地设的一对。然而，杨之华常常思念着她唯一的女儿。她与沈剑龙离异后，沈家把孩子作为沈家后代，不许她来看女儿。1925年春天，瞿秋白帮助杨之华安排好时间，回家乡去看女儿。

那天到沈家时，天色已黑了。杨之华见到已脱离共产党的过去的公公沈玄庐，刚一说明来意，他竟突然沉下脸来，冷冷地说："我不能让你看见她。"说罢，拂袖而出。杨之华强忍着眼泪走出书房。恰在厨房门口，碰上了沈玄庐的大姨太太，过去她与杨之华关系很好，非常同情杨之华。大姨太太设法让杨之华来到孩子独自玩耍的一个房间。杨之华看到孩子在暗淡的房间里，独自摆弄玩具，喜忧交加，轻轻走上前来蹲下身搂着孩子，吻孩子的小脸，连声说着："妈妈看你来了，孩子。"可是，那时孩子仅4岁，不懂事，竟瞪着小眼珠，天真地说："妈妈？我告诉你，我的妈妈死掉了。"接着，又拿手上的玩具给妈妈看："这是妈妈买来的。"

"独伊，我的好女儿，我就是你妈妈。"杨之华流着泪哽咽道。

"不！"孩子固执地说，"我有两个妈妈，一个是你，一个在上海死掉了。"杨之华伤心地掉下了眼泪，她紧紧地搂着孩子，吻着，然后，依依不舍地走了。孩子只是张着大眼好奇地看着她离去。

回到上海，杨之华神色黯然，终日惶惶不安，她决心一定要让孩子回到自己身边。瞿秋白很理解她，他陪杨之华一起回到萧山外婆家，派人想办法把孩子从沈家偷出来。

那天半夜，瞿秋白和杨之华站在一座小山上焦急地等待着，杨之华紧张得拉着瞿秋白的手，屏息眺望。终于，大姨太太和保姆将孩子送到山间小路上，她飞奔过去，紧紧抱住孩子，孩子也亲热地搂着她。还未等他们离开，突然跑来两个大汉，恶狠狠地把孩子夺了过去。孩子大声地哭喊着妈妈，杨之华也伤心地大哭起来。瞿秋白目睹这骨肉分离的惨景，也难受地流下了眼泪。之后，还是杨之华的母亲设法将孩子接到她家去玩，然后把孩子秘密送到上海，才得以母女团圆，但那已是1927年了。

"好爸爸"

杨之华很爱瞿秋白，不让女儿简单地叫他"爸爸"，而一定要女儿喊他

1929年，幼年的瞿独伊与瞿秋白、杨之华在莫斯科合影

"好爸爸"。

瞿秋白的确是个"好爸爸"。独伊虽然不是他亲生，但是他很爱独伊。1928年，在苏联莫斯科召开中国共产党第六次代表大会，他们全家先后到了莫斯科。那年独伊已7岁了。周恩来、邓颖超等都参加了会议。周恩来留了胡子，独伊常叫他"胡子爸爸"。

"六大"于1928年6月18日至7月11日，在莫斯科郊外的一座别墅里召开。休会期间，秋白、之华常带独伊到野外去玩，为独伊采集各种各样的花，拿回来夹在书中做标本。秋白总是领着孩子在草地上来回散步，唱歌给孩子听，使孩子感到非常快乐。

这期间，罗亦农烈士的夫人李文宜、王明的妻子孟庆树等都常常教独伊唱歌跳舞，沈泽民的夫人张琴秋带独伊去逛大街，还给她买了一把她很喜欢的小剪刀。她也愿意为大家唱歌跳舞。叔叔阿姨们很爱看她跳的《小麻雀》《温暖的太阳》《可怜的秋香》等舞蹈。

"六大"以后,瞿秋白担任驻共产国际中国代表团团长,杨之华在中山大学特别班学习。由于工作忙,就把孩子送到莫斯科一家孤儿院。不久,孩子生病了。瞿秋白设法把孩子转到"森林学校"(苏维埃政权为病孩在乡下设立的疗养地),这里的条件好多了。父母虽然来看孩子的次数更少了,但每次来,秋白总是给孩子带来最爱吃的奶渣,给孩子带来许多温暖和快乐。

有一次,莫斯科下了大雪,秋白与之华带独伊出去滑雪。瞿秋白一边滑,一边高声唱歌,大声说笑,玩得真高兴。后来,秋白在给孩子的一封信上,还画了一个滑雪的人,旁边写着:"独伊,你看我又滑雪了。"秋白不能常来看孩子,但常常写信给孩子,以排遣孩子的孤寂感。森林学校为了讲卫生,男女学生一律剃光头,小独伊很不高兴。他知道了,就在信中开玩笑说:"小独伊成了小和尚了,你看好爸爸也剃光头了。"其间,瞿秋白的三弟瞿景白也常来看小独伊,他是个聪明能干的人。但是有一天,杨之华来看小独伊时悲伤地说:"景白叔叔再也不能来看你了,他失踪了。"那是在1929年冬天。

其后,苏联红色救济会在莫斯科郊外组建了瓦斯基诺国际儿童院,这是用苏联人民交纳的红色救济会会费办起来的。父母把独伊转到了这里。

儿童院坐落在一片树林里,像座美丽的大花园,这里原先是一个地主庄园。在院子前面有一条很宽的林荫道,不远处有一条清莹的河流。当时大约有六七十个来自德国、保加利亚、匈牙利、朝鲜、日本、美国等国的儿童在这里生活,大多是各国革命者的后代,因父母在国内做地下工作,无暇照顾他们而送来的。其中有苏兆征的女儿苏丽娃、儿子苏河清(后来成为中央新闻记录电影制片厂摄影师,得过斯大林奖金),黄平的儿子黄健(后来成为培养丘钟惠等一批优秀运动员的名教练),赵世炎与夏之栩的两个儿子——长子沃古斯特(病故在"二战"初期)、次子赵施格(周恩来为他取的名),还有茅盾的侄女即沈泽民与张琴秋的女儿张玛娅,林伯渠的女儿林莉,蔡和森的女儿蔡妮等。另外还有一个和瞿独伊很要好的日本女孩,名叫米,她是1932年牺牲的日共总书记的女儿。

她的父母仍然是很忙，难得来看她。一旦来了，他们带来一些好吃的东西，都要分给所有孩子吃，一起说笑，共同欢乐。有一年夏天，她父母带她到河里撑木排，河水静静地流着，映照着明亮的阳光。秋白挽起裤脚，露出细瘦的小腿，站在木排上用长竹竿使劲地撑，之华与女儿坐在木排上。木排顺流而下，划破树木和白云的倒影。时而听秋白一人唱歌，时而合唱，歌声和笑声在林间回荡。小独伊实在太喜爱她的"好爸爸"了。

《真理报》上的噩耗

不料，1935年的一天，独伊正和一批儿童院孩子们在乌克兰德聂伯罗彼特罗夫斯克参观，休息时，她见到几个同学围着一张报纸在惊讶地议论着，还时时看看她，看完后还传给其他同学看，就是不给她看。她感到奇怪，非争着要看不可，他们拗不过她，让她看了。原来，《真理报》详细地报道了瞿秋白牺牲的消息，并附有一张四寸大小的瞿秋白半身照片。她一下难过得痛哭起来，接着就晕倒在地……她感到从此永远失去了"好爸爸"。

独伊还记得，1930年她父母回国时，为了保密，只对她说是到南俄去工作，把她托付给曾当过孙中山先生政治顾问的鲍罗廷夫妇。没想到，这竟成了她与父亲的永别。同年8月1日，她父母从柏林给她寄来了一封信和一张含义深切的明信片，明信片上有一束美丽的"毋忘我"花，封面左下侧写着"独伊"，背面用俄文写着："送给独伊。妈妈。1930年8月1日，克里米亚。"但她看出，俄、中文均是父亲的笔迹。听说父亲临去苏区前，十分惦念她，喃喃自语道："独伊怎么样了？我的亲爱的独伊怎么样了呢？"

在鲍罗廷家度假

早在大革命时期，瞿秋白与杨之华就结识了鲍罗廷夫妇。其时，鲍罗廷作为苏联的代表、孙中山的政治顾问，参与了国民党改组、帮助建立黄埔军校、平息广州商团叛乱以及陪同孙中山北上等重要活动，是中国人民的朋友。

1928年至1930年期间，瞿秋白在苏联工作时，常和杨之华一起带独伊去鲍罗廷夫妇家作客。瞿秋白让独伊称呼他们为"爷爷、奶奶"。鲍罗廷夫妇有两个儿子：长子弗雷德、次子诺尔曼。这是一个文化素养很高的家庭，他们一家人都用流利的英语交谈。

1930年，瞿秋白和杨之华回国前，曾拜托鲍罗廷夫妇多多关照独伊。记得在父母出发前夕，她突然发高烧，而瞿秋白和杨之华正忙于交接工作和整理行装，鲍罗廷夫人和诺尔曼主动送她进医院治疗。瞿秋白甚至没来得及到医院看她一下就匆匆走了，带着他对女儿的担忧和思念，永远地走了。而她和妈妈见面也是5年以后的事了。

这以后，独伊平时在儿童院学习、生活，每逢假期就住在鲍罗廷家里。独伊觉得，在他们家度假是最温暖、最快活的日子。

苏德战争爆发后，独伊和母亲回国前曾向鲍罗廷辞行，此后她就再也没有见过鲍罗廷。1946年，鲍罗廷夫人安娜·路易斯·斯特朗去延安时，母亲曾亲手做了一件丝绸衬衫，她做了两块手巾托斯特朗捎给鲍罗廷夫妇。

周恩来："我们永远记得鲍罗廷"

解放初期，独伊和爱人李何被派到莫斯科搞新闻工作。当时已听说鲍罗廷于1949年被捕，原因竟是怀疑他和安娜·路易斯·斯特朗是"美国特务"，斯特朗被驱逐出境。她十分惦念鲍罗廷夫人，却无法与她会面。然而，事有凑巧，一次独伊在街上竟与她相逢。她明显地老了，面容很憔悴。她悲凉的目光在独伊身上停留了片刻，立即扭头走开了。独伊呆立在路上，不知所措，想追上去，但明白鲍罗廷夫人的处境与自己当时的身份，是不允许这样感情冲动的，结果眼睁睁地看着鲍罗廷夫人的背影隐没在匆匆来往的人群中，泪水蒙住了独伊的眼帘。

1956年夏，瞿独伊陪母亲随团访问莫斯科，得知苏联已为逝世的鲍罗廷恢复了名誉。那天，她们与鲍夫人重逢时，相互紧紧地拥抱，泪水长流。鲍夫人的头发全白了。与她同住的是次子诺尔曼和儿媳塔妮娅及两个孙女，长子弗雷德已在卫国战争中牺牲。对于鲍罗廷的被捕、流放以至逝世，她不愿多讲。回国后，杨之华向周总理汇报了鲍夫人一家的情况。

1957年1月，周总理访问苏联，由独伊任翻译。这次她又去看望了鲍夫人，鲍夫人拿出了珍藏多年的纪念品给她看：一张鲍罗廷爷爷身穿中国丝绸衬衫的照片，那绸衬衫就是她母亲托斯特朗带给他的礼物；一条她亲手绣上俄文"永恒的友谊和纪念"的丝巾；还有蔡畅送给鲍夫人的中国绣花挂包。

几天后，周总理会见了鲍夫人，询问了她与孩子的情况，并转交了邓颖超同志送给她的一包礼物。临别，周总理紧握鲍夫人的双手热情地说："凡是帮助过中国革命的外国友人，中国人民都不会忘记。我们永远记得鲍罗廷。"

她唱歌安慰母亲

瞿秋白牺牲后，杨之华于1935年8月第二次到苏联出席共产国际第七次代表大会。当她转道欧洲赶到莫斯科会场时，会议已开始，代表们以热烈的掌声欢迎她，并向她表示崇高的敬意。会后，她留在莫斯科任国际儿童红色救济会中国代表。当杨之华再次到国际儿童院来看望女儿时，许多中国孩子都跑来围着她，仰起头亲切地喊她"妈妈"，要她讲他们在国内的父母的情况。杨之华含着激动的眼泪，一一告诉孩子们，还特别抱着张玛娅亲热地吻她的小腿，讲了她的妈妈张琴秋手握双枪勇敢杀敌的传奇故事。

1936年，杨之华把小独伊接出儿童院与她一起住了几个月。白天，杨之华紧张地工作。晚上，当屋里只有她俩时，杨之华常常翻看着秋白的遗作和信件，看着看着，泪珠就吧哒吧哒掉下来。独伊虽然也难过，但她想自己已是14岁的大人了，应该安慰妈妈。于是，每逢此刻，她就对妈说："妈，我给你唱个歌吧。"她一口气唱了《儿童进行曲》《马赛曲》等好几首歌，直到妈妈脸上露出笑容才停下。这时，她从妈妈的眼睛里看到了刚毅和信念。

但不久，杨之华再度遭到王明、康生等人的无情打击，职务被撤了，停止了组织生活，连生活费也没了；还通知学校不让她与独伊见面。杨之华心情备受压抑，她时而大笑，时而大哭；她抽烟了，还患上了肺病。靠着同志们的关心和救济，才熬过了一年多。

1938年8月，党中央派任弼时同志来苏联接替王明任驻共产国际中共代表团团长，为杨之华平反，并把她安排到东方大学中国部，一边休养，一边学习。同班的有蔡畅、方志纯、贺子珍、塞先任、刘亚楼、苏井观等。

1939年，周恩来到莫斯科治疗受伤的胳膊，对杨之华非常关心，劝慰她："华姐，不要太难过，不要太思念秋白了，这对你的身体不好。应该保重你的身体，把病治好，就可以回国工作了。"

季米特洛夫密电声援

1941年6月22日苏德战争爆发后，共产国际通知中国同志陆续回国。这时，满洲里已被封锁。9月，独伊跟随母亲、乔国贞、苏兆征的夫人等一行五人到达新疆迪化市（今乌鲁木齐市），因回延安的路已被切断，故暂住在新疆八路军办事处。

1942年秋，新疆军阀盛世才突然把在新疆的中共干部共150人软禁起来，还杀害了陈潭秋、毛泽民、林基路三位同志。

同志们被激怒了，奋起斗争。杨之华不断向党组织提出各种建议，参加监狱学习运动。一次，杨之华外出治肺病，由苏联医生打空气针，医生秘密塞给她一张小纸条，是季米特洛夫的一个电报，上面写着："同志们，你们要坚持。"下面署名是季米特洛夫。她藏在袜子里带回来，就交给监狱支部刘平（张子意）同志，与大家一起同敌人斗争。

质问蒋经国

1945年春,蒋经国来到监狱"视察"。他刚一进女监,陈潭秋、毛泽民、林基路三位烈士的妻子就向他要亲人,大家也都责问他,使他十分尴尬。他镇定了一下,想借在苏联时认识杨之华来转移话题,问:"杨之华在哪里?"杨之华厉声道:"我就在这里!你不要回避问题,必须答复,这三位同志哪里去了?我们要见他们!"蒋经国无以作答,又走近杨之华似乎关心地问:"你怎么样呀?"杨之华愤怒地说:"你看怎么样!我们这里妇女、老人、孩子、病人,被你们关起来虐待了好几年,病的病,死的死,这究竟是为什么?你要回答!"蒋经国被问得张口结舌,双手插在口袋里,始终不吭一声。当大家提出,要无条件释放被捕人员,并把他们送回延安时,他晃了晃脑袋,转身无言地离开了监狱。

大人们那种英勇的气概,使瞿独伊也变得坚强起来。在两次审讯中,她也像妈妈那样,勇敢地驳斥敌人,还向监狱党组织提出了入党申请。

张治中、屈武伸出救援之手

1946年,张治中调任国民党西北行辕主任兼新疆省主席。

5月的一天,时任迪化市市长的屈武忽然把瞿独伊找去说:"我是于右任的女婿,认识周恩来也认识你父亲。周恩来很关心你们,问你们有什么困难?"

她说:"没有什么困难。"

他又说:"张治中去过延安,现在到了新疆。你们快要释放了。"

当时,她不相信,回牢后向支部朱旦华(毛泽民妻子)、吴乃茵(林基路妻子)、沈谷南和母亲作了汇报。

原来,新疆监狱里的党组织早已巧妙地把狱中"政治犯"名单秘密送到延安。在重庆谈判时，毛泽东、周恩来据此曾多次要蒋介石释放这批"政治犯"。周恩来还亲自同张治中谈判。结果，蒋介石被迫同意放人。张治中来新疆上任前，周恩来、邓颖超还亲自到他家中，嘱托他把新疆监狱的人送回延安。

这一切，瞿独伊怎会知道呢？多年后，屈武同志告诉她，当时，他按周恩来同志的要求，要面见她母亲杨之华。在被新疆警务处长胡国贞拒绝后，才找到她，通过她把消息带入狱中。

张治中到新疆后，以私人会见方式，把内战的危险告诉了杨之华，催大家速作准备，早些上路，并送了些钱给他们。杨之华请示了党中央，中央于5月下旬复电，祝贺大家出狱，同意大家即回延安。

过了几天，张治中又宴请杨之华和朱旦华等同志。吃饭时，她们向张治中提出释放后应给病人治病，要有武装护送直抵延安等要求。张治中都同意了。

毛泽东：秋白同志的问题解决了

7月10日，他们到达陕北茶坊。双方交接人员，中共向张治中表示感谢。他们当天乘车到达十里堡，只见从七里铺到延安的马路两旁，约有两万群众夹道欢迎。他们激动得热泪滚滚：我们终于回到家了。

毛泽东主席、朱德总司令、林伯渠同志亲自来到他们的住处党校二部看望大家。过了两天，毛主席又请大家吃饭，独伊和李何（在新疆他们已结婚）正好与毛主席一桌，他俩心情非常激动。那天的菜挺丰盛，光那桌子中间的一大盆红烧肉就够馋人了。席间，毛主席举杯祝贺大家胜利归来，大家热烈鼓掌感谢党中央、毛主席的关怀。周恩来同志当时不在延安，他热情地写信给杨之华："华姐，天寒望你保重，深入农村，在群众中求温暖，求快乐，那将是你最大的安慰。"杨之华明白周恩来的深刻含义，很快就到晋西北等地参加土改去了。

过了几天，毛主席又专门邀请杨之华、独伊、朱旦华和她才6岁多的儿子毛远新到他的住处谈话。那天上午，他们坐在毛主席窑洞门前的院子里，毛主席仔细询问了弟弟毛泽民的牺牲经过，安慰了弟媳朱旦华。尔后，他对杨之华郑重地说："秋白同志的问题解决了。中央作了一个《若干历史问题的决议》。"

不久，瞿独伊在延安入了党。

用俄语广播毛泽东的公告

很快，内战爆发。杨之华被分配到中央妇委工作，独伊与李何分到新华社工作，住在清凉山。在战争年代里，他俩随新华社不断行军转移各地，从事新闻工作，迎来了全国解放。

1949年10月1日，独伊有幸随以法捷耶夫为团长、西蒙诺夫为副团长的苏联文化友好代表团登上天安门观礼台，参加中华人民共和国开国大典。她又见到了毛主席，亲耳听到他向全世界宣告："中华人民共和国成立了！"一种民族的自豪感从她心底油然升起，激动得热泪盈眶。

观礼结束，廖承志要她在广播电台用俄语播送毛主席在天安门城楼上宣读的中央人民政府公告。这是她所做的最光荣的工作。

杨之华寻找瞿秋白骸骨安葬

杨之华生性好动，担任全国妇联副主席、全国总工会女工部长期间，经常深入各地工厂企业，了解女工疾苦，解决女工各种实际问题，特别吃住在上棉十七厂等女工集中的企业，就地发现问题，就地解决问题，对上海各工厂的幼托事业发展做了大量工作，颇受上海女工及工会干部的欢迎。

杨之华始终深深爱着瞿秋白，怀念瞿秋白。曾经有人劝过她，何必从一而终呢？她认真地说："这并不是由于我封建，这是我感到没有人比秋白对

我更好的了。"她经过多年努力，终于在福建长汀找到了秋白的骸骨，并迎回北京，安葬在八宝山革命公墓。周恩来总理亲笔题写了"瞿秋白之墓"墓碑。杨之华的心得到了安慰。

谁知，1964年，在仅仅半年时间里，独伊的爱人李何和儿子瞿克林（瞿秋白外孙）竟皆因患不治之症而相继去世。她一下子因极度悲痛而病倒了。杨之华也受到很大的刺激。然而，杨之华照常坚持上班工作，回家后批阅文件，忙到深夜。她还要求独伊克制个人感情，化悲痛为力量，振作精神，更好地为党工作。以后每年清明节，杨之华去八宝山祭扫秋白的墓，总要到寄放李何与克林的骨灰处默默哀思。

康生将瞿秋白杨之华打成"叛徒"

十年动乱开始，1967年杨之华被隔离。没有多久，又被关进监狱。家被抄了，瞿独伊和女儿及表妹被赶出家门，无家可归。接着她也被隔离审查。

此后整整六年，一点也没有杨之华的消息。熬到1973年1月，独伊的表妹与独伊的女儿晓云才被允许去探望独伊的母亲（独伊因属于"新疆叛徒集团"的"同案人"，不准会面）。这时，杨之华已患了骨癌。当独伊的表妹看到骨瘦如柴的姨妈被人领着，摇摇晃晃地走出来时，眼泪扑簌簌地掉了下来。姨妈却语重心长地说："毛毛，我们家的人是不喜欢流泪的。"

临终前，杨之华想吃西红柿

到了9月里，独伊才被允许探望母亲。第一次，当她见到瘫痪在床的母亲时，心都要碎了，但她强忍着泪水，为母亲梳头、洗澡、洗脚。她母亲感慨地说："啊，多舒服呀！我已经有多少日子没有洗澡了。有5年没用梳子梳头了，他们把梳子也没收了，我只好用手指拢头发。"临别时，杨之华依依不舍地对女儿说："我要出去。我有好多话要对你讲。"说完，掉下了眼泪。

独伊安慰她："你肯定会出去的。"

独伊要求到病房护理妈妈，专案组不同意，仅仅允许10天来探望一次。大约探望了三四次。突然，10月17日那天，提早五六天就通知她立即去探望。她料想不妙，果然，妈妈已奄奄一息了。她急得大声问专案组，她妈妈究竟得的什么病？专案组不理，但同意将杨之华转到北大医院抢救。

10月19日，杨之华全身疼痛，吃药打针已无作用，输了血才暂好一些。胡愈之、沈兹九夫妇来探望。她一见他俩，精神仿佛为之一振，笑着说："今天，这儿人真多，正是老中青。我和独伊是母女加同志。"胡愈之笑吟吟地接着说："我们和你是同乡加同志加同学。"临别时，胡老又对她说："大姐，好好休养，将来病好了，我们又可以在大会上见面了！"她强打精神说道："我的问题，相信党一定会替我解决的。"

这一天，周建人的妻子王蕴如也闻讯来医院探望，她带了一些葡萄。杨之华说："我知道你来的时候，一定有好吃的带来。"离开医院前，王蕴如对她说："你在医院没有什么吃的，我给你炖个鸡汤吧！"

她点点头："好的，我还想吃西红柿。"王蕴如立即答道："西红柿，那好办。"可惜，次日早上，鸡还未买来，杨之华就已去世了。

1973年10月20日凌晨3点多，杨之华终于走完了她73年艰难的人生之路。

粉碎"四人帮"以后，瞿秋白与杨之华终于得到了平反。现在瞿独伊虽已离休，可还是挺忙的：她不仅学画画，学钢琴，还参加中直机关交谊舞比赛。1991年"三八"节，她曾一举夺得个人一等奖、集体二等奖呢。女儿、女婿、外孙女都远在美国，他们经常来信，她生活得很充实。

踏勘1935年陈云在上海的革命足迹

陆米强

2005年3月,为了纪念陈云同志诞辰100周年,中共上海市委党史研究室准备举办陈云革命史迹展览。为此,党史研究室的徐国梁到中共一大会址纪念馆保管部来查找有关史料,打算用于充实陈云史迹展览的内容。当时,他找到了一张贴有石库门房屋画面的照片卡,照片卡的背面有笔者记录的一段文字:"1935年陈云在上海居住的地方。"不久,这张照片就在陈云史迹展览中被展示出来。6月初的某天晚上,经徐国梁介绍,《解放日报》

1959年6月,陈云(左一)与孙诗圃(后立者)、徐行之合影

一名记者打电话到我家中,询问有关拍摄这张照片的情况。6月13日,《解放日报》刊发了记者采写的《不了故乡情——〈陈云与上海——纪念陈云同志诞辰100周年图片展〉侧记》一文,其中写道:"孙诗圃已于前几年去世。1995年老人尚在世时,他带着革命历史博物馆的陆米强来到尚贤坊21号,为这幢石库门房子留影存照。"然而,我发现文章没有把当年陈云在上海居住的地方写准确,这张照片上的房子也不是陈云在尚贤坊居住的地方,而是三泰路老泰安里111号。为了订正有关史实,笔者特将孙诗圃在世时,与本人一起踏勘1935年陈云在沪留下的革命足迹的过程,如实叙述如下。

孙诗圃邀请我勘查陈云在沪革命足迹

孙诗圃生前是上海市文史研究馆馆员、离休干部。从20世纪80年代起,他为了撰写革命回忆录,经常到中共一大会址纪念馆来与我联系,查找有关史料。我很热情地接待他,帮助他完成了撰写革命回忆录的工作。以后,他把自己长期保存的郭沫若遗信遗墨、陈云与他合影的照片等捐献给我们馆。1994年12月,83岁高龄的孙诗圃满怀热情,邀我去勘查1935年陈云在沪革命活动时居住的几处地方。那天上海天气晴朗,孙诗圃在其夫人陪同下,我和我馆的张康乐带着一整套摄影器材,坐上了汽车。

那么,孙诗圃怎么会如此熟悉1935年陈云在上海革命活动的情况呢?我曾在上海市文史研究馆提供的有关材料中了解到:孙诗圃生于1911年,浙江萧山人。1925年在上海商务印书馆工作时,由陈云、薛兆圣介绍加入共青团,1926年冬转为共产党员。在此期间,他曾在陈云的领导下,参加了五卅运动和上海工人三次武装起义。1932年他被捕出狱后,在无锡利用担任国民党书记员的身份,继续为共产党的地下工作到处奔忙。其间,为确保陈云在上海的安全,他出了很大的力气,冒了很大的风险。

孙诗圃受命负责陈云在沪安全

1934年6月后,中共上海中央局接连遭到国民党军警的三次严重破坏,中共中央与共产国际的联系也完全中断。1935年5月31日,中央红军长征到达四川泸定后,中共中央在泸定县召开政治局常委会议,参加会议的有毛泽东、朱德、周恩来、张闻天、王稼祥和陈云等人。会议决定由陈云作为中共中央代表,前往上海,领导恢复中共在国民党统治区的地下组织,同时设法寻找同共产国际的联系,并向共产国际汇报中共中央和红军的近况,尤其是遵义会议的召开过程。

6月7日至8日,红军攻占四川天全、芦山两县后,陈云装扮成商人模样,在当地的中共地下党员席懋昭的护送下,离开红军,沿山间小路,昼夜兼程,于6月中旬到达成都。在陈云出发前,红军中央纵队司令员刘伯承特意写了两封亲笔信,一封写给在成都的好友胡公著,另一封写给在重庆的弟弟,托他们帮助解决陈云路上的困难。于是陈云到达成都后,就拿着刘伯承的亲笔信,找到时任美丰银行董事的胡公著,在银行楼内客房住了一夜。第二天按照同周恩来的事先约定,托人去《新新新闻》报馆,刊登了一则启事,以此向中共中央表示自己平安到达成都。此时,蒋介石正在成都指挥国民党军队"围剿"红军,成都城内密布军警岗哨,戒备森严。为防止发生意外,陈云与席懋昭第二天就乘汽车离开成都。6月下旬到达重庆后,陈云又拿着刘伯承的另一封亲笔信,找到刘的弟弟,在其家里住下。数日后,刘伯承的弟弟为陈云买到去上海的船票,并护送陈云上船。陈云在重庆朝天门码头与席懋昭分手,独自一人乘轮船前往上海。

7月上旬,陈云安全到达上海,用中央特科工作时的化名"李介生",秘密住进法租界天主堂街(今四川南路)新永安路永安旅馆。

据孙诗圃生前回忆:陈云住进新永安旅馆后,马上打电话给当时担任上海浙江实业银行副总经理的章乃器,并通过章乃器找到章秋阳。章秋阳即章郁庵，是章乃器的三弟，中共党员，曾和陈云一起在商务印书馆开展过党的地下革命活动。陈云到达上海时，章秋阳的公开职业是上海东方信托储蓄公司高级职员，兼上海华商证券交易所经纪人。为了确保陈云的安全，中共地下组织命令孙诗圃立即从无锡动身到上海，同章秋阳等人接头，共同负责陈云在上海的安全工作。

陈云在沪曾4次转移隐蔽地点

1935年7月陈云到达上海后，曾4次迁移居住地点。1994年12月，孙诗圃带着我们实地踏勘了陈云先后秘密居住过的4个地点。四川南路和新永安路，其实是处在今人民路的交叉口，对面就是豫园城隍庙。永安旅馆地处现

陈云居住过的永安旅馆

孙诗圃在尚贤坊21号前留影

在的新永安路80弄,孙诗圃说进80弄过街楼往左第2间门面,就是永安旅馆。但当我们去查看的时候,旅馆已不存在,询问附近的老居民,他们说旅馆已经关闭停业好几年了,于是我们就在弄堂口拍了照。

孙诗圃回忆说:"章秋阳得悉陈云住在永安旅馆后,立即把陈云接到法租界霞飞路自己的家中,即今淮海中路358弄(尚贤坊)21号。"这样我们又到达那里。尚贤坊地处淮海中路往北的马当路交叉口,我们也在尚贤坊弄堂口拍了照。

孙诗圃说:"章秋阳刚把陈云安排在自己家中居住,不巧,他们过去在商务印书馆的同事何孝章正好来章秋阳家,见到了陈云。虽然何孝章原来也是共产党员,但为防万一,何孝章走后,章秋阳立刻将陈云转移到公共租界北山西路的老泰安里111号他妻子的娘家。"于是我们又来到原来的北山西路(今山西北路)。因为我在天潼路山西北路从小到大住了三十多年,对那里的马路弄堂都相当熟悉。孙诗圃一讲老泰安里,我马上领路,很顺利地到达那里。孙诗圃讲的山西北路是一个大致的位置,其实老泰安里不在山西北路,而是在山西北路中间朝东西方向的一条小马路上,叫三泰路。因此,"山西北路老泰安里"是错的,正确的地点应该是在三泰路老泰安里111号。我们也在那幢石库门房屋的门前拍了照。

孙诗圃回忆:"后来章秋阳又在北京路靠近浙江路的一家钢铁商店楼上租了房子,又把陈云转移到那里去居住。每天由章秋阳的妻子派幼子送去饭菜和报纸。"我们又来到北京路浙江路口。但到了那里后,孙诗圃忘了门牌号码,因已过了几十年,原来的钢铁商店早已不存在,因此我们只得放弃查找那处地方,也没有拍照。

陈云奉命赶赴苏联汇报情况

孙诗圃回忆说:"当时章秋阳建议,让陈云转移到无锡去。党组织同意这个计划,于是让我返回无锡找邢源堂,邢源堂与章秋阳交谊极深。我到达无锡对邢源堂借口说,有一个姓李的朋友在交易所亏欠了几千元,在筹款弥补中,打算在无锡躲避一下,还清债即回沪。邢源堂同意接待,并安排好了食宿。联系妥当后,我回到上海,居住在四川路北京路的周炳扬、孙新圻、乐俊英三位大律师的律师事务所内。律师事务所内有三部电话,章秋阳可随时找我,打算必要时可由我陪同陈云去无锡隐蔽。"

1935年7月下旬,中共上海中央局和江苏省委再次遭到敌人的破坏,陈云在上海恢复中共地下组织的工作一时难以进行。几经周折,在章秋阳的帮助下,陈云与在上海的中共中央特科取得了联系,又同从香港返回上海的中央红军总政治部宣传部部长兼地方工作部部长潘汉年取得联系,并同潘汉年商量下一步行动计划。潘汉年是在同年三四月离开红军长征部队,经贵阳、柳州、梧州和广州,到达香港。在此期间,潘汉年曾到上海了解中共上海中央局同共产国际取得联系的情况,由于当时上海环境险恶,不宜久留,于

三泰路老泰安里111号

是又立即返回香港，等待陈云到达上海的消息。陈云这次在上海住了约两个月。同年8月，在上海的中央特科传达了中共驻莫斯科的共产国际代表团的指示：鉴于上海中共地下组织遭受严重破坏，陈云、潘汉年在上海难以立足，应该赶快赴苏联，向共产国际汇报中共中央和红军长征情况。

于是，党组织就取消了陈云到无锡去隐居的计划。1935年9月上旬，陈云和陈潭秋、曾山、杨之华、何实嗣等七八人在宋庆龄的帮助下，秘密登上一艘苏联货船，离开上海，前往海参崴，最后安全到达莫斯科。陈云等人离开上海不久，潘汉年也乘坐苏联货船离开上海，在莫斯科与陈云再次会面。

孙诗圃于2000年11月去世，享年90岁。他生前亲笔写的勘查1935年陈云在上海的居住地点的回忆，现由中共一大会址纪念馆保存，成为研究陈云革命事迹的珍贵史料。

方志敏"漂流"上海滩

陈家鹦

我是一名老上海,可参加工作后却去了江西省弋阳县当教师,后从事编史修志工作。弋阳虽说是赣东北一个较小的县份,可它建县较早,历史悠久,人文资源丰厚,尤其还是著名共产党人、革命烈士方志敏的家乡。因此我在史志编纂和方志敏研究的领域里饶有兴趣地徜徉着、耕耘着,直到退休回沪。

回沪后,我又对方志敏烈士当年"漂流"上海滩的那段特殊经历作了专门的调查研究,撰成此稿,今借《上海滩》一角刊载出来,求教于方家。

方志敏

初到上海　欣遇引路人

方志敏出生在江西弋阳县漆工镇一个世代务农的家庭。他少年时期在乡村读了5年私塾,后又进县城读高等小学。1919年,他怀着"实业救国"的满腔热情,考进了江西省甲种工业学校(简称"甲工"学校,设于南昌)。求学期间,方志敏领头揭露和抨击校方反动腐败劣迹,酿成学潮,后遭校方"除名"。1921年9月,他离开南昌到九江,又考进了美国人办的基督教教会学校（即南伟烈学校）。他在那里读到了马克思主义著作和《新青年》《先驱》等革命书刊，思想起了巨大变化。1922年6月底，他决定弃学，"要实际地做革命工作了"。

在这之前，他已接到上海一个朋友寄来的一份《先驱》报，《先驱》是中国社会主义青年团（简称SY）的机关报。他读过之后，非常佩服，十分赞成它提出的结成民族统一战线、打倒帝国主义、打倒军阀的主张。《先驱》的每篇文章、文章中的每句话，他都仔细读过，都觉得说得很对；于是他决心要加入社会主义青年团，便"漂流"到了上海。

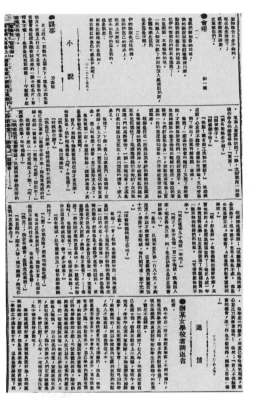

方志敏发表在1922年7月18日《民国日报》上的小说《谋事》

1922年7月初，方志敏到了上海。几天后，方志敏就在先驱报社遇到了赣籍青年赵醒侬。赵醒侬，1899年出生在南丰县一个贫苦家庭，仅十四五岁就只身漂泊到汉口、长沙等地商号店家当学徒。1918年又流浪到上海，在一家小店里当了伙计。"五四"运动爆发后，赵醒侬积极参加工人运动。1921年，他加入中国社会主义青年团；同年，转为中国共产党。

这年夏天，赵醒侬常以卖报为掩护，出入于各种报社和进步团体从事革命活动。赵、方两人一见如故，相见恨晚。8月，经赵醒侬介绍，方志敏加入了中国社会主义青年团。

与此同时，一直与方志敏保持联系的江西青年袁玉冰也来到了上海。在

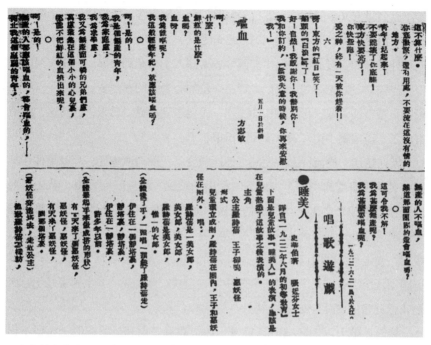

方志敏发表在1922年7月11日《民国日报》上的诗歌《呕血》

"五四"运动中，袁玉冰在校园里发起组织了江西改造社，方志敏也加入了这个团体。后来，袁玉冰经李大钊介绍赴北京大学读书，并在1922年底，也是经李大钊介绍入团，次年初转入中国共产党。赵、方、袁三人聚首沪上后，志同道合，十分投缘。他们常聚在一起畅谈沪、赣两地的革命形势，商议如何在革命气氛尚不够浓烈的江西迅速传播马列主义，开展革命宣传活动。之后，他们三人都自觉在江西传播马克思主义，被誉为"江西三杰"，成为江西地方党的创始人。

谋事遭拒　游园受侮辱

方志敏到上海后，曾一度寄住他在南昌市省"甲工"学校时的同学罗漫（原名洪宏义）的住处，即贝蒂鏊路（今成都南路）巨鹿里的一个亭子间里。罗漫是贵溪县人，也是与方志敏同遭"除名"处分的4名同学之一，彼此相处甚好。罗漫离校后即由江西学界资深人士介绍到上海，后在《民国日报》当校对。方志敏到上海后，曾持一位热心长者的举荐信，去寻一位牧师相助，希望能谋取一份可糊口的工作，不料遭到冷遇。后来，他将这个经历写成了一篇短篇小说发表在《民国日报》上。

就在这次"漂流"上海期间，他还蒙受了一次奇耻大辱。那就是他在其狱中名著《可爱的中国》中记下的经历和感受。他愤怒地写道："我去上海原是梦想着找个半工半读的事情做做，哪知上海是人浮于事，找事难于登天，跑了几处，都毫无头绪，正在纳闷着，有几个穷朋友，邀我去游公园散散闷。一走到公园门口就看到一块刺目的牌子，牌子上写着'华人与狗不准进园'几个字。这几个字射入我眼中时，全身一阵烧热，脸上都烧红了。这是我感觉着从来没有受过的耻辱！"

接着，他大声地呼喊道："朋友，在上海最好是埋头躲在鸽子笼里不出去，倒还可以静一静心！如果你喜欢往外跑，喜欢在'国中之国'的租界上去转转，那你不仅可以遇着'华人与狗'一类的难堪的事情，你到处可以看到高傲的洋大人的手杖，在黄包车夫和苦力身上飞舞；到处可以看到饮得烂醉的水兵，沿街寻人殴打；到处可以看到巡捕手上的哭丧棒，不时在那些不幸的人们身上乱揍……"

最后方志敏发出了痛心疾首的呐喊："这就是半殖民地民众悲惨的命运呵！中国民族悲惨的命运呵！"

不久，赵醒侬以党组织的名义委派方志敏先行返赣，开展江西的革命运动。在上海生活了两个多月，方志敏与赵醒侬等同志挥手告别，结束了他的第一次沪上之行。望着渐渐远去的上海，方志敏激情澎湃，写下了一首《血肉》诗：

伟大壮丽的房屋，／用什么建筑成功的呢？／血啊肉啊！／铺了白布的

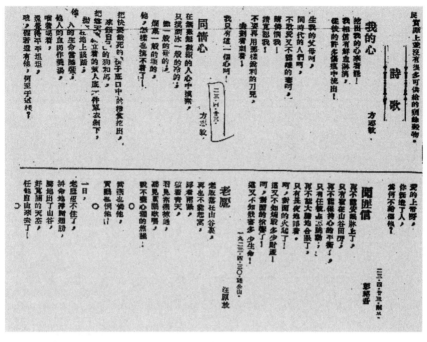

方志敏发表在1923年5月15日《民国日报》上的《我的心》等诗歌

餐桌上，/摆着的大盆子小碟子里，/是些什么呢？/血啊肉啊！/装得重压压地铁箱皮箱，/里面是些什么呢？/血啊肉啊！

一九二二年八月二十九日于吴淞轮次

真是愤怒出诗人。后来这首诗发表在1923年1月号的《新江西》上。

投稿"觉悟" 拜识邵力子

方志敏在第一次"漂流"上海滩期间，还曾经于7月中旬去《民国日报》编辑部，拜访了邵力子。

上海《民国日报》是1916年1月为反对袁世凯而创办的，后成为国民党机关报。同年6月，该报总经理邵力子砍掉了原先一些庸俗的栏目，开辟《觉悟》副刊，并亲任副刊主编，还请我国最早翻译《共产党宣言》的陈望道先生协助。这样一来，该副刊便颇具革命亮色。所刊文章提倡向新文化进军，号召广大知识青年向旧社会作斗争。当时《民国日报》的《觉悟》副刊在社会上产生了强烈影响，吸引了许多像方志敏这样的革命青年。

那时，方志敏除了经常在"江西改造社"主办的刊物《新江西》上发表作品外，还常常给《民国日报》的《觉悟》副刊投稿，并有感而发投书报馆，提出问题或申述自己的见解。由于方志敏思想活跃、文笔流畅，引起了邵力子的注意。有一次，《觉悟》副刊登载了一篇以南洋公学真实事件为题材的小说《捉贼》，作品描写了学生吊打小偷的惨状及部分进步学生的不满，引起了方志敏思想震动。他立刻投书报馆，发表了赞同进步学生的见解："小偷是不是算顶坏的？比他坏的，触目皆是。军阀、政客、资本家、地主，哪一个不是操戈矛的大盗？为什么大盗逍遥自在，受人敬礼，而小偷却在此被吊起来打？"邵力子看了方志敏的信后，亲笔复函，赞扬方志敏见解深刻，指出了社会的本质和病根，并希望他常写些诗文，揭露社会黑暗，唤起民众。此后，方志敏就常将自己的诗文投给《民国日报》。

那天，方志敏在罗漫陪同下来到《民国日报》报馆，正好遇见邵力子。邵力子对方志敏的来访感到由衷的高兴，并告诉方志敏，刚编发了他的诗作《呕血》，想不到方志敏到上海来了。说着他便让人取来一份7月11日的报纸，指着《觉悟》栏目给方志敏看。方志敏看见自己在九江于6月21日寄出的《呕血》果然刊登在报上，十分兴奋。邵力子打量着方志敏瘦弱而颀长的身子，肯定地说，这首诗就是写你自己呵！

罗漫接过报纸，看到诗的结尾处念道："呵，是的，无产阶级的人都应该呕血的，都会呕血的——何止我这个羸弱的青年；无产的人不呕血，难道那面团团的还会呕血吗？"罗漫告诉邵力子，方志敏健康确实欠佳。邵力子关切地问长问短，当了解到方志敏在上海举目无亲、临时挤在罗漫的亭子间栖身时，便热情地说："一个大学生想在上海谋个小学教员的位置都很难，我看你暂时也留在报馆打杂吧！"方志敏激动地表示感谢。在邵力子的帮助下，方志敏和罗漫白天到一所大学旁听，晚上在报馆做校对。邵力子的家住在离报馆不远的南洋桥三益里。方志敏常到邵力子家中请教，两人谈得很投缘，有时竟忘了时间。邵力子见时已夜深，便留方志敏在家中过夜，让方志敏与自己在复旦大学就读的儿子邵遂初同室。邵力子的孙女邵黎黎还告诉笔者，她在20世纪50年代看到家中还保存了一张方志敏和她父亲的合影照，遗憾的是在"文革"中遗失了。

方志敏那篇以谋职的遭遇为素材写成的小说也曾先向邵力子请教并征询作品的题名。邵力子读了小说感到很满意，并一起商定了小说题名后，才由邵力子带到报馆安排发表的。方志敏那篇题为《谋事》的小说就发表在1922年7月18日《民国日报》的《觉悟》副刊上。

第二年（1923年），方志敏的《谋事》同鲁迅、叶圣陶、郁达夫等享有盛名的作家的作品一起被选进上海小说研究所编印的《小说年鉴》，并有按语赞此作"是拿贫人的血泪涂成的作品"。1923年，上海《民国日报》还发表过方志敏《我的心》和《同情心》等充满革命激情的诗文。

引荐黄维　南下考黄埔

1924年初，南昌国民党组织接到国民党召开"一大"的通知，赵醒侬作为江西代表要去广州开会。1月9日，方志敏与赵醒侬同行到上海。本打算次日一起乘船赴广州，不料方志敏肺病复发滞留上海，住进南市一家医院。根据国民党"一大"会议决议，赵醒侬与许多共产党员一样以个人名义加入了国民党。会后赵醒侬返回上海，担任国共两党合作的一些新工作，其中主要工作之一是为即将创建的黄埔军校秘密招生。

在沪治病的方志敏视病情稍有好转，便于3月回了一趟江西。这时，刚毕业于江西省立第四师范的江西贵溪人黄维，在南昌结识了方志敏。两人志趣相投，黄向方吐露了想投考黄埔军校的打算，方志敏答应为其引荐。于是，从未出过江西的黄维十分高兴地随方志敏来到了上海。

一到上海，方志敏就介绍黄维与赵醒侬相识。对于这段难忘的经历，黄维曾在一篇回忆中这样写道："在由原籍贵溪县经南昌赴上海时，在南昌得识方志敏同行赴上海。抵沪后，是由方志敏介绍由赵醒侬做我报考黄埔军校的介绍人，我才符合了报考的手续。"赵醒侬、方志敏除介绍黄维外，还介绍了罗英等不少赣籍青年考入黄埔军校。

1926年春，方志敏最后一次到上海，是在广州参加广东省第二次农代会，返回江西途中经过上海的。他当时满心希望回到江西大干一场，哪知刚到上海，又吐起血来了。这次肺病大发热度升到41℃，非常危险。后来还是得到中国济难会1925年中国共产党在上海领导成立的革命团体的帮助，在上海医院治疗了两个月，才慢慢好了起来。

从此，方志敏直到牺牲就再也没来过上海，但他在狱中写的《可爱的中国》等十几万字文稿，还是通过好心人秘密转送到上海，并流传后世。

鲁迅会见中共上海领导人

王尧山

1936年3月，鲁迅先生曾由胡风陪同来我家参加了一次不平凡的会谈。虽然已经时隔50多年，先生当时的音容笑貌依然历历在目。

这次会谈的起因是这样的——

早在1935年上半年，中共上海中央局、中共江苏省委以及中共中央的"文化工作委员会"（简称"文委"）都遭到大破坏，"文委"的负责人田汉、阳翰笙等同志被捕。革命形势处于低潮，坚持在上海地下斗争的党组织与中央失去联系，处于孤军作战的困境中，而国际国内形势都正在酝酿着巨变。形势紧迫，要求上海的党组织能够根据党中央的精神，担负起领导上海救亡运动的重任。

1935年时的鲁迅

当时，中共上海中央局、江苏省委受到极大的破坏。幸存下来的"文委"各联组织，则分别参加到各界救国会中，推动救国会的工作。而其领导机构，也就随着形势发展于1936年2月建立了"中共江苏省委临时工作委员会"（党的历史习惯，上海由江苏省委领导），由邓洁（又名邓和高）、胡乔木、王翰、王新元、丁华等同志组成领导机构，邓洁为书记。当时，我已由"左联"党委调至"教联"（左翼教育工作者联盟）党团工作，并由邓洁同志直接与我联系。邓和我经常谈起"左联"情况,我们都期望鲁迅先生在抗日救亡运动高潮到来之时能发挥巨大的作用。但我们又觉得先生和"左联"某些领导人之间的矛盾,对革命会产生不利影响,因而邓洁和我酝酿,想请先生与"临委"进行一次会谈,以求消除隔阂。

当时,我和胡风有联系(我任"左联"组织部长时,党即责成我与胡风联系),邓洁就要我和胡风商量,请他向鲁迅先生转达希望与先生会谈的要求,并说明邓洁和我的关系,因为鲁迅先生对我的情况是了解的。不久,得到鲁迅愿与我们会见的答复,我立即将这个好消息告诉邓洁,他极兴奋。

为了保证鲁迅先生的安全,必须慎重确定会谈地点。经与胡风商量,认为我不是出头露面的人,我的家,除邓洁知道外,党内少有人来,安全倒是可以保证的。不过住房是个非常简陋的弄堂房子中的三层阁楼,是否适当,还要请胡风征求先生意见后再定。出我意料,很快就听到先生同意来我家会谈的消息,我的激动可以想见。

我的家在新闸路戈登路(今江宁路)之间的一条弄堂内,我住的三层阁朝南有一个老虎窗,阁楼两头人也站不直,请先生到这样的陋室里来会谈,内心颇为不安。不过陋室倒也有它的好处:一是弄堂两头通;二是三层阁楼连着晒台,在晒台上可以看清整条弄堂,很容易观察是否有可疑的人在行走。

会谈那天下午,天气晴朗,午饭刚过,邓洁就来到我家。我的爱人赵先早将房屋打扫干净,买来了茶叶、香烟和点心。我的哥哥林枫同志为了瞻仰先生也早早到我家等候(待先生到达后即离去)。

鲁迅先生到来前,我在弄堂里转了一圈,确信"一切安全",才放下心来。下午2时许,鲁迅由胡风陪同,乘出租汽车到新闸路弄口,然后,由我引到我家后门上楼,楼梯又陡又狭,我与胡风一前一后护卫着先生往上爬,真怕有闪失。先生低头走进房内,向四壁扫视了一番,苦笑了一下。我请先生坐在唯一的一张靠椅上,其余的人都站着,胡风向鲁迅介绍了在场的人。先生一一握手,当我握着先生的手时,心中涌起一股暖流,激动得几乎流泪。

先生穿的是骆驼绒长袍，脚穿"陈嘉庚牌"的橡胶鞋，短发、短须，清瘦的脸，冷峻、刚毅，而炯炯有神的眼睛又透出慈祥。先生请大家坐下，胡风和邓洁各坐一张方凳，我和赵先则坐在铁皮床上。

会谈开始，邓洁首先作了自我介绍。他是大革命时期入党的，在北京曾听过鲁迅先生的演讲。以后，他在东北被捕，于1935年释放出狱，到上海找到了周扬，周分配他到"文总""教联"等方面工作。接着，邓洁还把组织"临委"的经过和自己的身份向先生作了介绍，说明了失掉中央领导的困难。

胡风

先生边听边不断地吸烟，没有插话，但仍看得出他是全神贯注地倾听着。

随后，邓洁就把话题转到当时的反法西斯反帝的国际形势上来，并着重介绍了共产国际第七次大会上季米特洛夫关于反法西斯反帝统一战线的报告内容，并特别强调"统一战线"的问题，先生频频点头表示赞同，但未发言。随后，邓洁又介绍了巴黎《救国时报》刊登的党中央《八一宣言》的内容，强调中央所提出的"抗日民族统一战线"的

本文作者王尧山

重要意义，并提出这是党中央路线方针的重大转变。鲁迅先生听了也是频频点头，虽未发言，但表示赞同却是可以肯定的。

但是，当邓洁把话题转到希望先生与"左联"某些领导同志消除隔阂，并能见面会谈时，先生就显得非常激动，我记得最清楚的是先生以下一句话："我们在冲锋陷阵，但要警惕有人从背后把暗箭射来。"

175

这样，会谈也就无法继续下去了。在近两个小时的会谈中胡风没有说一句话，到此，也就开口建议这次会谈结束，先生表示同意。

于是，胡风出外叫了辆出租汽车，然后再回到阁楼请先生下去。记得先生曾风趣地说："又是出入云飞汽车。"这句话是当时有人用来攻击先生的"子弹"。"云飞"是当时一家出租汽车行的店名。

我和赵先又到晒台上仔细观察了弄堂里的情况，觉得一切正常，然后，先生与我们一一握别。即由我领头，先生居中，胡风殿垫后，小心翼翼地送先生出了后门，走到弄堂口由戈登路一头登车回去。

隔了几天，胡风先生告知我先生安然回家，我们才放下心来。谁知这竟是我与先生的最后一面。这年10月，先生逝世，我在西安，未能向先生的遗体告别，至今引为恨事。

党人魂
——记潘汉年

陈修良

> 他的谜一样的一生常常使我想到许多问题。他的一生对我虽是一个谜,但却又使我从这谜一样的生活中悟出许多世事。
>
> ——于伶

潘汉年同志的一生,被蒙上神秘的色彩,像一个传奇式的英雄人物。

记得夏衍同志说过,很多年前,就有人为他编造了许多奇奇怪怪的传说。甚至侦探小说、推理小说中可以用得上的情节,都可以加在他的身上。有人还把他说成"放荡不羁""神出鬼没"的人物。但我们这些和他一起工作过的老同志可以负责地说,他是一个对党无比忠诚、才华横溢、胆识超群,特别能战斗的优秀共产党员,为党和人民的事业作出了重要贡献。

但,就是这样一位卓越的无产阶级革命战士,却于1955年4月3日突遭秘密逮捕。昨天还是上海市委第三书记、常务副市长,为刚落成的中苏友好大厦剪彩,转眼忽然成为"潘汉年、扬帆反革命集团"的首犯,变成无产阶级专政的阶下囚,并被冠以"叛徒、内奸、特务、反革命分子"等吓人的罪名。到了1958年7月18日,上海的《解放日报》忽然发表社论,又把潘汉年与胡风捆在一起。这篇社论的惊人之笔是:"在揭露胡风反革命集团以后,党曾提出,钻到我们党内的绝不限于胡风反革命集团的一些人,还有其他反革命分子、阴谋家、阶级异己分子等。已逮捕的反革命分子潘汉年,就是其中的一个。我们要求严惩罪大恶极的反革命分子潘汉年、胡风……"

更令人费解的是,又传出潘汉年与"高、饶反党联盟"有关系。但潘汉年到底犯了什么罪?谁也不了解,谁也不敢问。从此,这个全上海家喻户晓的名字从中国的政治舞台上消失了，谁也不知道他的生与死。1977年，他默默地病死湖南的时候，妻子为他立的墓碑上也还是不能镌刻上潘汉年的名字。1982年8月，中央宣布给潘汉年同志平反昭雪，人们才略知这是一起大冤案，但对他的许多功绩，现在知道的人恐怕不多了，更何况他的革命工作长期处在极其复杂的时代和极端秘密的环境中。他自己又严守纪律、不自居功，极为谦虚，很少也不容许与人道及，因而他那不平凡的一生，当年就很少为党内外所了解。因此，我的心境很不平静，总觉得要写一些什么来安慰这位中华民族的精英。

"走上新路"之前

> 有祖高魁父秀才
> 清贫破落蕴奇才
> ——于伶

1906年1月18日，潘汉年出生于江苏宜兴县陆平（陆林）村。祖父潘理卿是清嘉庆年间的举人，父亲潘莘臣，清光绪年间的秀才。虽然世代书香，但因不去做官，只在家里务农、做塾师，所谓"耕读传家"，自然成为破落户。但父亲潘莘臣显然不是三家村的老冬烘，思想毫不保守，1911年辛亥革命后曾被选为宜兴县议员。后来年仅19岁的潘汉年在上海入了党，回到家乡传播革命火种，潘汉年的哥哥在大革命时期在陆平成立农民协会，搞宜兴农民暴动，潘莘臣都是积极支持的。当时，仅陆平一村，中共党团员就有十几个，而潘家除潘汉年兄弟外，尚有堂兄潘梓年也是大革命时期宜兴暴动的领导人之一。从中可以看出这位陆平老塾师的政治态度。1928年潘莘臣病逝，临终遗言是："汉儿等走上新路，吾心甚慰，务必谨慎从事。"由此可见，潘汉年有一个不同凡响的父亲。

在兄弟中，潘汉年排行第三（因此他后来曾用过"水番三郎"这一笔名），从小聪敏过人，为长辈所钟爱。民国初年，他就读于宜兴官林的凌霞学堂。1919年夏，考入和桥的彭城中学堂，后因病辍学，协助父亲创办陆平高等小学堂。病愈之后，1921年进武进延陵公学学习。此时的他，爱好文学、外语特别是戏剧，十五六岁的小青年，就自编自演反映民生疾苦的戏剧。他扮演过贫苦人民反抗恶势力的角色，使观众为之动容。后来终因家贫，只得离校去宜兴励进社小学任教，在那里他团结了一批进步教师，反对县教育局局长重用的土豪劣绅把持教育界，批评反动人士的不良行为，因此被宜兴县政府非法拘捕，关押牢中。后经其父聘请律师出面辩护，方始恢复自由。1924年，他又到和桥镇任养初小学教员，宣传进步思想。为了打下扎实的国学根底，这年秋天他还进无锡唐文治先生创办的国学专修馆学习。这时，大革命的号角已经吹响，"五四"新文化运动的影响深入青年学生心中，潘汉年终于不能满足于对中国古文的研究，又拿起笔来创作语体诗文。

革命形势激荡，大变革近在眼前。敏感的潘汉年不能再安心地留在思想闭塞的乡镇当小学教员了，他需要到更广阔的天地间去驰骋。1925年初，他离开故乡，进入中国最大的城市上海，从此开辟了新的人生道路。

创造社的小伙计

青年编辑《小朋友》
水番三郎唱《幻洲》

——于伶

19岁的潘汉年来到大上海以前，已在上海《时事新报·学灯》上发表过诗《不敢》、杂文《可怕的路人》《武人的枪》等作品，他的文名已被上海文化界所注目。1925年初抵沪后，他即被聘为上海中华书局《小朋友》杂志的编辑。在投入文化工作的同时，他又迅速投身于使热血青年沸腾的政治洪流之中。

当时正值国共两党合作开始，大量共产党员加入了国民党，潘汉年也参加了革命的国民党。

"五卅"运动中，潘汉年置身于愤怒的示威行列，写出了热情洋溢的檄文。运动中，他毅然加入了中国共产党。打这以后，他发表于《语丝》的《苦哇鸟的故事》，说明他的思想已体现革命者的自觉。

创造社的郭沫若、成仿吾、朱镜我等人发现了这个后生，邀请他参加创造社，并请他主编创造社的《A 11》周刊，该刊迅速出版，发刊词和第1期编后记就出自潘汉年之手。

说起这个《A 11》周刊得名的由来，还有一段值得纪念的情节。原来，上海闸北宝山路上有个"三德里"，"五卅"运动以后不久，创造社在三德里租了 A 11 号作门市部兼编辑部，在这个机关里有几个小伙计，他们是：周全平、柯仲平、叶灵凤、潘汉年、周毓英和邱韵铎等人。这些风华正茂的年青人既管编辑，也管门市部的买卖。校对、捆书、打包、跑邮局、招呼客人，什么都干，"小伙计"由此得名。

后来，潘汉年又和叶灵凤合伙办了个小小的半月刊《幻洲》，这本46开本的刊物分两部分，上半部叫"象牙之塔"，登文艺作品，叶灵凤负责编辑；下半部叫"十字街头"，潘汉年主编，专刊杂文。潘与叶两人合住在霞飞路（今淮海中路）上的一家皮鞋店楼上，这里既是宿舍，又是《幻洲》编辑部。霞飞路当时已相当热闹，所以他们住处的窗外车声不绝于耳，因此，潘汉年戏称这个房间叫"听车楼"。于是有些文章就以"听车楼主"的笔名发表。说起笔名，除前面提到过的"水番三郎"外，我们知道的就有"泼皮""严灵""汗牛"等五六个。那么，他何以不断更换笔名呢？除了斗争的需要外，还因为他的多产。有时，半部《幻洲》的杂文他一个人包了。他擅长讽刺，嬉笑怒骂，皆成文章，骂吴稚晖、骂左舜生、攻胡适，骂得痛快、攻得犀利，大家爱看。他又自称"新流氓主义"，表示硬是和"正人君子"过不去。潘汉年的杂文一扫当时无聊文人的颓废气氛，反对"为文学而文学"的虚无主义思想，在当时的文学青年中留下了深刻的影响。

由于以后潘汉年主要从事在特定环境下严酷的政治斗争，文学创作已无暇顾及，除以后在1928年还出过一本名为《离婚》的小说集以外，没有其他单行本问世。应该承认,他在文学创作上的成就不大,但他在国民党文化"围剿"时期代表党对左翼文化界的领导却成绩卓著,功不可没,令人遗憾的是,现代文学史著述中往往无视潘汉年的辉煌劳绩。

"小开"主持"文委"

羽檄文坛兴队伍
小开为党力绸缪

——于伶

1926年底,当时任国民革命军总政治部、南昌政治部主任(政治工作的范围为国民党革命军第二军、第三军、第六军及江西的地方工作)的郭沫若,曾邀请潘汉年去南昌担任《革命军日报》总编辑,兼政治部宣传科长。《革命军日报》是一份军队报纸,潘汉年接手后,办得严肃而富有生气。半年后,蒋介石叛变革命,潘汉年奉命率领部分同志回上海向党中央报到。

经过这大半年革命斗争的洗礼,潘汉年重返沪上时已相当成熟了。当时江苏省委书记是李富春,在南昌时就相当欣赏潘的才华,决定由他担任上海文化工作党团干事会的书记(这年冬天,这个组织改属党中央宣传部领导。1928年,在中宣部下成立文化工作委员会,他出任书记)。他的任务是把上海的左翼作家组织起来,反对国民党及其他反动党派的"文化围剿";与此同时,也要解决左翼文化人内部的教条主义、关门主义倾向。潘汉年不愧是组织工作的干才,当时上海的文化界何等复杂,他自己二十刚过,在文化人中最多是小有名气,但就是他,依靠党的威望,使出自己的浑身解数,缜密安排,忘我工作,短短一两年内,"左翼作家联盟""社会科学家联盟"乃至"剧联"等组织,相继成立,开展活动。他作为"左翼文化总同盟"中共党组书记统一领导这些社团,俨然帅才。后来,这些组织还发展到天津、北平、广州、成都等地。在艰难的岁月中,能够组织起这样多的革命文化团体,实在是惊人的创举。

大革命前，他只是个初露头角的小伙计，此时，他已能自如地周旋于上海文化界的名人之间，自信地开展工作了。由于工作需要，他西装革履，风度翩翩，不知哪个人给他取了个"小开"的代号，此后，同志们当面和背后，都称他"小开"。年青的"小开"，领导人才荟萃的上海左翼文化界，开创20世纪30代初上海滩进步文化百花齐放的局面，使国民党当局惊恐万状。这段历史实在很值得回味。

潘汉年的工作千头万绪，但他还是能腾出手来和叶灵凤合编《现代小说》月刊，他还经由现代书局、联合书店出版、重版了郭沫若的许多著作，用现在的话说，叫做"双肩挑"。其时，他还没有扔掉做文化工作的本行。

1930年2月，潘汉年发起和主持"中国反帝自由大同盟"，鲁迅也作为这一统一战线组织的发起人参加工作。这一年3月2日，"左翼作家联盟"成立了。必须强调的是，鲁迅对于潘汉年曾不无误解，把他看作是"唇红齿白"的"洋场恶少"。站在创造社的立场，潘汉年也曾感到鲁迅不无偏激，但是他首先打破门户之见。他深入地做了创造社、太阳社朋友们的工作，引导他们尊重鲁迅，与原文学研究会的作家合作，又与鲁迅恳谈，取得鲁迅的充分信任，这才使"左联"的成立成为可能。因此，"左联"在北四川路中华艺术大学的一个教室里成立的时候，潘汉年代表党中央发言，而后鲁迅发表了他那著名的讲话，大家相继致词，气氛极为融洽，这是和潘汉年在会前的大量工作（也包括冯雪峰等同志的工作）分不开的。

文学史家也许会对潘汉年在"左联"成立后刊载在《拓荒者》上的《左翼作家联盟的意义及其任务》对20世纪30年代文艺界所曾产生的重大影响感兴趣，因为它是如此深刻地切中当时文艺界的弊端，如此精辟地论述了"左联"的任务。文学史家一定也会叹服潘汉年在《文艺通讯》一文中关于题材问题的独到见地："与其把我们没有经验的生活来做无产阶级的题材，何如凭各自所身受与熟悉的一切事物来做题材？至于是不是无产阶级文学，不应当狭隘的，只认定是否以无产阶级生活为题材而决定；应当就各种材料的作品所表示的观念形态是否属于无产阶级来决定。"

但时隔五六十年，我们已很难对潘汉年当年大量的文学活动、杰出的左翼文化社团组织工作（他还担负"保卫自由反帝大同盟"和"国际互济会"方面的工作）和无畏的对敌斗争作出全面的描述了。好在潘汉年同志沉冤得雪，今后的史家在撰写30年代文化史时，想来再也不会无视他的历史功绩了吧！

"特科"初试身手

> 卫党除奸泣鬼神
> 瑞金转战一雄兵
>
> ——于伶

1931年1月，党的六届四中全会后，王明等人篡夺了党中央和江苏省委的领导权。会议结束后，何孟雄、林育南、李求实、胡也频、冯铿等24位反对王明"左"倾教条主义错误的重要领导干部即因叛徒告密而被捕，他们有的在东方旅社被抓去，有的在家里被带走，形势十分严峻。

当时，刚调到中央军委"特科"工作的潘汉年，得讯后立刻冒险赶到江苏省委。省委机关不知道何孟雄等被捕的事，正在开会。潘汉年要求省委立即休会，设法营救同志。听到这个消息，大家都很着急，只有省委书记王明的态度非常冷漠，竟淡淡地说："咎由自取！"说什么"这批人是反党的右派分子，因为进行反党活动才被捕的"。他的幸灾乐祸引起大家的愤慨，潘汉年执拗地问他："怎么办？"王明这才指着潘说："你去调查一下吧！"沉吟一下，他又说："此事要同中央商议，省委不要管。"

2月7日，中央与省委机关传来了24位烈士英勇牺牲的噩耗，潘汉年与许多同志都主张开追悼会纪念，但王明不同意，他说："何孟雄等人虽然已经死了，但对这些人的错误还是要继续清算！"由于王明的狂妄行为引起党内的重大对立，一部分领导干部如罗章龙、张金保（女）等人，组织中央非常委员会，另立省委与区委。一天，王克全等人甚至闯到省委秘书处的秘密机关大吵大闹，逼迫秘书长刘晓交出党的文件和财物，争吵声传到户外，情势危急。幸好潘汉年代表中央"特科"突然出现，有效地阻止了王克全等人的破坏行径。

潘汉年调到"特科"，正赶上这样的时候，可以说受命于危难之秋！在"特科"工作两年余，他在周恩来指挥下，胜利肃清大叛徒顾顺章等敌特的隐患。为了保卫党的领导机关，保护同志，他的使命极为艰巨，斗争条件极为复杂，他的工作需要异常的智慧和毅力，他的才华在对敌隐蔽斗争中又得到了充分的发挥，甚至于打入敌人内部组织。

在那个年头，他保护了多少同志！我从自己的经历中深切体会到他的工作是多么细致。1931年4月，团中央书记关向应突遭逮捕。因为我住的地方关向应曾经去过，我当然处于危险之中。一位交通同志忽然送来一个条子："明天上午六时前必须离开。"我看毕条子，立即收拾文件，放在一只放皮鞋的纸盒内，在次日清晨5时许，手提纸盒悄然走出大门。果然，十字路口已经有巡捕在那里放哨，我硬着头皮走了过去。敌人见我是一位女流，在晨雾中又看不清我的模样，终于被我溜走。过了几天，我从另一位同志处得知，当天果然有大批巡捕搜查了我的住房。事后我知道是"特科"侦知了敌人的行动，潘汉年及时地派人通知了我。还有一件事是1932年下半年，我知道自己被叛徒告密，敌人追捕甚急。我只得要求离开上海去江西中央苏区，为此，向中央写了申请，请求批准。申请交出不久，就收到中央的通知，要我到南京去同一人面谈，约定我住在南京鼓楼旅社，并约好假名与口号。我高兴地赶到南京守候，将自己的假名写在鼓楼来客板上。但几天过去了，未见来人，只得懊丧地回到上海。不得已，只好到日本东京，通过在那里工作的共产党员汪孝达同志去找党的关系。这以后，南京失约的事在我心里始终是个谜。直至1943年我在苏北抗日根据地华中局工作时，在二师师部招待所见到从上海到根据地汇报工作的潘汉年，考虑到他是华中局的情报部长，所以问起鼓楼旅社失约的事。他听了我的话，立刻哈哈大笑，连声说："对不起，对不起，这个失约的人就是我！"我大吃一惊，要求他说明失约的原因，并请他就此事为我向组织作证。他微微一笑，没有说出失约的原因，只是说："一定为你作证。"后来我的整风结论中，果然由潘汉年证明了这段失去组织关系的历史。这对于我的一生关系极为重大，永远不能忘记。

他的神秘，原因之一是他既做党的秘密工作，又兼上层统战工作。这两件工作，前者是绝密的地下活动，后者是半公开的社会活动。他的杰出之处就是能两面照顾，巧妙地把公开工作与秘密工作结合起来。他利用与社会人士的公开关系以掩护党的秘密工作，而又能隐身在地下，同许多社会上同情党的人们（包括国际友人）组成外围力量，并派出忠诚的同志打入敌人的要害部门。此外，他还充分利用敌人营垒中的矛盾为我所用。这样，他就能在白色恐怖笼罩的上海进行惊人的活动，取得意外的成果，在极端困难的处境中能够应付裕如、左右逢源，在敌人心脏中穿插往来，神出鬼没地进行埋伏和突击。这是非常杰出的工作方法。

从夏衍同志追叙的一件往事中，很可以看出潘汉年的工作是多么机智灵活：1933年冬，潘汉年奉调中央苏区工作，临行之前，突然找到正在搞情报工作的夏衍。见面后，潘汉年雇了一辆出租汽车，风驰电掣地开到法租界薛华立路的一座小洋房里。这家主人是一个年约五十岁的绅士，他对潘态度亲切，没有客套寒暄。潘汉年一上来就说："过几天后我就要出远门了，什么时候回来也难说，所以……"潘汉年指着夏衍说："今后由他和您单线联系，他姓沈，是稳当可靠的。"这位先生和夏衍握手后，潘又补充了一句："他比我大六七岁，我们是老朋友。"潘和这位绅士随便地谈了一番，涉及人的名字夏衍竟毫不了解。临别之时，主人把一盒雪茄烟交给了潘汉年，他也没说声"谢谢"就收下了，原来这里面放着许多政治情报。至于主人是谁呢？潘汉年只是告诉夏衍："这是一位知名人士，秘密党员，一直由我单线联系，你绝对不能怠慢他！"潘还说，"这座洋房是杜月笙的，巡捕房不敢碰，你在危急时，可以进来避难"。之后，夏衍就这样经常往那里去拿主人给他的"礼物"，他再转到有关者的手里，始终不敢冒昧问他尊姓大名以及社会身份。半年之后，彼此熟悉了，这位神秘的老先生才悄悄地告诉夏衍，他叫杨皙子，即杨度。这一介绍连夏衍这样有阅历的人也吓了一跳，原来这位长者就是曾经拥戴袁世凯称帝的筹安会六君子之一的杨度！杨度是秘密党员，还参加了秘密的"红色互济会"组织，救济为革命入狱的志士家属和烈士遗族。杨度自己也捐献了一笔巨款给"互济会"，他入党就是由潘汉年介绍经周恩来批准的。

潘汉年在"特科"工作时，只要有必要，他可以不顾个人安危，不惮与利用公开合法的关系进行斗争。1932年，国际进步人士牛兰博士夫妇被国民党拘捕，押解南京，上海文化界强烈抗议。潘汉年在汉口路老半斋菜馆"请客"，邀集上海名人如柳亚子、田汉、郑振铎等商讨联合发表致国民党政府函电，表示抗议。慑于国内外的舆情，国民党统治者最后只得释放牛兰夫妇。

"特科"时期的巧妙斗争，对潘汉年来说，还只是牛刀小试，以后，他的斗争舞台更加宽广、斗争条件更加严酷，而他本人的斗争经验也愈加丰富，战绩也就愈加辉煌。

折冲樽俎有我潘郎

<blockquote>
许国敢辞千里役
忍寒还耐五更风

——郁达夫
</blockquote>

记得潘汉年到中央苏区，时间是1932年初。在苏区他先后担任过苏区中央局宣传部长和赣南省委宣传部长，还担任过中华苏维埃共和国中央政府的教育人民委员部委员，在一个时期算是又回到了老本行了。但这个时期并不长，不久，他又作为中华苏维埃临时中央政府和红军的全权代表奔走于瑞金、福州之间与"福建人民政府"进行谈判，开展抗日反蒋活动。

1933年9月，十九路军将领蒋光鼐、蔡廷锴准备在福建起义，建立人民政府，派代表到瑞金要求中共合作共同反蒋抗日。这个行动得到周恩来、朱德、彭德怀等同志的支持。周恩来代表中央派潘汉年（改名潘健行）与十九路军秘书长徐名鸿在瑞金正式谈判。谈判期间，毛泽东、朱德还亲自接见了双方代表，10月26日达成了11项初步协定。协定签订后，潘汉年、黄火青奉派出使福州。十九路军将领又联合陈济棠、黄琪翔等一部分反蒋抗日的军队，于11月20日发动起义（这就是有名的"福建事变"），在福州南校场召开"中国人民临时代表大会"，宣告成立"中华共和国人民革命政府"（也即福建人民政府）。会议结束时，数万群众的反日、反蒋、欢呼民族解放的口号声响彻榕城上空。

"福建人民政府"成立后，11月27日，潘汉年与之签订"闽西边界及交通条约"，开辟了一条由中央苏区经闽西、闽南到达福建沿海的通路，打破了蒋介石对中央苏区的经济封锁。潘汉年又与"福建人民政府"的财政次长许锡清就双方物资交换和支援苏区紧缺的食盐、布匹等问题进行多次洽商，这以后，进出苏区的买卖一时大为兴盛。在他的敦促下，"福建人民政府"释放政治犯，默认我党领导的进步团体公开活动，福建民气大振。但蒋介石迅速抽调重兵"讨逆"，十九路军寡不敌众，又因内部意见不统一丧失部分战斗力，而当时的中共临时中央局更犯了"左"的错误，没有给予军事援助，提出许多违反协定的口号，致使"福建事变"以失败告终。

其时，潘汉年还与广东反蒋将领陈济棠、李济深、陈铭枢等人就军事、政治方面的问题作过广泛的商谈。虽因王明"左"倾教条主义错误的干扰而坐失良机，使蒋介石的第五次"围剿"得逞，中央红军被迫转移。但中央红军在长征初期所以能突破第一条封锁线，与潘汉年和广东实力派的谈判所创造的有利条件不无关系。潘汉年在这伟大的转变时期所作的贡献是显然的。

长征途中，潘汉年编入中央机关直属团。1935年1月遵义会议以后，张闻天代表党中央找潘汉年谈话，派他离队去莫斯科找共产国际。潘汉年很快在云南、贵州边界离开队伍，结束了他在中央苏区的军队生活。离队时，他机智地化装为一个烟土贩子，混在被红军俘虏的烟贩中，故意表示反抗押送的红军,帮助烟贩脱逃。烟贩自然把他引为同类,一路上对路不熟话不通的他多方照顾,因此顺利通过黔、桂、湘、粤四省关隘,终于从香港到达上海。到上海后,潘汉年又恢复了"绅士"模样,与宋庆龄等爱国民主人士取得联系,商议在上海组织救国会团体,与红军的武装斗争遥相呼应。

在上海,潘汉年见到陈云同志,和陈云同志一起搭轮到了海参崴。陈云先到莫斯科参加共产国际第七次代表大会,潘汉年则在大会结束后才赶到莫斯科。红军在长征途中丢失了与共产国际联络的电报密码,潘汉年在莫斯科的任务之一,就是要记熟密码带回中国,他在短短的日子里硬是把密码背了下来。

1935年11月,国共两党关系开始有所松动,蒋介石以为红军已经削弱,幻想"三分军事、七分政治",以谈判方式改编红军然后彻底消灭之。因此,国民党政府令驻苏大使馆与中共驻共产国际代表团接触。中共代表团(团长王明,副团长康生)派潘汉年与国民党政府大使馆武官邓文仪进行接触,但国民党提出的条件十分苛刻,潘汉年坚持原则,谈判未能达成协议。

1936年5月,潘汉年奉共产国际之命回国,除把电报密码送到陕北外,另一任务是促成国共两党第二次合作,一致抗日。这次和他同行的是胡愈之。他们两人由莫斯科假道巴黎到了香港。一到香港后,他立刻通过邹韬奋的《生活日报》宣传民众的抗日要求和党的政治主张。并派胡愈之先回到上海找冯雪峰,冯随即赶到香港与他商谈。两人共同决定找国民党方面的要人接触,后来终于见到了国民党中央宣传部副部长张冲,由张代表陈立夫、陈果夫同中共接触。陈立夫把潘汉年请到南京,派曾养甫与潘洽商,曾要求潘与陕北党中央联系,再进行两党谈判。随后,潘汉年回到上海传达中央决定,由冯雪峰负责恢复上海党的组织工作,自己则去陕北瓦窑堡向中央汇报。在瓦窑堡,潘汉年的汇报深得中央赞许,在莫斯科背得滚瓜烂熟的密电码也在此时报告了党中央。

根据中央决定,潘汉年9月间带着中共中央致国民党书和毛泽东致宋庆龄、章乃器、陶行知、沈钧儒、邹韬奋等人的信南下。致宋庆龄等人的信中，毛泽东说："我委托潘汉年同志与诸位先生经常交换意见和转达我们对诸位先生的热烈希望。"潘汉年把信亲自送到这些杰出的爱国者手里，此后一直和他们维持着密切的联系，努力推动上海文化界的救国运动。此外，潘汉年还持中国共产党中央致国民党的信，在上海直接找了张冲，张又约他去南京与陈立夫、陈果夫谈判。潘汉年作为谈判圣手、外交长才在谈判桌上机智勇敢、战果煊赫。这年11月中旬，潘汉年在上海沧州饭店与陈立夫对谈——

陈立夫："既然共产党开诚合作，那我就好任意提条件了。首先对立的政权与军队必须取消。其次，红军只可保留三千人，师长以上的领袖一律解职或出洋，半年后录用。在军队解决后，你们所提的政治各点就可考虑了。"

潘汉年针锋相对："你这是站在'剿共'立场的收编条件，不是抗日合作的谈判条件。当时邓文仪在莫斯科活动，曾养甫派人送到苏区的条件都不是收编，而是讨论合作。蒋先生有此设想，大概误认为红军已到了无能为力的时候，或者受困于日本防共的提议。"

陈立夫又转了话题："你我均非军事当局，可否请周恩来出来一次，蒋先生愿和他面谈。"

潘汉年严辞以对："如不把贵党的条件报告他，仅说蒋先生愿见他，岂不是要骗他出来？何况现在正激烈交战之际，暂时停战问题不解决，我想他也无法出来的。"

这以后双方又谈了几次，均无结果。

接着是爆发了震惊中外的"西安事变"，在这一事件中，潘汉年来往于西安、延安间，代表党与张学良联系，做了很多工作。事变后，潘汉年奉中央之命到南京先后与张冲、陈立夫谈判。1937年4月，又随周恩来到杭州与蒋介石会谈。杭州会谈后，潘汉年根据宋庆龄的意见，住在宋子文家，继续与国民党当局作艰巨的交涉。直至全面抗战开始、第二次国共合作正式确立，潘汉年作为我党的谈判代表，南北奔走，折冲樽俎，既坚持原则，又机智灵活，为团结御侮作出了重大贡献。

八年隐蔽斗争

敌垒森森步从容
出生入死立千功

——于伶

早在1937年5月间,中央就派刘晓到上海负责重建和恢复上海党的工作。刘晓一到上海,就与当时任中共驻上海办事处主任的潘汉年联络上了。7月7日,潘汉年和刘晓在中国饭店秘密会面,刘晓的夫人张毅在门外"放哨",买了张晚报,发现"七七事变"的消息,急忙送给他们两人看,他们立刻意识到,全面抗战已经开始,以后的斗争必须适应新形势。

几天后,在庐山结束与蒋介石会谈的周恩来到了上海,约潘汉年、刘晓谈话,布置具体的抗日行动。潘汉年又安排周恩来在黄金大戏院的后台与上海救国会和文化界人士会晤(刘晓虽也参加,并未暴露身份)。至此,上海党的活动走出了低谷。

1937年"八一三"后,中共驻沪办事处改为国民革命军第十八集团军驻上海办事处(简称"八办"),仍由潘汉年负责。地址在福煦路(今延安中路)多福里21号。对外以"八办"名义开展统战工作,同时帮助地方党的重建。在支援抗战,输送大量的人力、物力到抗日前线,发动上海附近的农村游击战,宣传党的政策的同时,还作了许多隐蔽的工作,如设立秘密电台、交通联络站,派遣一部分党员在敌特机关工作,广泛搜集敌特的情报。当时上海幸存下来的正式党员不过几十人,但这些党员都是久经考验、经验丰富的战士。"八办"对许多长期失去党的组织领导的同志,包括"大赦"出狱的、长期隐蔽在地下的,先行审查,然后转给以刘晓为首的地方党领导。

潘汉年利用"八办"半公开的合法身份,负责领导上层的统战工作,像上海文化界救亡协会、上海抗敌后援会、各界救亡协会、国难教育社、难民救济协会等。当时群众团体如雨后春笋一般纷纷成立,光与党有关系的妇女团体就有22个。"八办"在这方面的工作生气勃勃,成绩很大。此外,潘汉年还通过夏衍,团结了一批记者、作家,办了《救亡日报》,组织出版了许多刊物,如《译报》等。

在抗战初期,上海的斗争纷繁复杂,潘汉年夜以继日地工作,他隐蔽在群众中,只在一定场合露面,所以敌人也摸不着他的行动规律。"八办"建立的电台,是同党中央取得紧密联络的非常重要的渠道,这对上海及整个沦陷区的工作,起了重大的作用。潘汉年善于组织情报网,虽身处四面被围的"孤岛"上,也能够知道各方面的动态,采取灵活的对付方法四面出击。如国民党有一部分人秘密投敌当了汉奸,混在人民群众团体中进行破坏工作,我们都能及时发现,保卫了我们的组织,防止汉奸的破坏。

1937年12月间,潘汉年同夏衍一起离开上海前往香港,从事文化与情报活动,同时安排宋庆龄、何香凝和救国会、文化界著名人士安全离沪到香港或大后方去(1941年太平洋战争后,又是潘汉年派干部去香港周密部署在港的柳亚子、邹韬奋、沈雁冰、夏衍等著名人士安全撤离)。在武汉沦陷之前,他又赶到那里向"八路军办事处"(中共代表团)周恩来同志汇报工作。由于革命斗争的需要,党要求情报工作适应形势长期隐蔽,有目的、有计划地打入敌伪机关。潘汉年在武汉查知有个汉奸在1927年上海工人三次武装起义时,曾做过周恩来的警卫员,后来被捕投敌,此时已投向日方且红极一时。潘汉年得知此人尚未死心塌地,私心希望和我们方面拉关系,做两面派人物,决定派女诗人关露去找他,对关露,对方不太信任;潘汉年又派另一位同志与此人直接联系,从中取得了十分重要的敌方军事情报。武汉工作完毕,潘汉年重返香港,在华南局领导下工作。

1938年9月,潘汉年经重庆到延安,任中共中央社会部副部长,他常去中央城工部研究敌占区的工作问题,还常到中央党校和社会部情报训练部讲课。

在延安期间,潘汉年与董慧相识。董慧原是香港富豪千金,来延安进抗大，是位热血青年。潘汉年在延安一度患病，她悉心护理，终于相爱。1939年，两人结伴到了香港。董慧以在父亲办的道亨银行当职员的公开身份从事革命工作，成为潘汉年最贴身的助手之一。她传递情报，筹措、保存活动经费，工作极为出色。由于她的社会地位，为其来往港沪之间从容工作提供了便利。于伶同志的下述回忆可以使我们想见当年他俩的工作配合是多么默契："某夜，董慧同志到辣斐花园剧场约我到'盖世宫'（今淮海大楼楼下当时的小咖啡馆）见面。要我在'三友'浴室（今安福路'和平浴室'）定好房间，他（指潘汉年）和刘晓同来。谈了以后，又换了更安全的地方，约了更多的负责同志商议了各种妥善对策与措施。"

潘汉年的情报据点主要放在香港与上海，他则仆仆风尘不时来往于港沪之间。1939年秋，汪伪粉墨登场，敌我友三方的关系更加复杂。他仍能从敌人内部及时地搞到精确的情报，迅速通知江苏省委，斗争艺术令人叹服。关于潘汉年与江苏省委的联系方式，于伶同志向我们提供了他自己的经历："某晚，剧社女演员蓝蓝到璇宫剧院，向我耳语：接到小开电话，约我'DDS'咖啡馆见面。他说：报上有上海剧艺社的演出广告，这是党未遭大破坏，你未被波及的信号。给了我密件，只说往上交。我托文委书记孙冶方同志上交了。以后他每次潜来，先要我上交信件，通过我与省委书记刘晓、宣传部长沙文汉、八路军办事处刘少文同志等约时约地见面。"

潘汉年的长处是不拘一格用人材，在沦陷区善于利用矛盾，分化敌人，取得情报。如日本军方发动太平洋战争的意图，我们早在1941年夏已得到情报，由此可见他工作的出色。

至于他自己在工作中的机智灵活，更是早在第二次国内革命战争时期就已达到了出神入化的地步。他的侄子潘可西在《怀念三叔潘汉年同志》一文中列举的三个小故事，很可以看出他娴熟的斗争艺术：

有一天，三叔回家，发现有人跟踪，他一进门就高喊：'许玉文！许玉文！我的肚子饿了，快弄碗蛋炒饭给我吃。'一面疾步登上三楼阳台，拿出事先为应变备用的大阳伞，跳到邻居的阳台上，潜走了。

有一次，他本是穿着西装出门的，回来却穿着一身厨师衣服，原来他在马路上行走时，突然发现有几个形迹可疑的人盯梢。他立即沉着地走进一家饭店，似乎在寻找座位，一会儿，有两个盯梢的人也进了店堂。在这十分紧张的一刹那，他走进厨房，换了厨师服，戴上口罩，随手提起一只送饭篮，巧妙地出了店门。

又一个冬天的中午，他发现家对面马路上有几个鬼头鬼脑的人在徘徊，立即改换装束，穿起一身破烂衣服，肩披破麻袋，并把脸弄脏，伪装成一个饥寒交迫、浑身抖索的乞丐模样，迷惑了敌人，离开了住所。

潘汉年既有丰富的斗争经验，又善于巧妙地利用敌人的矛盾，使他能克服难以想象的困难，完成党交给他的任务。1941年"皖南事变"后，新四军的部分领导人饶漱石、曾山、谭启龙、李一氓等辗转来沪，之后，由潘汉年亲自布置交通联络站，把这些同志安全送回根据地。

1942年，鉴于太平洋战争后的形势，中央电示江苏省委和潘汉年本人，迅速由上海转移到淮南抗日根据地去。这年9月，江苏省委机关陆续转移过江。在转移前，潘汉年亲自审定了交通站、交通员，确定交通线，保证了过江同志的安全。11月初，他与刘晓、王尧山等同志决定动用情报系统的交通线过江。途中，潘汉年装扮成一个阔绰的商人，西装革履，外加秋季大衣，时髦而不俗，俨然洋派经理模样。从上海到镇江，一路上盘查很严，但他们一行因坐在空荡荡的二等车厢里，没有被人注意。到了镇江，便有一个穿西装的人带着个穿长衫的人前来迎接，请潘汉年一行住进金山饭店。王尧山颇有点紧张，对同行的夫人赵先说，那个穿西装的是镇江特工站负责人，是中央通报过的叛徒。第二天，潘汉年又告诉大家有个伪军官请大家吃饭，刘晓对是否应邀，犹豫不决，脸有难色。潘汉年坦然地说："这些叛徒明知汪伪没有前途，想为共产党效力，取得党的宽大。你们尽管去赴宴，自称上海商人，是跟我到新四军地区做生意的。"

吃了饭，穿西装的特工人员又大摇大摆陪他们逛了竹林寺。

第三天一早，他们乘上一只去仪征的机帆船。船上各色人等都有，也有几个青年伪军混杂其间。从这些伪军的和气态度可以猜出，他们是镇江特工站派来护送的。下午到仪征县城，住进很简陋的客栈，次日天蒙蒙亮，那个穿西装的特工人员又改穿中装短衫，带来几个挑夫，到客栈挑着行李，陪同他们直赴城门口。当时城门紧闭，特工人员和伪军交涉后，开了城门放行。刚走了几步，城墙上的伪军突然噪叫："站住！"大家转身看城墙上的伪军，气氛顿然紧张。潘汉年却从容地用两手筒着嘴，威严地斥责伪军："和你们上面讲过了，还不知道吗？混蛋！"经这一训，伪军噤若寒蝉，大家重又上路，走了十几里，在一个小山岗，又被两个小男孩威风凛凛的"站住，不准动！"挡了道。又是潘汉年上去对小孩说："你们罗炳辉师长的客人到了。"这才跟着报信的孩子进了村，与特工人员和挑夫分手。他们步行三天才于11月6日到了顾家圩子。谁知后来这次传奇式的经历竟作为"镇江事件"成了潘汉年和他同行者的罪行！实际上，潘汉年在敌占区建立的交通线，不仅保证了淮南根据地与上海之间地下联络的畅通，把在上海难以立足的地下党领导同志和大批干部安全地撤回根据地，还向根据地输送了大量紧缺的物资。"镇江事件"证明潘汉年所建立的交通线安全有效，他在这方面的工作是有大功绩的。

1943年，潘汉年参加根据地的整风，竭尽所能保护了受到冤屈的新四军第三师政治部保卫部部长扬帆（即殷扬）。后来扬帆写诗赠潘汉年，对潘"殷勤慰我铁窗前"极为感激。在新四军机关所在地黄花塘，饶漱石诬陷陈毅和潘汉年，甚至把陈毅挤走，对此，潘汉年是做过斗争的。1944年底潘汉年赴延安参加第七届党代表大会前夕，有不少干部联名起草了一个给中央的报告，表示对饶漱石不满，请陈毅回华中，并托潘汉年将这一报告送到中央。启程之前，潘汉年给上海情报部门负责人张唯一写了长信，传达了组织决定：上海的情报工作暂由刘长胜领导，重申长期埋伏以待时机的方针，对主要干部作了安排。

作为"七大"代表，潘汉年在大会期间对白区工作提了许多重要意见。

抗日战争胜利后，他又迅速赶到香港，在港、澳、沪之间展开情报与统一战线工作。

天亮前后　履险如夷

道路分明在
火中堪铸魂

——潘汉年

1946年初，正是和战未决之时，潘汉年又到上海从事秘密工作，在夜色的掩护下不时到"周公馆"传递情报，请示工作。当年在"周公馆"工作的同志如许涤新等人后来回忆与潘汉年的接触，还大为赞叹："潘汉年的消息实在灵通！"

内战全面爆发后，中共代表团撤回解放区，潘汉年也去了香港，从事情报工作和统战工作，他在上海建立的电台，则继续发挥巨大的作用。解放战争时期，国统区的民主运动风起云涌，潘汉年叱咤风云，大展宏图，在解放战争后期贡献更为突出。这个时期，他大部分时间在香港。中共中央上海局的负责人刘晓、刘长胜、钱瑛、刘少文、沙文汉、张执一等同志则轮流去香港开会或办训练班，同潘汉年建立密切的工作关系。潘汉年在香港没有固定的公开机关，他的"轮流办公室"设在香港酒家和各色咖啡馆内，与各方人士谈话，接头就是在这些地方。

1947年，李济深先生等人在香港组织国民党革命委员会，民主同盟、农工民主党的主要领导人也在香港进行组织活动。潘汉年在各民主党派中间耐心细致的工作和"肝胆相照"的风采，深得爱国民主人士的赞赏。1948年底，根据中央指示，他不顾敌方特务的破坏与港英当局的森严戒备，排除万难，精心组织，分批将350余名民主人士从海路安全送抵东北解放区。其中著名人士有李济深、沈钧儒、黄炎培、马叙伦、郭沫若、沈雁冰等人。这项工作难度之大局外人很难想象，而潘汉年组织工作的周密稳妥，在当时就获得高度赞誉。其时潘汉年的工作千头万绪，但他都能从容应付。当时原国民党资源委员会和上海海关的主要负责人先后到香港与潘汉年联络，在潘汉年的部署下起义，使这两个系统的档案和美援物资完整地交我方接收。中国、中央民航两家航空公司在香港的员工率领了20架飞机起义，也是潘汉年组织策动的。再如南京市委策动的俞勃驾机起义，也是由潘汉年通知他领导的上海秘密电台负责人刘人寿，请他与中央联系，确定降落地点与信号。最后，这架B24大型轰炸机安全降落在石家庄，对涣散国民党的军心起了很大作用。

对香港的文化宣传工作，潘汉年更是驾轻就熟。他广泛联系文化人，包括在港的京剧演员。如为东江游击队添置冬衣，他通过关系请马连良、张君秋义演，又发动工商界推销票子，筹到了一笔款项。他支持夏衍同志领导香港文化工作、办《华商报》，还为香港《文汇报》的创刊、发展解决了许多困难，如编辑人才、经费、发行等，难怪有人说潘汉年是香港《文汇报》的真正创办人。

1949年4月24日，中央电召潘汉年北上，他和夏衍、许涤新等在参加庆祝南京解放酒会的第三天早晨，由香港起程搭"东方号"轮船抵天津，5月5日到北京，毛泽东、周恩来、朱德先后接见了他。周恩来对他说："上海即将解放，中央决定派陈毅去当市长，你要当好陈毅的助手，做好各方面的工作。"上海解放后，潘汉年即到上海就任副市长、市人民政府党组书记、上海市军管会秘书长。由于他在东北的接管中取得了一定的经验，因此在接管上海时，得以克服许多困难，顺利地完成接管任务并立刻投入恢复生产、建设新上海的战斗。

那时，潘汉年还兼任华东局统战部副部长（部长由陈毅同志兼任）、上海市委统战部长。陈毅很懂得统战工作的重要性，他认为在解放初期要迅速恢复上海的生产，解决工人的失业问题，保障人民生活必需品的供应，必须取得工商业者的合作，按"共同纲领"办事。潘汉年在陈市长的领导之下努力做好各项工作，对民族资产阶级的统战工作特别出色，致使不少挟资跑到香港的资本家回上海开办企业为恢复国民经济效力，如刘鸿生先生就是这样重返上海的。刘靖基先生的回忆可以让我们看到潘汉年工作作风的一斑：在盛康年同志特意安排的一次家宴上，刘靖基第一次见到潘汉年，在座的工商业者有荣毅仁、盛丕华等人，当时刘靖基有些紧张，但潘汉年"穿着便衣，讲着上海话，谈笑风生，平易近人"，致使工商界人士的紧张情绪烟消云散。可见政策对头、工作细致，会产生多大的感召力。

上海初解放时，投机倒把、贩卖银元、捣乱金融的现象十分严重，潘汉年力主坚决取缔，使市场很快恢复正常。在他推动下，上海原有的163 000家商号按行业整理，改组为200多个同业公会，并安排上海工商界中爱国的、有代表性的人物，担任各种职务，使之各得其所，领导各行各业恢复生产、繁荣商业。此外，在解决上海的"二白一黑"（大米、棉花和煤球）问题和处理劳资关系方面，潘汉年的工作都是既果断又严密，充分证明他既是破坏旧世界的斗士，也是建设新世界的行家。

建国之初，上海百废待举，情况十分复杂，斗争尤为剧烈，要在这样的大舞台上指挥若定，履险如夷，需要过人的精力、杰出的才华，更需要忠贞的党人胆魄。作为当时上海党的杰出领导人之一的潘汉年，斗争艺术极具光彩，在短短的六年中，无论在镇压反革命，取缔流氓、妓女，解决政府机关不纯问题，"三反""五反"中，潘汉年实事求是的工作作风，在团结广大群众建设新上海中，起着举足轻重的作用，其功绩足以彪炳史册。

瑶瑟韵绝　　千古奇冤

电闪雷鸣五十春
空弹瑶瑟韵难成

——李一氓

1955年4月3日，潘汉年突遭逮捕，没有经过公开审问，更没有律师可以代为辩护，他自己自然是百口难辩。总之，从这一天开始，潘汉年从中国政坛上神秘地"失踪"了。

从1925年参加革命起，潘汉年的斗争生活真可以说"电闪雷鸣"，但如今他却被描绘得千疮百孔，几乎体无完肤。

见诸1958年7月18日上海《解放日报》的社论，首先公开了潘汉年一条叫人百思不解的"罪状"："潘汉年、扬帆与胡风都是三十年代文化人"，"钻进党内来了"。这一笔非同小可，"三十年代文化人"似乎都可怀疑，为当时及以后的深文罗织、广泛株连埋下伏笔。

更令人费解的是，"潘扬案"居然和"高岗、饶漱石反党联盟"挂了钩，原因是潘汉年在上海市副市长任内分工领导公安局，而饶漱石作为原华东局书记又是分管华东暨上海的公安工作的。其实，1943年华中局整风时，饶漱石曾把扬帆打成"内奸"，必欲置之死地而后快，当年潘汉年曾进行抵制，后来还向中央反映过饶的问题，而如今，潘、扬和饶漱石忽然有了"反革命"关系！

在潘汉年的"罪行"中，"镇江事件"是极为重要的一条，潘汉年、刘晓一行经镇江前去淮南根据地的事实已如前述，但如今却成为潘汉年是"内奸"的铁证。

潘汉年有一个骇人听闻的"罪名"是：与扬帆一起包庇敌特三千三百人！这又是怎么一回事呢？

上海初解放时，潘汉年、扬帆在取得上级同意后，决定在公安系统暂时留用部分反正特工、变节分子、流氓头子乃至小偷惯窃，利用他们深谙内情这一点，让他们戴罪立功。这批人也确实有所贡献，这种策略本是特定时期、特定条件下的产物，到了"潘、扬案"案发，却成了他们两人的弥天大罪。那么，"三千三"这样的大数目又是怎样统计出来的呢？原来远在解放战争时期，有一个干部在闲谈时对当时任中共中央华东局敌区工作部长的扬帆开了个玩笑，说扬帆做敌区工作和保卫工作善于利用各种社会关系，手下各色人物俱全。古代孟尝君门下有食客三千，如今扬帆手下超过三千，这个干部当时随口诌了两句打油诗："扬公门下三千三，尽是鸡鸣狗盗徒。"在当时，这首诗不过引起一阵哄笑，但因其妙趣横生，竟在新四军干部中流传开了。到了1955年，这首诗被人利用，"三千三"变成了实数，于是扩而大之，凡是地下斗争时期和潘汉年有过工作关系的人，都成了怀疑对象。

潘汉年作为"内奸"的另一个主要罪状是"在1936年国共谈判中投降国民党"，这条罪状已详见前文所述，缺乏事实根据显而易见，我们可置而勿论。这里就不说了。再一条主要罪状是"投靠日本特务机关"。根据中央指示，凡是敌占区的隐蔽系统，都应派人打入敌伪组织，掌握敌方动态，以配合正面斗争，利用敌方力量，掩护革命工作，保护革命力量。潘汉年在这方面的工作十分出色，屡受中央嘉奖。但到了50年代中期，他竟以此罹祸！当然，在当时的条件下，"将在外"，个别情况无法及时向中央请示也是有的。这又何罪之有！

至于"供给敌人情报，导致二六轰炸"，只要想一想，国民党岂有不知上海的发电厂在何处而需要"供给情报"的道理，就可看出这条"罪状"的不实了。

对于这一些"罪行"，潘汉年这样的革命者怎样接受得了！

经过8年幽禁，1963年6月，潘汉年在被判有期徒刑15年后曾一度被"假释"出狱，与妻子一起被安置在京郊团河农场。其间他曾进城去看一位老朋友，对这位老朋友说："我是冤枉的，扬帆也是冤枉的。这些事一时说不清楚，功过是非，历史自有定论。"

在狱中，潘汉年曾写过一首给董慧的诗：

相爱成遗恨，奈何了此生，
怜君犹少艾，为我困愁城。
昨日同生死，今无半点音，
但求息怨恨，勉力为新人。
道路分明在，火中堪铸魂，
抗日隐地下，十载汝同行。

> 北上延安路，朝昏共苦辛，
> 南旋千万里，悄然居海滨。
> 六年留上海，解放更相亲，
> 倘有千般罪，当先有所闻。

结句"倘有千般罪，当先有所闻"，实在是字字血泪，简直是潘汉年痛苦的灵魂在呐喊了！从团河又经秦城监狱，一直到1977年凄苦地离开人间，以假名被埋葬在洣江劳改农场，潘汉年生命的最后22年经受着怎样的煎熬！

于伶同志写了一组诗《怀潘汉年同志》，最后一首是《感谢党恩》：

> 春晖尽沐庆三中！刘瞿潘公冤雪同。
> 天若有情天亦老，桃花依旧笑春风！

潘汉年泉下有知，也可以感到安慰了。死者已矣，但我们生者却难以从自己的记忆中抹去他的形象，作为一代风华的党人魂，他将永远激励着后人，而他后半生的坎坷，他的冤狱，则值得我们这一代进行深刻的反思……

原载1988年第12期、1989年第1期

卢绪章：与魔鬼打交道的人

李 征

我国对外贸易事业的开拓者和奠基人、中国化工进出口总公司前身——中国进出口公司总经理卢绪章，是一位传奇式的人物。新中国建立前，卢绪章冒着生命危险战斗在敌人心脏里，是电影《与魔鬼打交道的人》中地下党员张公甫的原型；新中国成立后，他又为创建我国对外贸易事业付出了巨大的心血，作出了卓越的贡献。

在上海加入"毛泽东的共产党"

卢绪章1911年6月出生于浙江省鄞县小沙泥街的一个小商人家庭。在小学里，有一位教员叫王任叔，是大革命时期的共产党，使他从小就接受了革命的启蒙教育。由于家境贫困，14岁的卢绪章被迫辍学，离开宁波老家到上海谋生，投奔他的叔叔卢宗祥。卢宗祥是上海源通轮船公司副经理，他给卢绪章安排了一个练习生职位。每当天黑，公司里练习生、小职员们聚在一起打牌逗乐，卢绪章却总是从"良友"图书馆借来各种书籍，躲在角落里细心阅读。他渴望着从书中找到答案：为什么上海滩有些人西装革履、汽车别墅，而更多的人衣衫褴褛、蜷缩棚户、饿死街头？……他从进步的书籍中受到启迪，他也幻想过在年轻好友中组织进步的社团。1927年11月，卢绪章与上海商会补习夜校的部分同学成立了"社会童子军团"。

1933年，卢绪章愤然退出童子军之后，便与友人田鸣皋、杨延修、张平、郑栋林等依靠仅有的微薄积蓄，在上海天潼路怡如里18号二楼亭子间里集资办起了"广大华行"，经营进出口贸易和药品、医疗器械的邮购业务。

他希望通过广大华行的收入，积累一定的经济实力，争取发起成立一个寻求救国救民的进步青年组织。因此，卢绪章除了在广大华行从事业务外，还经常参加进步的市商会夜校组织，经常到进步的"蚁社"图书馆借阅进步书籍。读了马克思、列宁的一些著作，读了艾思奇的《大众哲学》，他逐渐认识到，只有布尔什维克党才能真正代表广大民众的利益，只有毛泽东为领袖的中国共产党才能使劳动人民得到彻底翻身。

1936年1月卢绪章参加上海职业界救国会；1937年9月参加上海全国文化界救亡协会举办的抗日救亡工作人员训练班。这个训练班是以地下共产党员为骨干组成的。在训练班里，共产党员杨浩卢（建国后任外贸部副部长）经过仔细的观察和认真的考查，决定发展卢绪章加入中国共产党。一天，杨浩卢找卢绪章正式个别谈话，杨浩卢问卢绪章："你知不知道中国共产党？"卢绪章回答道："我看了不少马克思、列宁的书和红军长征的书，知道中国共产党，但看不见，找不到，不知道在什么地方。"杨浩卢沉吟片刻，又问："你愿不愿意参加中国共产党？"卢绪章问道："是托派共产党还是毛泽东的共产党？"杨浩卢说："当然是毛泽东同志为领袖的共产党喽！"卢绪章立刻兴奋起来，当即回答："我终于找到党组织了。希望你多多帮助我，我坚决要求参加中国共产党。"1937年10月，卢绪章在杨浩卢介绍下，正式参加了中国共产党。入党后，卢绪章积极参加党领导下的各项工作，政治热情非常高，先后介绍杨延修、张平加入共产党。他还多次掩护地下党同志，利用广大华行开展地下活动。1937年底至1949年6月，卢绪章担任上海进步社会团体"华联同乐会"党团书记和支部书记，团结教育了成千上万的上海洋行职工，培养和发展了近百名积极分子加入中国共产党。同时，广大华行的业务在他的运筹下日益发展，生意兴旺。

直属周恩来副主席单线领导

1940年春的一天，中共江苏省委负责人刘晓找卢绪章单独谈话，指示他把广大华行办成一家特殊的商行，作为地下党的一个秘密工作机构，并要卢绪章立即随他一起去重庆，接受周恩来副主席单线直接领导。

1940年夏的一个深夜，刘晓陪着卢绪章来到红岩村八路军办事处，秘密会见了周恩来副主席。在红岩村的一间小屋内，周恩来同志亲切地对卢绪章说："广大华行内共产党员由你单线领导，不允许与重庆地下党发生横的联系。最近，中央制定了当前白区工作的方针，中心内容是：'隐蔽精干，长期埋伏，积蓄力量，以待时机。'你们必须领会'隐蔽精干'的意义，做到社会化、职业化。这是许多同志以鲜血和生命换来的经验和教训。你们广大华行已经有了初步的社会地位，这很不容易，一定要做到不与左派人物来往，不要再发展党的组织了，就是在你老婆面前，也不要暴露真正的身份。对外却要广交朋友，交各方面的朋友，包括国民党方面的和右派的朋友。参加社会上的公开社团活动，提高广大华行和你个人的社会地位。要装扮成一个大资本家，装得越像越好。要充分利用各方面关系作掩护，使广大华行能长期保存下去，努力完成党交给你的各项重要任务。"

卢绪章静心聆听着周恩来的重要指示，努力将每句话记在脑海里，因为这些指示是不允许记录的，但又要回去向广大华行的党员作传达。远处的公鸡开始啼鸣，卢绪章必须在黎明之前靠黑夜的掩护离开红岩村。周恩来把卢绪章送到门口，紧握着他的手再次叮嘱："卢绪章同志，工作环境是险恶的，党相信你一定会把工作做好。你要做到像夏天的荷花一样，出污泥而不染，和各方面打交道，为党赚钱而同流不合污……好！珍重，再见！"

卢绪章

侍从室专员成了"贴心朋友"

由于日寇飞机经常狂轰滥炸,重庆显得疮痍满目,破烂不堪。卢绪章接受党的特殊任务后,在市中心的民族路上购置了一块沿街的建筑物已被炸毁的地皮,盖起了一座两层小楼房。楼上作为广大华行总行写字间办公室,后楼是卢绪章和他夫人毛梅影的卧室,楼下是广大华行的门市部,公开出售药品和医疗器具。开业那天,广大华行门前车水马龙,异常热闹,前来祝贺的各界人士络绎不绝,如同无形的广告传遍山城。

一天,一位衣着讲究、风度翩翩的中年男子来到广大华行要见卢绪章。

"我就是卢绪章,您有什么事?"

"我是昆明中和药房的董事长张军光,特来拜访卢总经理。"说着,张军光递上名片,满脸堆笑。卢绪章立即想起,在筹备建立重庆广大华行的一次党员会上,杨延修曾经提到过这个张军光,说这个人八面玲珑,交际甚广,在国民党军统、中统里均有朋友,虽贪图小利,但很讲义气,是个用得着的人。

"久仰大名,久仰久仰!"卢绪章满脸笑容,和张军光热烈握手,接着说:"您刚从昆明来,我要为您接风洗尘。您把您在重庆的朋友统统请来,今晚我在四川酒家为您设宴接风,大家一道好好聚聚。"

张军光真有些受宠若惊的感觉。他早已听说卢绪章总经理豪爽大方,好交朋友,今日初次见面,果然名不虚传。他立即痛快答应:"那么我就恭敬不如从命喽!晚上四川酒家见。"说完,张军光就去约请在重庆的诸朋好友了。

当晚7点,张军光带了五六位朋友驾车来到重庆著名的四川酒家。卢绪章早已备好酒菜在此恭候。

"卢总,这几位都是我在重庆的至交,让我先给您介绍一下。"

"这位是蒋委员长侍从室专员施公猛先生,这位是军统局的梁若节先生,这位是民航检查站站长严少白先生,这两位是王小姐、张小姐……"

卢绪章完全以一副大老板的派头,和他们一一热情握手,一面心里牢牢记住每个人的姓名和特征。他知道这些人物都是他用得着的人,决不能怠慢,满脸堆笑地说:"今天有机会和各位认识,真是十分荣幸。今后还望各位先生对敝号多多关照,请!请!"

宴会中,卢绪章谈笑风生,频频举杯,深得客人们好感。但那位蒋介石侍从室专员施公猛也不是平庸之辈,当他闻知卢绪章客厅里摆有共产党的《新华日报》时,就出其不意地问道:"卢经理是做生意的,怎么也订阅中共《新华日报》,如此关心政治呀?"

卢绪章啜着酒,又夹起一块肉,沉着应付道:"我什么报纸都订阅。为了做生意、赚大钱,必须了解各方面行情,对政治我是一窍不通的。"由于卢绪章应付自如,施公猛也就不再咄咄逼人地试探了,张军光又善于周旋,一场接风宴席最终尽欢而散。

散席以后,最后只剩施公猛和卢绪章,施公猛问卢绪章:"刚才民航检查站严少白站长和你说什么了?"

"喔!他也想做生意,想把他手头的十条黄金放到我广大华行来,这样可以生钱,也算是入股分红呀!你施专员是不是也想入股?"

施公猛摇摇手道:"我靠薪俸养家过活,哪来黄金入股呀!老婆还在上海每月等我寄钱呢!"卢绪章一听此话,心想对这位专员更应重点拉拢,便诚恳地说道:"喔!施专员独身一人住在重庆,我们都是同乡人,今后经常到我家来吧,我老婆能做一手你喜欢吃的南方菜。"

从此以后,卢绪章便与施公猛、严少白、梁若节成了"好朋友"。施公猛每次来总是住在卢绪章家里,卢绪章也总是盛情款待,还经常送钱送物接济施公猛。施公猛当然是感恩不尽,为卢绪章办事也自然十分尽心。

急飞昆明,躲开特务搜捕

1942年,广大华行随着业务的不断扩大,营业额蒸蒸日上,除了重庆,还在昆明、成都、贵阳、西安等地增设分支机构。卢绪章还与民生轮船公司合作，成立民安保险公司，自己兼任民安保险公司总经理。1942年，韶关地下党急需经费，按照周恩来指示，必须由卢绪章亲自将85 000元现金（法币）送到韶关地下党联络员手中。可是，这个联络员不久被敌人逮捕并且叛变。敌人为了抓捕交款人卢绪章，让这个叛徒在特务监视下到重庆来到处寻找，形势十分紧张。卢绪章遵照党的指示，在短期内必须离开重庆。可普通百姓和商人又不允许乘坐飞机，必须是政界人物才能购飞机票离开重庆。于是卢绪章就给施公猛打了电话，说业务上急需购买一张去昆明的飞机票。当然，施公猛即将委员长侍从室的专印证明送到了卢绪章手中，证明信中堂堂正正写道："兹有少将参议卢绪章因公赴滇，特此证明。"这样，民航的飞机票很快购到，民航检查站严少白站长也自然放行。第二天，卢绪章就堂而皇之地飞到了昆明。

1943年春的一天，卢绪章到衡阳办货，在一家饭馆进餐时，无意中遇到邻桌有一位风度潇洒、西服革履、操着一口宁波方言的人在高谈阔论。他乡遇到同乡人，自然感到十分亲热，卢绪章当即双手递过名片。

"啊！原来是卢经理，真是久仰大名了。你们广大华行自和民生轮船公司合作后，更是名声大振了，商界都称赞你卢总真有本事。今日能在衡阳相逢，是我莫大荣幸。"

卢绪章十分谦虚道："哪里哪里！现在做生意很不容易，别听外界传言。请问尊姓大名，在何处发财？"

"敝姓包，叫包玉刚，在衡阳银行做事，还望卢总多加指教。"

卢绪章听到包玉刚的名字，益发喜出望外。面前的包玉刚竟是自己的亲戚——表妹的丈夫，可惜以前没有见过面，只知其名。于是两人加酒添菜，共饮畅谈。

不久，包玉刚也来到重庆，在重庆工矿银行任副行长。以后又通过这层关系，卢绪章结识了中央银行的一位处长卢孟野。这样，卢绪章在金融界也疏通了可靠的渠道。

以后红岩村每逢收到华侨和国外进步人士捐赠给八路军的美元、黄金，都交给卢绪章，卢绪章则将美元、黄金通过包玉刚、卢孟野以做生意名义兑换成市面流通的法币，交给党以供急需。

卢绪章在重庆期间，和党保持了绝对秘密的联系，每隔一个月去一次红岩村，几乎每次都是当面向周恩来副主席汇报工作，听取指示，阅读中央有关文件，不允许接触其他人。有一次去红岩村听董必武的报告，他也不能和大家一起去小礼堂，而是随周恩来一起到后台指定的椅子上坐下屏气聆听。

奉周公之命潜回上海

1944年的一天，黄昏时分，一辆"奥斯汀"汽车里，坐着一位头戴礼帽、西服笔挺的绅士，气宇不凡，悠然自得。汽车沿着重庆市郊公路缓缓行驶。驶近关卡，哨兵用枪托示意停下检查，吆喝道："拿出证件来！"卢绪章坐在车里，双目微合，不屑一顾，伸手从西服内袋摸出一张特别通行证往外一递。哨兵翻开通行证："国民党特别党员，第二十五集团军少将参议，卢绪章。"哨兵排长立即赔着笑脸，双手奉还通行证，敬礼放行。

自1940年广大华行从上海迁到重庆来以后，短短三四年间，不仅在昆明、成都、贵阳、西安、衡阳等地开设了分支机构，又创办了民孚企业公司，由卢作孚任董事长，卢绪章任总经理。由于业务发展迅速，经济基础雄厚，社会地位日益提高，他在重庆的企业家中已经是个风云人物，再加上蒋介石侍从室专员施公猛等推荐，引起了国民党CC派头子陈果夫的兴趣。陈果夫有一家特药研究所，卢绪章被聘为理事。施公猛还向卢绪章提出参加国民党的问题，并将国民党特别党员证件送到他手里，在介绍人一栏里填的是"国民党中央组织部长吴开先"。接着，一张"国民党二十五集团军少将参议"委任状也送到他手里。这样，卢绪章在重庆就能畅行无阻了。

1944年，从抗战即将胜利的政治形势出发，卢绪章决定从广大华行抽出20万美元，派党员舒自清以蒋介石妻弟、国民党机要室主任毛庆祥创办的"生产促进会"名义去美国开展国际贸易。舒自清到了美国以后，和施贵宝药厂等美国企业建立业务关系，并由广大华行作为施贵宝药厂的药品和原料在中国销售的总代理。舒自清在美国成立了广大华行纽约分行。广大华行又派人到香港经营业务，采购了大批药品。这样，广大华行的业务从国内发展到国外。周恩来高兴地对卢绪章说："你为党做了很了不起的工作，我们党很需要你这样懂行的企业家。将来全国解放后，管理外贸企业更是一门很深的学问。你是党的企业家，党希望你培养出更多的优秀企业家。"

　　1945年10月，随着抗日战争的胜利，根据周恩来同志的决定，广大华行准备迁回上海。临离重庆前，周恩来在红岩村设便宴为卢绪章送行。席间，周恩来副主席语重心长地和卢绪章作了一次深谈："广大华行迁回上海后，仍是党中央领导的秘密特殊机构，我委托刘晓同志代管，仍是单线领导，不要和上海地下党发生横的联系。这几年你们为党掩护干部、筹集经费、兑换法币、提供八路军紧缺药品等成绩，党是十分满意的。你通过交朋友、发展企业，有了社会地位，经营信誉良好，资金实力越来越雄厚，组织没有为你们掏出一分钱，很不容易。现在陈果夫聘请你当他的医药研究所理事，看来，这个四大家族之一的陈果夫对你是很赏识的，恐怕日后还会派你大用场，这对隐蔽组织、筹集党的经费，都有独特的作用。陈果夫能对你信赖，是别人不能替代的。你这个'特别资本家'就继续当下去。你想到解放区去战斗，党是理解的，但党更需要你在这个特殊战场上为党战斗……"

　　卢绪章被周恩来同志这一席兄长般的知心话语深深打动了。他感到一只温暖的大手在抚平自己的委屈和痛苦。长期和敌人称兄道弟、喝酒打牌，和他疾恶如仇、血气方刚的性格是格格不入的。周恩来同志的亲切开导，使他豁然开朗，信心倍增。他眼含热泪告别了红岩村，告别了周恩来副主席。

受陈果夫之邀出任中兴制药厂总经理

　　凭着各种关系，卢绪章顺利地登上国民党军用飞机，回到上海继续发展广大华行的业务。卢绪章将他在美国、香港购买的紧缺西药也及时运回上海。舒自清也从纽约返回上海,加强外贸业务的操作。提前返沪的杨延修同志抢先在上海外滩爱多亚路(今延安东路)1号亚细亚大厦租下了整整一层楼,成为广大华行"豪华"办公室。一时间,美国施贵宝药厂的"盘尼西林"和信谊药厂的"维他赐保命"的大幅广告遍布上海,家喻户晓,广大华行财源滚滚而来,名声大振。陈果夫对卢绪章更加器重。陈果夫虽在南京,手却伸到上海,凭着他的权势,以"没收敌产"名义接收了相当规模的制药设备,特地把从重庆返回上海的施公猛召到南京商谈。施公猛则向"果公"推荐了卢绪章,说:"果公,卢总确实有魄力,做生意门槛精,能神机妙算。这次他从重庆迁返上海,大做美国盘尼西林生意,投入20万美元,一下子赚了几十万美元,大发横财。"

陈果夫办事稳重,沉吟良久,问道:"这个人政治态度如何?会不会有通共嫌疑?"

"果公,这个你尽管放心!卢绪章一向不问政治,只会做生意赚钱,我长期观察过,很讲信用。最近马步芳还派人来请卢绪章开办西北皮货公司,聘卢绪章出任总经理,由宋子文出任董事长……"

"妈的,这个宋子文手伸得太长了!"陈果夫当下拍定:"公猛,你立即回上海去找卢绪章,让他帮我办个中兴制药厂,请他当总经理,我当董事长,你当董事。"施公猛当然十分高兴,一拍即合,第二天就去上海找卢绪章。

第三天,卢绪章接到陈果夫的电报:"请卢总经理南京一晤。"

于是,卢绪章在国民党卫生部长俞松筠和施公猛陪同下专程由沪赴宁。火车刚驶抵南京,陈果夫派来的汽车即将卢绪章一行直接送往陈果夫在南京的国府要员花园别墅区。谁都知道,陈果夫是绝少邀请客人到家中"一晤"的,这次却破例将卢绪章请至家中接待。卢绪章明白,这是陈果夫企图改变自己在四大家族中经济最薄弱的地位的一步棋,同时也印证了周恩来的英明预见。

轿车在一道紧闭的大铁门前按了一长两短三声喇叭,大铁门就自动开启了。院内有两座完全相似的法式别墅,汽车停在靠右方的三层别墅门口,施公猛在卢绪章耳边轻声地说："左边的那座别墅是陈立夫先生的私宅。"

在一间宽敞近60平方米的长方形客厅里，正面墙上挂着一幅垂地的大丝织绣像，绣像上绣着一个身着黑缎马褂长袍、圆脸平头、六十上下、文静白皙的人像，施公猛在旁告诉卢绪章："这绣像上绣的就是果公。"卢绪章望着这幅看似文质彬彬的人像，心想：那是一个杀人不眨眼的特务头子，今日他能接待我，绝不会是真正信赖我，而是要我为他赚钱。我一定要胆大心细，不能有半点马虎。

陈果夫手捧一只景泰蓝制作的小痰盂从二楼走下来了，卢绪章、俞松筠、施公猛立即迎至门边恭候。陈果夫伸手和卢绪章握手，拉长声调说了声："挺年轻的么！今日得幸与卢经理相会，很高兴，请随便坐。"

卢绪章在陈果夫右旁沙发上坐下，不卑不亢地笑道："果公，广大华行能得到您老人家的关心，真是莫大荣幸！我已在上海为果公选好中兴制药厂的厂址，不日即可举行奠基典礼，还望果公届时能驾到。"

"好嘛！这么快就选好厂址，你辛苦了。中兴制药厂的奠基大典，我当然要去参加的。"陈果夫听到厂址已选定，心里十分高兴，他深为物色到如此能干的卢绪章而得意。他顺手从书橱内取出自己所著的一本《唯生论》及几部线装书，提笔在《唯生论》扉页上题字："卢兄惠存，弟陈果夫呈。民国三十六年一月"并将书送给卢绪章，以示他对卢绪章的亲近。

1948年4月，中兴制药厂正式在上海落成开工，陈果夫以董事长名义出席剪彩，上海市长吴国桢亲率警察局长等市政各界要人前来祝贺，国民党要员吴开先、潘公展以及企业界人士和新闻记者也蜂拥而至，厂门前摆满花篮，爆竹喧天，好不热闹。

接着，卢绪章又去香港等地开设南洋银行、广业房地产公司等企业和金融机构。从1937年靠300元积蓄创办广大华行至1948年8月的11年中，这位传奇式的中共地下企业家，为党筹集经费、赚取利润近400万美元，但他个人生活却十分俭朴，从不允许员工和家人浪费一文钱。他说，这些钱都是党的，共产党员赚的钱都要上缴组织。

陈果夫对有关卢绪章"通共嫌疑"的情报看也不看

1947年夏,那位曾在重庆任民航检查站站长的严少白已在上海担任卢湾区警察分局局长。他把卢绪章找去,出示了南京国防部二厅密令原件,内称:"卢绪章去东北从事贸易,有资助共产党的嫌疑……"几天以前,卢绪章接到伪上海警察局稽查处电话传讯,指控他常开车到外滩苏联驻沪领事馆,"有与共产党往来嫌疑"。过了几天,已经担任国防部二厅情报处副处长的梁若节也到广大华行来找卢绪章取红利,并把卢绪章拉到一边悄悄地说道:"卢总,我们处里接到上峰指示,有人怀疑广大华行是共产党机构,怀疑你是共产党。我已为你说了话,肯定是你树大招风,发了财惹人眼红,要敲你竹杠罢了。"

卢绪章立即对梁若节说:"多亏老朋友仗义直言。如果我卢某是共产党,那'果公'请我办药厂,'果公'难道也有通共嫌疑?我是去过苏联商务处,那完全是为了做生意,和苏联做生意可以赚大钱。"梁若节说:"卢总,你放心,我和你谁跟谁呀,我会为你说话的。"

种种险情接踵而来,卢绪章感到事情的严重,在向刘晓同志汇报后,决定召开一次广大华行党员紧急会议,会址选定在上海市郊的一个秘密院落内。经过党员们认真分析和回忆广大华行的业务往来,首先排除了内部出现问题的可能性,也没有发现广大华行党员中有叛徒,敌人至今不可能掌握广大华行的实际材料,因为广大华行党员从不和地方上的党组织发生横的关系。敌人唯一的疑点是卢绪章去了一次东北和常去苏联驻沪商务处,只是因为广大华行和苏联做外贸生意引起敌人怀疑而已,敌人的一系列查问和严少白、梁若节透露的内情都没有超过这个范围。为了消除敌人的怀疑,卢绪章决定采取两项措施:一是减少和苏联的贸易,卢绪章不再去苏联驻沪领事馆商务处,以免特务注意;二是多打陈果夫这张王牌,利用过去中统、军统的"朋友"到处游说,双管齐下,该硬顶的硬顶,处处宣传为陈果夫办事,这样才能使广大华行在困境中立于不败之地。

于是，卢绪章请来了施公猛、梁若节、严少白、俞松筠以及国民党在上海的有关人士一起吃饭、打牌，搞得十分热络，又是分红，又是故意让他们当赢家，让他们一个个提着沉甸甸的金条和钞票回去。CC派的"朋友"纷纷向陈果夫竭力夸赞卢总为"果公"办中兴药厂如何如何卖力。陈果夫听了这些部下的话，对下属部门送来的有关广大华行通共嫌疑的情报看也不看，仅在案卷上批了"归档"两字。因为陈果夫想的是这位年方38岁的卢绪章是他的"财神"，没有必要对他怀疑，和苏联做生意也是为了赚钱，有何不可？

但是不久，一个更为令人担心的险情出现在卢绪章面前。1948年6月，曾担任过广大华行联络员的共产党员邵平和他的妻子同时被捕，很快邵妻叛变，广大华行随时有被敌特破坏的危险。经刘晓批准，卢绪章决定广大华行业务重心向香港转移。从1948年8月起，广大华行加快了转移步伐，只留少数人看守广大华行上海总行，卢绪章则经常往返港沪，立足香港。当年10月，因地下党还有一批黄金以卢绪章个人名义存放在上海英商麦加利银行保险箱内，卢绪章又一次冒险返沪迅速处置，将这批黄金安全转移至香港，上海广大华行于是成为一个空壳。由于有陈果夫的出面，有吴开先的撑腰，小特务们不敢冒犯卢绪章。1949年初，当上海特务头子宣铁吾、毛森等准备对卢绪章和广大华行下毒手时，广大华行早已空空如也，卢绪章已经在香港召开"董事会"了。

长子含泪对他说："爸爸，我错怪您了"

卢绪章和广大华行的核心人员平安抵达香港后，上海地下党领导人刘晓也于1948年8月到达香港。

可是，卢绪章的长子卢贤栋却坚持要在上海读高中，不愿随父母去香港，尽管卢绪章和毛梅影从香港打电报一再催促，卢贤栋仍不肯赴港。这使卢绪章很着急，毛梅影也暗暗垂泪。原来，卢绪章在重庆当"资本家"时，看着孩子们一天天长大，担心这种作为掩护的"资本家"生活环境可能使他们变成好逸恶劳的少爷，于是将孩子送到离家较远的学校住读。孩子们并不理解，希望回家念书，可以吃好的、住好的。卢绪章很严肃地和孩子们谈了一次话："你们都记住，爸爸现在的一切都不是你们的，这些财产、家业都不会给你们留下。你们要好好学习，才有出息，千万不要靠父母，自己的路自己走，如果能上大学，我一定供养你们。"卢绪章是为党干地下工作的，万一被捕，孩子如果养尊处优，不能自食其力，后果不堪设想！然而，孩子们又怎么能理解父亲的良苦用心呢？

从重庆回上海后，卢绪章全家住进了上海大西路（今延安西路）带有花园草坪的三层洋房别墅内。孩子们看到，家里的气派日益豪华，爸爸换了两辆高级小汽车，又三天两头设家宴招待客人，吃的是锦江饭店、国际饭店、梅龙镇、"红房子"送来的佳肴名菜，爸爸和客人打麻将常常到深夜。妈妈也变了，穿起了高跟皮鞋，天天像过年忙于应酬。可是爸爸对孩子却特别"抠门"，连一辆自行车也舍不得给孩子买，还批评孩子："我不信你们每个同学都能骑自行车上学。你为什么不与穷人的孩子比，上学走路也是锻炼，有什么不好？小小年纪，不能只想舒服，懂不懂？"

卢贤栋突然愤怒地叫道："我只想舒服？你难道不想舒服？你天天大宴小宴，交的朋友都是中统、军统，你让我和穷人家孩子比，你为什么不和穷人比？"卢绪章被孩子的喊叫气晕了，脸色发青，一下子不知说什么好。他为了孩子好，又不能说出真情，真是有口难言呀！

儿子卢贤栋不愿来香港使卢绪章和毛梅影十分焦虑不安。他知道，国民党特务什么毒计都使得出来。他只有请求地下党说服卢贤栋，设法将卢贤栋送到香港团聚。恰好，有一位党员去上海办事，卢绪章托他给贤栋带去一封亲笔信："见此信立即随来人走！"这位同志不容贤栋商量，连宿舍也不让贤栋回，径直领他登上飞往香港的班机。卢绪章和毛梅影都在香港启德机场迎接孩子。卢绪章见了贤栋后激动地紧紧抱住儿子，口中不断地说："回来就好！回来就好！"这时的卢贤栋已经大体知道父亲是在从事一项崇高的事业，泪水夺眶而出，激动地说："爸爸，我错了，我以前错怪你了。"

奉命北上西柏坡回到党的怀抱

1948年12月，圣诞节之夜，在香港依山傍海的一幢豪华公寓大客厅内，灯红酒绿，轻歌曼舞。西服笔挺、风度潇洒的卢绪章与端庄文静的毛梅影正在这里接待三四十位来宾。这些来宾中有卢绪章在广大华行长期往来的客户，有多年交往的好友，也有过去在重庆、上海结识的国民党中统、军统来香港的要员。这些军统、中统人员心里清楚，卢绪章资金已过百万美元，他们今后要想扎根香港、弃政经商，卢绪章这株"百万富翁"参天大树是靠山，所以觥筹之间，极尽奉承之能事。而卢绪章举行这次"派对"，名为庆祝圣诞节，实际上是他在香港的告别会。因为他已接到党中央的通知，要他从香港乘船经大连转至河北西柏坡党中央驻地，学习中共七届二中全会文件。

圣诞节午夜的钟声敲响之后，宾客一一尽兴告辞，新闻记者赶回报社发稿。卢绪章回到自己卧室内，找出一只皮箱，从橱柜里往外挑拣衣物装进皮箱。

"怎么，你又要走？"倚在门旁的妻子毛梅影问。

卢绪章微笑着点点头，对妻子小声说："对！我要到'南朝鲜'去做点生意，这次时间要长一些，家就托付给你和贤栋，生活费由广大华行按月送来，不必担忧。"

"你去的地方安全吗？"毛梅影似乎已经猜出了"南朝鲜"是什么地方了。

"我去的是最安全最光明的地方！"卢绪章的声音充满了喜悦之情，他几乎要脱口而出了。他想对妻子讲明自己的身份，讲清自己的去向，讲清光明灿烂的明天，但话到嘴边，又强咽回去，党的纪律不允许他说。他压低声音问妻子:"梅影,如果我在那边找到一个充满阳光、但生活条件不如这里舒适的地方,你愿意一起去吗?"

"只要和你在一起,再苦我也愿意去。你忘了,我是穷人家出身的。"梅影深情地说。

卢绪章欣慰地笑了。

1948年12月26日,卢绪章乘上一艘苏联货轮,直驶大连港。同船的有应中共中央邀请回大陆参加新政协的李济深、邓初民、沙千里、章乃器等民主人士,还有去西柏坡学习七届二中全会文件、准备接管大城市的共产党员龚饮冰、吴雪之等。

卢绪章站在船舷旁,心潮起伏,他多年梦寐以求的理想终于实现了!站在卢绪章身旁的章乃器,看到卢绪章也和他同赴大连,感到不可思议,很不礼貌地问道:"你卢先生到那里去干什么?"章乃器过去和卢绪章生意上有些来往,他是作为民主人士去北京参加新政协会议的。他不理解:一个和陈果夫打得火热的原国民党少将参议员、大资本家,此时到解放区去岂不是自投罗网吗?而卢绪章却说:"我是去那里看看有没有什么生意可以做。"说完,他和两位站在旁边的党内同志一起迸发出一阵欢笑声。多少年来,他还从来没有像今天笑得那么爽朗、舒心。章乃器也被这笑声感染得莫名其妙地笑了起来。

船到大连,陈云同志代表党中央前来码头迎接,亲切地陪同他们乘上火车前往解放区。卢绪章在车厢内看着身穿黄粗布棉军装的陈云同志和蔼可亲地与香港回来的民主党派人士亲切交谈,心中不由涌起了崇敬之情。

周总理任命他为新中国首任外贸总公司经理

1949年1月,在河北平山西柏坡党中央所在地,已经换上军装的卢绪章如饥似渴地学习党的七届二中全会文件。卢绪章在西柏坡见到了毛主席。毛主席对他的功绩倍加赞赏,鼓励他为建设新中国作更大的贡献。学习结束后，卢绪章到天津参加了刘少奇同志召开的工商界座谈会。接着，他便乘上南行的列车，到刚刚结束渡江战役的南京，再转赴江苏丹阳。这里是第三野战军司令部所在地，陈毅司令员正在这里为解放上海、接管上海罗致各路英才。

卢绪章被任命为华东区贸易部副部长，部长是上海地下党另一位领导人吴雪之。卢绪章的任务是负责接管国民党中央信托局、上海海关，领导上海的进出口贸易。

1949年6月12日，卢绪章在上海解放后第一次公开亮相，出席接见上海工商界人士大会。与会的工商界人士都惊呆了，这个陈果夫的大红人怎么可能是共产党的领导干部？于是，在陈毅市长的办公桌上出现了一封封来自工商界对共产党有好感的人士对卢绪章的举报信。

陈毅市长看了信后，对卢绪章笑着说："你以后上街可要当心呢！说不定他们会自发把你抓起来送到公安局，还要我去保你出来呐！"说完，哈哈大笑起来。

1949年12月，根据党中央的决定，广大华行在香港进行了清理，发还外股和职工红利股。卢绪章和妻子毛梅影的职工红利股，被卢绪章全部上缴作为党费。广大华行的结余资金100多万美元，也全部上交给党组织。

1950年春，周恩来总理亲自筹划新中国对外贸易企业。中华人民共和国第一家对资本主义国家开展贸易的中国进口公司成立了，由周恩来总理亲自签署任命卢绪章为经理。中国进口公司1951年改名为中国进出口公司（中国化工进出口公司前身）。成立时，全公司只有几十个人，贸易额只有1亿多美元。作为总经理的卢绪章日以继夜、全力以赴投入新中国唯一对外贸易企业的创建工作。曹中枢、岳彬、赵继昌、田犁春副总经理先后到职，又从上海调来石志昂副总经理，大大加强了公司的力量。公司的初期工作热火朝天，不分昼夜，贸易额由小到大，进出口商品品种由少到多，打破了美国为首的封锁禁运，建立起进出口固定客户和渠道，树立了良好的国际信誉，奠定了新中国对外贸易的基础。

"文革"十年,卢绪章备受折磨,儿子被造反派打死。但他坚信党是了解他的,周总理是了解他的。粉碎"四人帮"后,他又重返岗位,为我国的对外贸易的发展作出了重要贡献;晚年退下来之后,还为故乡宁波的经济腾飞竭尽全力,功绩斐然。

1995年11月8日,卢绪章终因体衰多病,医治无效,在北京逝世,走完了他84年的光辉人生历程。

张纪恩腹藏党史风云

叶永烈

《我的父亲邓小平》中称他"革命老人"

1990年2月，邓小平的女儿、《我的父亲邓小平》的作者毛毛来到上海，拜访了一位83岁的老人，请他回忆邓小平。

这位老人便是张纪恩。

后来，毛毛在《我的父亲邓小平》一书中，这么写及张纪恩：

1990年2月，我在上海看望了另一位革命老人张纪恩。他生于1907年，1925年参加革命，1928年到党的中央机关工作。他和黄玠然一样，都曾在上海法科大学（注：据张纪恩对笔者说，应为上海大学）念书兼作学运工作，该校的校长是沈钧儒先生（注：张纪恩说，校长应为褚辅成，沈钧儒是教务长）。党中央迁到上海后，张纪恩开始在永安里一三五号一个中央机关工作，后来转到五马路的清河坊住机关，机关的楼下是一个杂货铺，卖香烟、肥皂、洋火等什物。

张老告诉我："这个铺子原来是邓小平开的。那时候我们开很多的铺子作掩护。我这个楼上原来是政治局委员李维汉住的，李调到江苏省委当书记后，就不能住在中央机关里面了，而要搬到沪西区江苏省委的地方去，我们夫妇就调到这里来了。在我这个机关，开了好几次中央政治局会议。向忠发、周恩来、瞿秋白都来开过会，会上讨论的是浙江问题和云南问题。我们还接待过许多来往的人。周恩来最注意秘密工作，提倡女同志梳髻子，穿绣花鞋，住机关要两夫妇，不要革命腔。我这个机关属于秘书处管。我曾在文书科工作过。"

毛毛还写道：

张老后来调到机要部门工作，他说："中央政治局开会，邓小平作过记录。他走了以后，叫我作记录。中央很多负责同志都是湖南人，我听不懂他们讲话，作记录可就困难了！"

笔者曾在1992年7月两度采访过张纪恩，最近又去采访他。如今，年已89岁的他，虽自称"老朽"，其实只是听觉较差，给他打电话，每一句话往往要重复一遍，但是他起码能够自己接电话，表明听力还可以。他的记忆力仍很好，回首往事时，滔滔不绝。他说话直言不讳，反映了他直率的性格。

他指着毛毛的书中另一段涉及他的文字：

文书科科长是张唯一，工作人员有张纪恩、张越霞等人。这个科要负责刻蜡板、油印、收发文件、分发文件、药水密写。这些工作都是分头去做

张纪恩

的,而且都是非常秘密的。中央的文件和会议记录,一式三份,一份中央保存,一份送苏联的共产国际,一份由特科送到乡下保存。据说乡下的这一部分没有损失,解放后都拿到了……

张纪恩说,这句"苏联的共产国际",就是概念性的错误。共产国际是世界共产党的领导机构,怎么能说是"苏联的"呢?

其实,毛毛说的"苏联的共产国际",可能是漏了一个"在"字,即"在苏联的共产国际"。可见,张纪恩看书,一丝不苟,有一点小小的讹误也不放过。

应中央档案馆之邀辨认中共早期档案

1980年,多年在国家××部门工作的张纪恩,曾受中央档案馆之邀,去完成一项特殊的任务。张纪恩为此在中央档案馆工作了三个多月。

中央档案馆把这位20年代末、30年代初的中共中央机要处主任请来,为的是帮助中央档案馆对一批早年的中共中央档案进行辨认手迹等鉴定工作。张纪恩一看这些文件,如同旧友重逢,感慨万千。因为内中有许多是他亲笔所作的中共中央政治局会议的记录,还有许多文件是他当年经手保管的。

张纪恩向笔者说起这些文件的一个惊险故事:

1931年6月21日,就在张纪恩被捕的前两天,中共中央派来两位党员,即徐冰和浦化人,从张纪恩所住的上海戈登路(今江宁路)恒吉里机关运走两木箱中共中央文件。如果这两木箱中共中央文件落入敌人手中,后果不堪设想!

当时,风声已经很紧,所以中共中央采取紧急措施,把戈登路恒吉里机关那两木箱文件转移。这表明中共中央已经估计到恒吉里机关不安全。但是还没有预料事情的变化会那么快,不然,中共中央会下令恒吉里机关迅速转移的。

由于这两大箱文件及时得以转移，使中共中央避免了一场大劫难。解放后，这两大箱重要文件全部进入中央档案馆。

考虑到张纪恩年事已高，中央档案馆每天取几份文件，请张纪恩鉴定。

张纪恩记得，内中有一份支部工作报告，下面的签名像画了一个符号，中央档案馆的工作人员无法辨认。张纪恩一看，却马上说："这是邓颖超的签名！"原来，当时邓颖超习惯于签一个"邓"字，而这"邓"字又写得龙飞凤舞，所以不知内情的人几乎无法辨认。

有几份关于工会工作方面文件的手稿上，没有留下起草者的姓名。张纪恩一看，认出那是项英的笔迹。一核查，张纪恩的辨认完全正确，因为当时工人出身的项英，负责工会方面的工作。

有一份是中共中央代表对当时担任中共中央会计的熊瑾玎的财务工作审查结论。中央档案馆不清楚那结论是谁写的。熊瑾玎，当时人称"熊老板"，是上海"福兴"字号的老板。他是湖南长沙人，早年加入新民学会，1927年加入中共。他以"老板"的身份，从事秘密工作，同时担任中共中央会计。尽管"熊老板"是绝对可靠的同志，但是对于来往账目，中共中央还是要派人加以审核的。

张纪恩一看那中共中央代表的笔迹，马上就说："这是黄玠然的字！"

中央档案馆经过查对，那结论确实是黄玠然的笔迹。黄玠然原名黄文容，当时是中共中央秘书长。

张纪恩对于早期的中共中央档案如此熟悉，清楚表明他这个当年的中共中央机要处主任是"货真价实"的。

和张越霞一起在上海住"机关"

毛毛那段文字中提及的"张越霞"，就是张纪恩的妻子。张越霞原名张月霞，跟张纪恩同乡，都是浙江省浦江县人。他俩称得上是青梅竹马之交了。

张纪恩说,他出生于1907年。1923年至1924年,他在家乡参加了爱国运动,反对日本帝国主义,抵制日货。1925年,18岁的他,在杭州加入中国共产主义青年团。不久,由团转党。

张纪恩记得张越霞出生于1911年。她有两个哥哥、两个姐姐。她的大姐叫彩霞,二姐叫翠霞,她叫月霞。后来,是张纪恩给她改成"越霞","越"是浙江之意。张越霞在1927年10月,由郭怀庆、徐素云介绍,加入了中国共产主义青年团。

1928年7月,在浦江县的钟楼上召开党员会议时,负责人介绍说,上级党组织派人来了。此人便是张纪恩。负责人在会上向张纪恩反映了中共浦江组织处境困难,还说及张越霞正失业在家。张纪恩答应可以帮助张越霞到上海从事党的工作。

1928年7月17日(据张越霞回忆是8月17日),张纪恩奉组织之命前往上海,张越霞也去上海。他们分两条路从浦江到了杭州,张纪恩走旱路,张越霞走水路,在杭州会合,一起去上海。

一到上海,张纪恩和张越霞先在一家小旅馆落脚。然后,张纪恩很快与中共中央机关取得联系。张纪恩见到了周恩来。当时,张纪恩不过21岁,张越霞只有17岁。周恩来安排他们住"机关"。周恩来说,你们两个组织成一个小家庭,比较好,容易隐蔽。周恩来征求张越霞的意见,她同意了。

于是,张纪恩和张越霞一起住在《我的父亲邓小平》一书中提到的上海北四川路永安里135号中共中央机关。张纪恩和张越霞本来就两情相投,这时干脆结婚,成了正式的夫妻,组成了真正的家庭。他俩到上海四川路一家照相馆拍了结婚照。张越霞负责油印文件、内部交通以及警戒等工作。那时,从事地下工作没有工资,只有生活费,张纪恩每月15枚银元,而张越霞为5枚银元。

张纪恩回忆说,这个中共中央秘密机关,陈独秀来过,周恩来也来过。

后来,他和张越霞搬到清河坊住"机关"。这个"机关",楼下开了个杂货铺。如前文所说，毛毛在《我的父亲邓小平》中写及"这个铺子原来是邓小平开的"，而楼上则是中共中央政治局开会的地方。平时，张纪恩和张越霞就以杂货铺老板和老板娘的身份住在这座楼里。小杂货铺卖香烟、草纸之类。另外，小杂货铺还是一家"兑换店"，即把银元兑换成铜板。

小杂货店的真正老板姓倪。张纪恩认识老板的弟弟倪忧天。倪忧天是中共党员、印刷工人，在上海书店工作。

张纪恩记得，这个"机关"对面，是土耳其按摩院——是指采用土耳其式按摩，并非土耳其人所开。"机关"后面是清河旅馆，抽鸦片的人常到这个旅馆里来。巡捕甚至还到这家旅馆里抓过强盗。中共中央的"机关"隐蔽在这样乌七八糟的地方，为的是不惹人注意。

张纪恩记得，李立三常来。那时，李立三很激动地主张实行暴动。蔡和森那时则常咳嗽，后来发现患了肺结核。

在那样紧张的年月，面对特务的跟踪和追捕，中共中央的"机关"不断地搬迁。据张纪恩回忆，三年间，他和张越霞在上海大约住过十个不同的地方。所幸那时上海租房很方便，只要付房租，到处有房子可租。他们因为要装成有钱人，所以租的大都是一楼一底或者二楼二底的房子。这样，楼上便于作为中共中央秘密会议的场所。

1930年，张纪恩和张越霞有了一个女儿。这样，就更有家庭气氛了。

最后，他和张越霞搬到上海公共租界戈登路（今江宁路）1141号恒吉里的一幢石库门房子，在那里大约住了半年。

这房子一楼一底。张纪恩和张越霞住在楼下。楼上的厢房，是中共中央政治局开会的会议室和看文件的地方，但是布置成一个单人房间，有床铺，就连脸盆架上都放着毛巾、牙刷、牙粉。这房间看上去仿佛有人住，实际上无人居住。

张纪恩以他父亲的名义租下此房，说自己是"小开"，来沪求学住于此。他对邻居说，楼上是他登报招租，借给从不相识的人。张纪恩平素编好这样的话，以便万一楼上遭到搜查，可以推脱责任。

楼上亭子间住着两位女中共地下党员：周秀清（又名仇爱贞）和苏彩（又名苏才）。周秀清以张家"娘姨"（即佣人）身份住着，给张纪恩带出生不久的女儿。苏彩则因怀孕住此，公开身份为房客。

常来楼上厢房开会的有当时中共中央负责人向忠发、周恩来、陈绍禹（王明）、张闻天、秦邦宪（博古）以及罗登贤、黄文容（黄玠然）等。

在这里，由于工作关系，博古与张越霞见过面，彼此认识。当然，这只是一般的认识而已，却为后来博古与张越霞的人生命运作了无意中的"铺垫"。此是后话。

张纪恩当时的职务是中央机要处（又称文件一处）主任。

向忠发叛变使他俩被捕

1931年6月23日凌晨1时，恒吉里那幢石库门房子突然响起急骤的敲门声。显然，来者不善。

周秀清赶紧下楼。张纪恩知道事情不妙，但在砰砰的敲门声之中，不得不去开门，在开门之前，他把灶间窗台上的淘米箩取下——那是警号，取下后表示发生了"情况"。

开门之后，大批穿藏青色制服的中西巡警拥入。

张纪恩回忆说："来的是公共租界戈登路捕房中西巡捕，即碧眼黄发的外国巡捕带领中国巡捕（三道头）。此外，还有两三个中国的侦缉员，后来知道其中一人名王斌。"

张纪恩用事先编好的口供应付，说自己是"小开"云云。

巡警在楼上查出一份共产国际文件和一份陈绍禹用绿墨水写的手稿。巡警发现这两份文件后，逮捕了张纪恩夫妇。尽管张纪恩声辩说，楼上是他"登报招租"，那些文件与他无关，还是无济于事。

张纪恩又按照事先编好的口供说周秀清是佣人，苏彩则是房客，怀孕住此，与自己无关。巡警也就释放了周、苏两人。

张越霞的衣袋里，当时放着一张纸条，写着一位名叫罗晓虹的同志的联络地址——上海同孚路大中里。张纪恩悄悄提醒了张越霞，乘巡捕不注意时放进嘴里吞下。这样，使罗晓虹免遭逮捕。

张越霞曾回忆，她和张纪恩被用一副手铐铐在一起带走的。临走时，她用暗语对"佣人"周秀清吩咐：她是冤枉遭捕的，拜托她把女儿带好，并请她把被捕的消息转告有关"亲戚"。

张越霞所说的"亲戚"，指的就是明天要到这里来的几位中共中央领导同志。

张纪恩庆幸，就在两天前，中共中央派徐冰和浦化人把那两大木箱的中共中央文件运走了！张纪恩当时戏称："那是两只小棺材。"

敏感的中共中央在向忠发被捕之前，就已经察觉到形势紧张，恒吉里的机关可能不安全，所以采取预防措施，预先运走了那两大木箱中共中央文件。不过，中共中央没有料到事情如此急转直下——在中共中央文件运走的翌日，向忠发就被捕，而且马上叛变，供出了恒吉里中共中央机关……不然，中共中央会在运走文件时，会立即通知张纪恩夫妇转移的。

张纪恩在被用手铐跟张越霞铐在一起时，轻声对张越霞说："我们要经得起考验不动摇，对党忠诚。"张越霞也轻声对张纪恩说："你放心！"他们都明白，这一回被捕，恐怕凶多吉少！

据张纪恩说，出事之后，苏彩从此失去了党的关系。周秀清后来被分配到中共的另一秘密机关工作，后又被捕。出狱后到苏联学习。解放后担任吉林总工会副主席，60年代在上海病故。但是，张纪恩和张越霞托她照料的女儿，后来虽经多方寻找，均无消息。

向忠发是于22日上午9时，在上海市中心静安寺英商所办的探勒汽车行叫出租车时，被密探扭捕，关入善钟路（今常熟路）巡捕房。尽管向忠发自称名叫"余达强"，但是巡捕却笑道："你明明是中共总书记向忠发，何必装蒜！"巡捕指着向忠发右手断了一节的食指说："你不是向忠发，谁是向忠发？"

向忠发被捕，是因为中共中央政治局候补委员顾顺章于这年4月25日在武汉被捕。顾顺章叛变了。由于顾顺章是中共特科负责人之一,知道中共各秘密机关的所在以及中共中央领导人的秘密住所,所以顾顺章的背叛,对中共造成极大的威胁。幸亏潜伏在国民党中统机关内的中共党员钱壮飞截获了顾顺章叛变的紧急情报,迅速报告在上海的周恩来,中共中央急速转移,这才避免了一场大灾难。

但是,顾顺章从武汉来到了上海,为了向国民党邀功,还是竭力破坏党的组织。他终于从一个女佣那里得知与向忠发姘居的杨秀贞的线索,从而查到向忠发的行踪。这样,向忠发落入了巡捕之手。

巡捕们追往向忠发当时借住的静安寺一家旅馆,抓捕了杨秀贞以及当时做中共秘密交通工作的任弼时夫人陈琮英。

向忠发在上午9时被捕,下午就跪在国民党代表前求饶,供出了中共中央的秘密机关和许多领导人的秘密住所。

周恩来的警惕性甚高。他迅速获知向忠发被捕的消息,立即通知与向忠发有联系的中共中央有关领导人和机关转移。

《我的父亲邓小平》一书中,写及"当时的地下工作者黄定慧(又名黄慕兰)"的回忆:

我当时和一个律师在咖啡馆,在一起的还有在巡捕房作翻译的朋友。那人说,国民党悬赏十万元的一个共产党头头抓到了,是湖北人,金牙齿,九个手指头,六十多岁,酒糟鼻子,他是个软骨头,坐电椅,吃不消。我一听,这不就是向忠发吗!我马上回来通过潘汉年向康生报告了。当天晚上十一点,周恩来、邓颖超、蔡畅几个人赶快转移住到一个法国的饭店里面。午夜一点,我们布置在恩来住宅周围的装作馄饨担子的特科工作人员,看见巡捕押着向忠发来了。向忠发有恩来的房子钥匙,他们看见向忠发带着手铐,去开恩来的门,结果里面已经没有人。真险哪!

邓颖超也这样回忆道:

我就迅速地通知他所知道的几个地方的同志马上转移。下午又得到他叛变的消息。当时，我还有些怀疑，紧接着又得到内部消息他已带领叛徒、军警到他唯一知道的中央机关（看文件的地方）……

邓颖超所说的向忠发"唯一知道的中央机关"，就是张纪恩夫妇所在的恒吉里那幢石库门房子。

于是，半夜，响起了急骤的敲门声……

以"窝藏赤匪"罪名判刑5年

向忠发在被捕的翌日——6月23日，被引渡到上海龙华的淞沪警备司令部。又过了一天——6月24日，向忠发就被处决。尽管向忠发屈膝投降、苦苦哀求，也无济于事。就这样，向忠发从被捕、叛变到处决，前后不到三天。

向忠发一案，淞沪警备司令部军法处的案卷上写着"赤匪向忠发"。此案的"同案犯"共4名，即黄寄慈（张纪恩当时的化名）、黄张氏（即张越霞）、陈琮英和杨秀贞。

张纪恩和张越霞被捕之后被送往上海戈登路巡捕房。未经审问，便于翌日转往上海浙江路的"特区法院"，然后又转往位于上海南市白云观的国民党侦缉队的拘留所。

到了白云观的第二天，张越霞在上厕所时，遇见陈琮英。陈琮英悄悄告诉她，是向忠发被捕、叛变，使她和张纪恩被捕。她这才明白了是怎么一回事。当时，在拘留所，陈琮英还带着李立三的女儿。

张纪恩在白云观也见到了杨秀贞。他记得，杨秀贞是宁波人，当时穿香云纱的衣服。她不算怎么漂亮，但是也不难看。杨秀贞并不是中共党员，所以并不知道内情。

笔者问及他对向忠发的印象。张纪恩说，他跟向忠发经常接触。向忠发当时50来岁，在中共中央领导人之中算是年纪偏大的。他个子高，讲一口湖北话，常穿一件棕色中式大衣。向忠发出身工人，那时由于共产国际强调要由工人出身的人担任中共中央领导，所以让向忠发当了总书记。向忠发因工伤，断了右手的一节食指。向忠发的文化水平不高，但是讲话简明扼要。张纪恩常为中共中央政治局会议作记录，他记得每次会议即将结束时，总是由向忠发把大家的发言加以概括。他发觉，向忠发很善于抓住别人发言的要点。

在侦缉队，张越霞过了两回堂。她一直以事先准备好的口供回答他们，即自己叫"黄张氏"，不识字，从乡下来上海不久，什么都不知道，请求"青天大老爷"明断。

张纪恩仍然称自己是"小开"，楼上只是"登报招租"，所以来住的房客出事，与他无关。

半个多月后，他们被移送到上海龙华的淞沪警备司令部。张纪恩记得，在那里，他被关在2弄5号牢房，张越霞则在女监，相距不远，常常"打电话"。

在牢房里怎么还能"打电话"呢？张纪恩笑着告诉笔者：那时，沿女牢里的一条通道，可以来到男牢的后面。张越霞来到男牢后面，从墙上的窗口丢进一枚铜板，那动作如同现在打投币电话塞硬币一样。投进的铜板马上引起走过那里的男犯人的注意。于是，张越霞就请男犯人"传呼"："请你喊一下3号姓黄的！"这样，"黄寄慈"——张纪恩也就来到墙边，跟张越霞隔墙"打电话"……

跟张纪恩关在一起的是向忠发的秘书余昌生。余昌生曾和向忠发一起到苏联出席过在莫斯科召开的中共第六次代表大会。余昌生的妻子，是项英的妹妹项德芬。在狱中，张纪恩还见到了陈绍禹的弟弟刘威。刘威判了两年半，死在狱中。他也见到了田汉的弟弟。

张纪恩作为"政治犯"，由国民党上海军法会审处主持审讯。首席法官叫姜怀素。他在审问时把封面上写着"赤匪向忠发"的案卷拿到张纪恩面前，匆匆地翻了一下给张纪恩看。那案卷的第一页，贴着两张照片，一张是向忠发被捕后坐在椅子上受审的照片,另一张是向忠发被枪决后血肉模糊的尸体。接着,是向忠发的供词,那是用毛笔写在十行毛边纸上的,约二三页。然后则是同案犯审讯笔录,有黄寄慈、黄张氏、杨秀贞、陈琮英。

法官给张纪恩看一眼这卷宗,用意是不言而喻的:你是向忠发的同案犯,向忠发已经落了个那样的下场,如果你不如实招供,也不会有好下场。

经过审讯,根据戴季陶起草的《危害民国紧急治罪法》,张纪恩被以"窝藏赤匪,隐而不报"的罪名,判处5年徒刑。

张纪恩说,解放后他曾在公安部门存的国民党警察局档案中,找到了他被捕时的照片,也找到张越霞被捕时的照片——胸前都挂着牌子,牌子上写着名字;也找到了他们的"指印档案"。只是很可惜,没有找到那份写着"赤匪向忠发"的卷宗,很可能由于那份档案被南京调阅,后来带到台湾去了。

张纪恩也曾查过杨秀贞的下落。他从上海公安部门的人口卡片上,查过名叫"杨秀贞",但年纪、籍贯与那个杨秀贞相仿的人,结果没有查到。所以,杨秀贞后来的去向,至今不明。

张越霞成了博古夫人

张纪恩说,张越霞在狱中的表现不错。她和陈琮英一直坚持说自己是不识字的乡下妇女,因证据不足,在拘留了半年后取保释放。

张越霞出狱时,对张纪恩说:"我出去了,等于你半个人出去了!"张纪恩记得,张越霞出狱那天,他和她当着狱警面紧紧拥吻达数分钟,弄得狱警好尴尬。她出去后,几次到上海漕河泾监狱去探望张纪恩,送食物和衣物给他。

张越霞在出狱后,中共中央特别委员会负责人陈云和她作了谈话。不久,她随中共中央秘书长陈铁铮(即孔原)到天津做地下工作。

1934年10月,张越霞回到上海,从事地下工作。那时,张纪恩正好出狱了。

张纪恩虽然被判了5年徒刑，但是只关了3年多便被释放。内中的原因是当时蒋介石和汪精卫"合作"，于是宣布"大赦"，张纪恩被减刑三分之一。5年，原来是60个月，被减去了20个月。

张纪恩出狱后，回到家乡。张越霞到杭州时，听说张纪恩在家乡，给张纪恩写了信。不久，张纪恩和张越霞先后又到了上海。

1934年11月23日清晨7时，张越霞在张纪恩的陪同下，到上海法租界西门路一家洋铁铺亭子间，和中共党员张世民接头。

当时，张世民已经被国民党特务抓走。当张越霞以找房子的名义去敲门时，屋里走出一个不相识的男人。张越霞意识到情况有变，以找错了门为借口，转身就走，被那男人扭住，于是，张越霞第二次被捕。张纪恩当时在门外，没有进去，赶紧躲开了。

张纪恩为张越霞请了律师，姓潘，事务所设在上海马浪路新民村。但是，请了律师仍无济于事。她还是被判处了7年徒刑，关押在南京老虎桥江苏第一模范监狱。后来又移解南京晓庄"首都反省院"。

1937年"七七事变"后，国共合作。8月20日，周恩来、叶剑英曾来到南京的首都反省院。周恩来与张越霞等作了谈话。9月上旬，经八路军南京办事处的交涉，张越霞终于获释。

张越霞出狱后在博古领导之下担任中共长江局组织部干事。博古的第一位夫人叫刘群先，1928年5月和博古在莫斯科结婚。后来，刘群先和博古一起经历了长征，到达延安。她因病与李维汉的妻子金维映（即阿金）一起赴苏联治疗。苏德战争爆发之后，下落不明。这样，博古与张越霞结合，证婚人为董必武。

这时，张纪恩也另行结婚了。

张纪恩在1940年曾奉命调往延安。在经过重庆时被周恩来留下，于是，张纪恩就在重庆工作。抗战胜利后，张纪恩来到上海，在××部从事秘密工作。

1946年4月8日,博古和王若飞、叶挺、邓发一起从重庆飞往延安时,飞机在浓雾中触山失事。当时,张越霞带着小儿子到延安机场正准备迎接博古归来。博古突然身亡,使张越霞悲痛欲绝。

解放后,张越霞曾担任中共北京市西四区委书记,中财委私营企业局秘书室主任,全国供销合作总社推销局副局长、日用杂品局局长、物价局局长等职。张纪恩则在军委某部工作。

我问起张纪恩的"党龄"。他说,他1925年加入中国共产主义青年团时,没有填过表,也没有支部讨论这样的手续,只是组织上通知他已经批准入团。那时的团员到一定年龄,就作为党员。所以,他并没有专门办过入党手续,就在中共中央工作。他在被捕后,一度失去组织关系。1941年,周恩来在重庆对于张纪恩的党籍问题,曾作这样的处理,即重新入党,不要介绍人,也不要候补期。1955年,上海市委重新审查张纪恩的党籍问题,作了仔细调查,认定张纪恩的入党时间为1925年。所以,张纪恩如今是党龄长达71年的中共老党员。党龄如此长的健在的中共党员,眼下已经为数不多了。

张纪恩迄今精心保存着张越霞去世时新华社在1979年3月1日所发的电讯,拿出来给笔者看。电讯如下:"政协全国委员、供销合作总社物价局局长张越霞因患心脏病,一九七九年二月十二日在北京逝世,终年六十八岁。叶剑英、邓小平、李先念、陈云送了花圈,四百多人参加了追悼会……"

张纪恩还珍藏着张越霞送给他的照片等物。张纪恩说,张越霞在第二次被捕、关在南京监狱时,认识了一位陕西籍的同牢女友,张越霞称她为"表妹"。警方因证据不足,不能定这位"表妹"的罪,准备将其释放,张越霞担心自己出狱无望,便想方设法促使"表妹"与张纪恩结合。她在狱中特意绣了一对枕套,上绣英文Merriment(喜庆),分别送给"表妹"和张纪恩,作为他俩结婚时的贺礼。不知什么原因,张越霞的这个愿望后来并未成为现实。解放后,"表妹"在山东某地任工业局长,"文革"动乱中被迫害致死。而那只枕套,张纪恩却一直保存至今。

张纪恩告诉笔者,解放初,他从上海调到北京××部,张越霞曾请他到北京吉祥剧院看越剧。张越霞解放后来上海，一下火车，也就来看他。那时博古已经去世多年，他曾想与她恢复夫妻关系，但是方方面面的情况错综复杂，终于无法"破镜重圆"。

张纪恩还说，几年前，他回到浙江浦江，张越霞老家对他的称呼仍是"姑夫"。

说起邓小平的发妻张锡瑗

张纪恩说起邓小平的女儿毛毛前来访问他的原因，颇为出人意料。

那是张纪恩去美国时，在中国驻纽约领事馆，见到厚厚的《邓小平》画册。由于他跟邓小平有过许多接触，便饶有兴味地翻阅起来。阅毕，张纪恩感到奇怪，书中怎么没有一张张锡瑗的照片？怎么连张锡瑗的名字都没有提到？

张锡瑗这名字，对于今日的读者来说，已是非常陌生的了。张纪恩却很熟悉张锡瑗，因为她是邓小平的第一个妻子。

邓小平一生，有过三次婚姻：

第一次，1928年在上海和张锡瑗结婚。两年后，张锡瑗因难产而去世。

此后，和金维映结合。后来，邓小平在江西苏区因"邓、毛、谢、古"事件受批判，金维映离去。以后金维映和李维汉结合。

第三次，1939年9月，在延安和卓琳（本名浦琼）结婚。

张锡瑗是邓小平留学苏联时的同学，比邓小平小两岁，中共党员。

1927年，邓小平回国不久，在武汉的中共中央机关任秘书，恰巧张锡瑗也从莫斯科来到武汉。此后，中共中央机关迁往上海，邓小平调往上海工作，张锡瑗也调往上海，而且是在邓小平领导的秘书处工作。

这样，邓小平便在1928年和张锡瑗在上海结婚。当时，邓小平不到24岁，张锡瑗不到22岁。他们在上海广西路一个叫"聚丰园"的四川馆子举办婚礼，周恩来、邓颖超、李维汉、王若飞等出席。

后来，张锡瑗在生孩子时，难产而死。死的时候，年仅24岁，生下的孩子也夭折了。

在张纪恩看来，《邓小平》画册无论如何应该有张锡瑗的一页之地。从美国回来后，张纪恩又去上海龙华烈士陵园，在那里也见不到张锡瑗的照片。

于是，张纪恩给出版《邓小平》画册的中共中央文献出版社写了一封信，认为《邓小平》画册应该补上张锡瑗的名字和照片。他的信，写得颇为尖锐："但见新人笑，那闻旧人哭！"他的性格便是如此，怎么想就怎么写。

据张纪恩说，他的信，由在中共中央文献研究室工作的杨尚昆之子杨绍明转给了邓小平。毛毛看到了这封信。

后来，毛毛由中共上海市委组织部沈忆琴、张小舒等陪同，前来看望张纪恩。这样，毛毛在《我的父亲邓小平》一书中，专门写了一章《张锡瑗妈妈》，记述了邓小平和张锡瑗的婚恋。书前，还印上张锡瑗的照片。也就是说，毛毛完全接受了张纪恩的意见。

张纪恩说起了那张张锡瑗照片的来历：

张锡瑗死得很早，何况当时从事地下工作，不允许随便去照相馆拍照，所以寻找张锡瑗的照片是一件不容易的事。

不过，张锡瑗有个小妹妹叫张晓梅（原名张锡珍），也是中共党员，由邓小平介绍，和徐冰结婚。徐冰本名邢西萍，是邓小平在莫斯科中山大学时的同学。解放后，徐冰担任中共中央统战部部长。虽然徐冰和张晓梅都在"文革"中被迫害致死，但是从张晓梅在西安的亲属家中，终于找到了一张张锡瑗的照片。

张纪恩这才明白，在编《邓小平》画册时，确实是因为找不到张锡瑗的照片，所以没有印上去，并非什么"新人""旧人"的缘故。不过，即便张纪恩的信言词那么出格，但是邓小平并没有半点责怪他。

邓小平曾说过："张锡瑗是少有的漂亮。"果真，那照片上的张锡瑗美丽动人。

这样，在上海龙华烈士陵园里，也有了张锡瑷的墓和照片。张纪恩说，他去龙华烈士陵园，在张锡瑷的墓前，献上了一束鲜花。

张纪恩的阅历非常丰富。他劝我去采访一位阅历也很丰富的老人。他拿出一大堆名片，找起来。我看到他手中一一翻过去的名片，几乎都是高级干部或者高级知识分子，如扬帆、薛暮桥等。

我见到苏渊雷教授的名片，便说起我认识他，但是我只知道他是著名诗人、书法家。张纪恩却告诉我，苏教授也是中共20年代的党员，这很出乎我意料之外。他劝我不妨去采访苏教授，请苏教授谈那段鲜为人知的经历，对于研究中共早期党史会是很珍贵的口述资料。可是，就在我准备与苏教授联系时，年近九旬的苏老却在上海华东医院与世长辞了。

在张纪恩手头的名片中，最为奇特的是越南黄文欢的名片。那名片上除了印着汉字"黄文欢"三个字以及一行越南文"HOANG VAN HOAN"之外，什么都没有——既没有印"头衔"，也没有印地址、电话。

这一大堆名片，其实也就是张纪恩的特殊的交际圈的象征。

沈安娜潜伏敌营14年

姚华飞

沈安娜多次谈道:"我21岁加入中国共产党,由于当时在白色恐怖的环境下,不可能举行入党仪式。但是,党旗在我心中,我默默地向党宣誓:为了党的事业,我不惜牺牲自己的一切,甚至生命!"

从2000年开始,笔者先后对中共秘密战线上的无名英雄沈安娜、华明之进行了数十次的采访、深谈,了解到许多鲜为人知、惊心动魄的传奇故事,他们的革命精神激励着我们每个后来人。

奉命打入国民党浙江省政府

沈安娜1915年出生在江苏泰兴一个封建世家,父亲是前清秀才,大伯父是位翰林。可惜,大伯父、父亲都中年早逝,家道衰落。但封建礼教依旧,沈安娜6岁时就被拉去缠小脚。她不愿意缠小脚,半夜里偷偷地将裹脚布剪得稀烂。

那年,沈安娜为了支持姐姐沈伊娜冲破封建婚姻的束缚,毅然与姐姐一起离家出走到上海勤工俭学。在上海,她们目睹了十里洋场的世道不公,也从进步老师那里听到了社会发展史等革命理论,特别是结识了中共从事秘密情报工作的舒日信和华明之同学(属中央特科王学文领导)之后,从他们那里聆听到共产党的声音,好比是黑夜里看见了曙光,严寒中萌发了春的生机。不久,姐姐参加了中央特科领导下的交通工作,并经组织批准与舒日信结为夫妻。沈安娜进入了半工半读的中文速记学校,准备日后有一技之长好为党工作。

一次偶然的机会，沈安娜成了党的情报工作人员。

1934年秋天，浙江省政府来人到速记学校招收一名速记员。校长挑选了2名男生和1名女生去省政府实习应试。这名女生就是沈安娜。沈安娜一听要去国民党官僚衙门工作，心里很不情愿，就向舒日信诉苦。舒日信马上向王学文报告了此事。王学文说：这是打入国民党机关的一个难得的好机会，如能被录用，可以为党组织搜集情报，一定要努力争取录用。舒日信向沈安娜传达了王学文的指示，并告诉她情报工作的重要性和从事这项工作所应具有的献身精神。沈安娜那时还未满20岁，却立志报国，有一股"初生牛犊不怕虎"的劲头。她当即表示，自己愿为党做情报工作。由于沈安娜学习刻苦，又写得一手好字，经2个月的试用，很快在应试者中脱颖而出，被选中担任浙江省政府秘书处速记员。从此，她开始了秘密情报工作生涯。

沈安娜为人机灵，处事谨慎。她牢记临行前王学文的嘱咐，很快学会了隐蔽自己。在工作中，她小心谨慎，认真努力，写好公文就恭恭敬敬地向科长讨教。科长为人正派，她还认了科长太太为干娘，租住他家的空房。从此，她不仅有了科长这把"保护伞"，还有了整理情报的一席安全之地。

沈安娜很快赢得了上级和同事们的认可。后来，朱家骅出任浙江省政府主席，由于沈安娜从不参与派系之争，因而马上得到了朱家骅的信任。

不久，王学文派华明之到杭州就近协助、指导沈安娜的秘密情报工作。工作中，共同的革命理想和革命热情，绽放出爱情之花，他们结成了终身伴侣。在杭州工作期间，沈安娜获得情报后，便交由华明之整编、传送情报。他们向党组织提供了一份又一份国民党"剿共"的军事情报。

周恩来命她潜入国民党中央党部

"八一三"淞沪战事爆发后不久，杭州沦陷。沈安娜、华明之与上海党组织失去了联系。他们商定一定要找到党，并由沈安娜先独自奔赴武汉，找八路军办事处联系，华明之则暂留在原处坚持待命。沈安娜辗转数月，千里迢迢奔赴武汉，找到了驻武汉的八路军办事处。

一个小青年把沈安娜引进一间屋子。

沈安娜看到一位跟自己父亲差不多年龄的长辈，面露慈祥的微笑，向她迎面走了过来。她心情十分激动，恭敬地喊了一声："伯伯！"这位长者就是大名鼎鼎的董必武同志。他亲切地对她说："你和华明之的情况，我已经了解，恩来同志也知道了。"

接着，董必武又对沈安娜说："现在国民党虽然被迫抗战，但反共本质不会改变，情报工作仍很重要。你过去做情报工作，有一些上层关系，今后还是继续做情报工作。"

听了董必武的话，沈安娜心里既激动又不安，多少还有些矛盾。

其实，此时此刻，她是多么希望能像许多热血青年一样，唱着豪迈的战歌，到延安、到抗日前线去，参加轰轰烈烈的抗日救国运动啊……但是，她知道，自己是一名共产党员，必须服从党的安排。

也许是董必武看出了沈安娜的心思，和蔼地对沈安娜说："你过去不是在浙江省政府朱家骅手下做过工作吗？现在朱家骅在国民党中央党部做秘书长，你可以利用老部下的身份找他，要求进中央党部工作，这样你就可打入国民党核心机关，继续为党搜集情报。"

"我坚决服从组织决定。请领导放心，我一定把工作做好。"

"好！"董必武对沈安娜的回答十分满意。接着，他又慎重地嘱咐沈安娜说："你越打入国民党上层，危险就越大，一定要格外机警，凡事慎重。"

随后，董必武将沈安娜引见给周恩来同志。

周恩来乐呵呵地进来了。沈安娜顿时眼前一亮，但一时又不知道如何称呼，这时她突然想到地下党员鲁自诚大哥事先曾告诉过她的，见到"八办"领导，就马上喊："领导好！"

周恩来拍拍沈安娜的肩膀，让她坐下，问道："你今年多大了？"

"23岁！"沈安娜爽快地回答道。

接着，周恩来同志含笑又问："你怎么一个人到武汉来呀？"

1942年，沈安娜在国民党五届十中全会主席台上做速记

沈安娜立即答道："浙江省政府机关已经躲到山沟里去了，没有有用的情报。我辞去了浙江省政府的工作，与明之商量后决定，明之留在浙赣铁路局工作，拿工资维持两人生活，我到武汉来找党，等我找到了组织，明之马上就来。"

周恩来满意地点了点头，随后，又开门见山地说道："目前我们坚持抗日民族统一战线，团结各族人民一致抗战，但蒋介石是被迫抗日，有他消极的一面。为防止国民党消极抗战、积极反共，必须及时了解国民党的意图、活动。因此，搜集国民党的情报就非常重要。我们可以有针对性地进行斗争。你要抓紧打入，这项任务非常重要和紧迫。"

沈安娜整理的国民党五届十一中全会会议记录

这些亲切的话语，对沈安娜来说，是指路明灯。

接着，周恩来又叮嘱道："在国民党核心搜集情报，要注意隐蔽，要机警灵活，既要大胆，又要谨慎。要好自为之。"

随后，周恩来又指示沈安娜立即通知华明之来武汉"八办"接关系，并继续指导、协助安娜工作，夫妻俩在一起生活，也更有利于掩护和隐蔽。

当时鲁自诚也居住在武汉，并有了大儿子，亲人同住一地，来往很亲热。为了双方的安全保密，董必武要求沈安娜今后要与鲁自诚少来往。

为此，临别时董必武还特别交代："你们虽和鲁自诚同志是亲戚，但由于他担负特殊的革命工作，接触各种各样的人很多，你们以后不要同他发生横的工作关系。"

当日，换上了旗袍的沈安娜落落大方地走进了朱家骅的办公室。

朱家骅见是自己的老部下，倒也热情："沈小姐从浙江来？"

沈安娜顺着话题，委婉道出自己的要求："是呀，我千辛万苦来到武汉，请主席栽培，安排工作，好为党国效劳呀。"

"好，好！现在中央党部正需要速记员。"沈安娜没想到她考虑再三的工作要求，朱家骅一句话就顺利解决了。可是朱家骅话锋一转，提出了一个令沈安娜棘手的难题："你是国民党员吗？到中央党部工作可必须是国民党员才行。"

沈安娜一听，自己一心向往加入共产党，现在却要加入自己痛恨的国民党，这如何是好？可如果不马上表态，就会错失工作良机。为了完成党的秘密使命，她只有咬牙应承下来，回去再向组织汇报。她立刻机敏作答："主席呀，在浙江工作时我年轻，没有加入，现在我要求加入，可以吗？"

朱家骅听了，点点头，对一旁的工作人员说："给她办，特别入党。"所谓"特别入党"，是指由3名国民党中央委员联名介绍、批准迅速入党。"特别入党"的国民党员，党证编号前注有一"特"字，是有后台、有来头的标志，令机关上上下下高看一眼。

沈安娜顺利地闯过了打入国民党中央党部的第一关。可回来路上，她的心头打起了小鼓，加入国民党未经党组织同意，这可怎么得了！

她向董必武汇报了事情经过。董老听了笑着赞扬她："你做得对！做得好！情工人员就应该有这个灵活应变的能力。"这下她才放了心。

1938年8月，沈安娜这个"特别入党"的国民党员获得批准，当天上午立即走马上任，担任中央党部秘书处机要处的机要速记员，开始记录蒋介石主持的中央常务委员会等重要会议的秘密内容。

晚上，华明之就护送沈安娜悄悄地跑到八路军办事处，她像背书一样地把会议重要内容背诵出来。汇报结束，吃着董老犒劳她的花生豆、豆腐干，倍感"回到家"的温暖。董必武把沈安娜汇报的情况告诉了周恩来、博古同志，并称赞她说：我们的小速记员，不仅打入了国民党核心机构，而且马上获取了重要情报。

"要甘当无名英雄"

然而，沈安娜毕竟年轻，就在她打入国民党中央党部秘书处机要处不久，思想上却又出现了很大的波动。

一次，安娜去重庆八路军办事处汇报，看到一些进步青年准备去延安投奔革命，不由触动了她的心思，她实在太想去延安了。再加上王汝琪、陈传纲夫妇正借住她家，也准备去延安，使她的思想波动更大。她将自己想去延安的想法告诉了华明之。华明之虽也十分想去延安，但仔细考虑后说："恐怕组织上不会同意。"可他又说服不了安娜。

一天，沈安娜正好有重要情况要汇报，而与吴克坚同志预约见面的时间还未到。她实在忍不住了，便由华明之护送，又偷偷跑到八路军办事处去了。

沈安娜汇报了工作后，迫不及待地向博古提出了去延安的要求。博古立刻表示不同意。

沈安娜又去找董必武要求:"我一定要去延安,希望董老能批准。"

董必武笑笑说:"这怎么行,谁来当小速记!"

这件事后来被周恩来知道了,他叫人把沈安娜找来,让她谈谈自己的想法。

"我十分羡慕那些投身延安的革命青年,想到自己终日潜伏在敌人营垒中,天天与我憎恨的敌人周旋,官僚衙门的生活十分憋气。难道我不是热血青年吗?为啥不让我去延安?我想不通。在延安学习革命理论,接受战斗洗礼,痛痛快快地干革命,那有多好!"沈安娜连珠炮似的把自己的想法向恩来同志和盘托出。

周恩来笑笑,让沈安娜坐下来慢慢谈。然后,他又问了沈安娜在国民党中央党部的工作情况,亲切地对她说道:"你已经有了这么好的秘密工作条件,打进了敌人的要害部门,获得了一些重要情报;你又有速记专长,别人无法像你这样打入国民党核心机关。你必须以大局为重,从革命大局着想。党很需要你在这个岗位上工作,因为你已进入国民党的要害部门,能参加各种会议,接触许多机密文件,能搜集党所需要的情报。这种秘密工作非常重要,党很需要你在这个岗位上长期埋伏。"

沈安娜听了,思想触动很大,觉得自己确实应该从大局着想。但她还有想不通的地方:"在国民党的机关里,为了不暴露自己,连进步书刊、报纸也不能阅读,根本无法学习革命理论,思想上很难提高。"

说到这儿,她又天真地提出:"让我去延安学习一年,行吧?"

周恩来听了哈哈大笑,摇着头说道:"别说去一年,去一天也不行。你去了延安,就不能回中央党部了!"

周恩来又耐心地启发她:"在国统区一样可以学习,可以从国民党的报纸上,从反面学习到不少东西。拿秘密材料和公开报道相互印证,就可以看清国民党的反动本质。只有长期埋伏,才能为党作出更大贡献。"

谈话间,邓颖超也进来了。她对沈安娜说:"你不是一心要干革命吗?干革命,就不能只考虑个人愿望。为了情报工作需要,要甘当无名英雄!"

1948年，沈安娜在南京国民党中央党部办公楼前

紧接着，恩来同志又语重心长地对沈安娜说道："有志的革命青年，都渴望轰轰烈烈地干一番事业。不过，你不要以为只有上前线参加战斗才能实现抱负，才能当英雄。你现在干的工作就是无名英雄的工作。为了干好这个工作，你要做好思想准备，甘当无名英雄。"

这是她第一次听到"无名英雄"这个词，它出自恩来同志和邓大姐之口，真是一语千钧，给沈安娜思想上带来极大的震动，也提高了她对情报工作的认识。沈安娜当即表示，一定要在国民党核心机关里扎根，一辈子为党的情报事业献身。

之后，周恩来还对她进行了革命气节教育。

恩来同志说："在敌人的心脏里，危险性很大，要随时准备应付意外事变。遇有突然事变，要有骨气，要临危不惧，从容镇定，既要有为革命献身的决心和勇气，又要沉着冷静，想尽一切办法对付敌人，保存自己，争取长期埋伏。我相信你一定会为党作出更大贡献。"

这天，安娜回家时兴奋异常，像完全变了一个人。她把恩来同志、邓大姐的话转告明之。明之笑着指着安娜的鼻子说："怪不得一进门情绪完全不一样了。我们一定把这些话牢牢记在脑子里，印在心坎上，成为我们在敌人营垒中、在黑暗中战斗的指路明灯。"

沉着斥退小特务

沈安娜战斗在敌人的心脏，每时每刻都处在高度紧张中，她知道稍有不慎，就有暴露身份掉脑袋的危险。

1948年，沈安娜、华明之夫妇

尽管如此，突发事件还是发生了。

那是1942年的秋天。按规定，中共中央南方局指定的领导人徐仲航应该前来联系了。可是，他没有来。徐仲航的公开身份是在国民党办的正中书局工作，他为了方便工作，曾要沈安娜为他搞一个"特别入党"的国民党党证。然而，两个星期过去了，徐仲航还是没有来。沈安娜、华明之焦急万分，但又不知徐仲航的住址。与华明之商量后，沈安娜以她国民党机关同事的身份，给徐仲航写了一封借口孩子治病、欠钱下月归还的短信，以信探路，可是徐仲航仍是杳无音讯。

几天后的一个下午，两个不明身份的人，突然来到重庆国民党中央党部，指名道姓要找沈安娜。

收发员上楼来对沈安娜说道："沈小姐，来了两个人找你，说是正中书局的徐仲航出事了，要你下去谈话。"

沈安娜脑子顿时"嗡"的一下，心想：莫非恩来同志告诫的"突然事变"降临了？但她旋即想到周恩来和董必武的教导："要临危不惧，从容镇定……想尽一切办法对付敌人，保存自己。"

沈安娜很快镇定下来，忙问道："他们叫什么姓名？哪里来的？什么样子的人？"

收发员答道:"他们没说姓名,也没说是哪里来的,是两个20多岁的年轻人。"

根据国民党官场的作风和习惯,以及这两人的年龄和行事的方式,沈安娜估计这是两名身份低下的小特务。她还揣测徐仲航出事后,他们还没抓住什么要害问题,只是派小特务先来探询一下。

于是,沈安娜故意摆了摆架子,压一压他们的邪气。她对收发员说:"我不见他们,我不认识这两个人。工作上有什么事,找机要处长,我没有必要见他们。"

收发员下楼后,不一会儿又上来了。他告诉沈安娜:"沈小姐,他们请你务必下去谈谈,不然他们回去不好交差。"

沈安娜一听,心中更有数了。她肯定徐仲航没有暴露他们之间的秘密工作关系,去谈谈也好,还可以从小特务口中摸到一些情况。

沈安娜摆出国民党中央机关工作人员的架子,来到两个小特务面前。两个小特务看到沈小姐盛气凌人的样子,点头哈腰地拿出一封信递给沈安娜,问道:"请问小姐,这是不是你写的信?"

沈安娜一眼就认出这正是她写给徐仲航的那封信,沉着地说道:"是我写的,怎么啦?"

"你为什么找他借钱?他是共产党,已经抓起来一个多月了!"那个个子较高的特务瞪眼看着沈安娜。

"莫非他是想要拿钱来收买你?"另一个特务马上补充了一句。

沈安娜听到这里,心里更有底了。她明白,特务没有掌握自己和徐仲航之间的任何实质性情况,只是在那封信上做文章。她装作很气恼地说:"你们这是什么话?当个小职员,孩子生了病,向朋友借点钱,算得了什么?这点钱就能收买人吗?你胡说!"

安娜见小特务给镇住了,一时答不上话来,就进一步责问:"你们有什么证据说人家是共产党,正中书局的人还会是共产党?"

被沈安娜这么一激,两个小特务抢着说:"他的抽屉里全是反动书籍。"

"这就算是共产党啦？"沈安娜狠狠反问一句，小特务反倒答不出来了。

安娜思忖，从对话看，那两个小特务没有问及她介绍徐仲航参加国民党的事，更没问徐仲航同自己的关系，于是她更加强硬起来，说道："你们有什么事，去向朱秘书长报告好了。"

说罢，沈安娜扭转头，扬长而去。

"朱秘书长"就是朱家骅，他1940年已调任国民党中央组织部长，但中央党部的老人们仍称他为"秘书长"。朱家骅是沈安娜"特别入党"的介绍人之一，又是他批准沈安娜进国民党中央党部做机要速记，当时朱家骅还兼任中统局局长。他调中央组织部后，仍要沈安娜做他讲话的速记，并兼任中央组织部部务会议的速记。所以，大家都知道沈安娜是朱家骅的"老部下"，沈安娜就扛出这块"大招牌"来压那两个小特务。两个小特务碰了一鼻子灰，什么也没捞到，反被沈安娜了解到徐仲航被捕的一些内幕情况。

下班回家，沈安娜急忙与华明之一起趁烧火做饭时，整理、烧毁了一些可能引起怀疑的材料。这时，小儿子在床上哭闹起来，他们也顾不得了，只是让女儿去哄。待烧完材料一看，熬粥竟忘了下米，铁锅烧得一片通红，也不知道孩子什么时候已不再哭闹了。原来，女儿学大人的样，把半碗剩饭嚼了喂小弟弟，小弟弟吃饱了，也就睡着了。

是夜，沈安娜与华明之彻夜难眠。他们分析着事态的可能变化，并作了最坏的思想准备，万一事态恶化，被国民党逮捕，决不承认自己是共产党，一定要保持共产党人的气节。

之后，沈安娜、华明之每天都在焦虑不安中度过，但每天又都照常上班，表现得若无其事。他们不露声色，静观其变。

一天，中央党部财务处处长兼正中书局董事长找沈安娜谈话，一上来便问："你了解徐仲航吗？"

沈安娜说："不了解，只知道他是东北人，为人正直，对朋友讲义气，在正中书局工作。"

处长又问："你知道吗，他被捕了，是共产党！"

沈安娜说:"我怎么知道他是共产党!"

处长说:"你年纪轻,不懂事,前些日子还帮人家搞'特别入党',有多危险呀!"

听处长口气,仅仅是上级对下级的批评,没有再追究的意思,沈安娜赶忙顺水推舟,委屈地说:"是呀,处长,我只知道介绍人入党是好事,好在党证还没有办成。这是我第一次也是最后一次介绍人入党了!"

将排查矛头引向敌人

事情就此结束。沈安娜毕竟从小就在国民党机关当职员,已是党部的速记骨干,且有朱家骅这个后台,国民党也就在小范围内批评一下作罢。事后得知,徐仲航同志顶住严刑拷打,什么也没有招供,保护了党组织,也保护了沈安娜、华明之。

危险闯过去了,可是与党组织的联系却中断了。一个月过去了,一年过去了,党还是没有派人来联系。他们获取了情报也无法送出去。沈安娜、华明之焦虑万分,如坐针毡。

其实,他们的家离红岩村不远,有时晚饭后散步,路过红岩村,沈安娜真想跑去找周恩来同志。可是,她知道周围特务密布,万万不能去。

其间,沈安娜曾有过几次搬家的机会,但她都委婉谢绝了。沈安娜、华明之知道这10平方米的小屋,是与组织接头的联络点。在漫漫的长夜中,夫妻俩互相勉励,互相安慰,坚守岗位,不忘职责。他们坚信:党组织一定会来找他们的!

1945年10月的一个夜晚,门外响起了敲门声。开门一看,是他们的老领导吴克坚同志。吴克坚紧紧握着沈安娜、华明之的手说:"你们受苦了,我从延安来,奉周恩来副主席的指示来与你们联系。"终于见到了组织,见到了亲人!三年多的煎熬,三年多的企盼,夫妻俩惊喜的泪水扑簌簌地流淌下来。

抗战胜利后不久,蒋介石就在中央常委会和军事会议上密谋策划全面反共。沈安娜、华明之立即将这重要情报及时报告了组织。党中央为了斗争的需要，迅速揭露了敌人的阴谋，严正指出：就在停战协定签订之际，国民党即秘密调动部队，抢占战略要地，破坏和谈协定。这令中央党部的头头们万分惊慌，下令追查最高机密是怎样泄露出去的。一日下班，机要处长宣布：出大事了！上级要求机要处专门开会查找泄密漏洞。担任速记的沈安娜自然难脱干系。她，又一次面临严峻的考验。

当晚，沈安娜与华明之经过仔细分析研究，决定利用处里头头抱团排外的心理，将矛头引向敌人身上！第二天，气氛紧张的查会上，沈安娜随意地轻语一句："中央社××记者常来会场，最近可是来得更勤了。"这句话立刻得到了领导、同事的共鸣。大家都讨厌此人，知道他是专门被派来监视内部工作人员的特务。机要处头头汇报上去，因××记者有后台，查来查去也就不了了之。

沈安娜、华明之又一次化险为夷，渡过难关。

周恩来口头嘉奖："迅速、准确"

1946年1月，国民党迫于全国人民反对内战的呼声，召开了"政治协商会议"，中共领导人参加了会议。沈安娜端坐主席台上担任速记，当她看到周恩来等中共领导同志步入会场时，激动的心怦怦直跳。恩来同志、邓大姐向她暗使眼色，沈安娜马上埋下头，按捺住心头的激动，默默地做着速记。那些日子，她肩头的担子更重了，白天担任大会和分组会的速记，晚上承担国民党"党团会"的记录。那些输了理的国民党官员煞费苦心，精心谋划谈判细节，谁装"红脸"，谁唱"白脸"，谁来调和……一份份情报，沈安娜、华明之都在当天深夜送交吴克坚，报告周副主席。第二天谈判桌上，中共领导胸有成竹，据理力争，揭露敌人，大会小会场场都打主动仗。

政协会议结束之后，国民党又召开了六届二中全会，全力策划内战。会议规定由五六名速记员轮流记录，沈安娜无法知道全部内容。她便利用会务

华明之用来藏情报的香烟盒与火柴盒　　沈安娜用来递送情报的小皮箱，现存重庆红岩纪念馆

沈安娜用来装速记本的小皮包，现存上海市国家安全教育馆

工作可以借调直系亲属帮忙之机，推荐华明之帮助科长整理会议速记材料。材料编辑工作相当紧张，需要开夜车。沈安娜面有难色，对科长说："我两个小孩晚上从托儿所回来，没人照看。"科长悄悄地说："带回家编吧，千万可要注意保密！"沈安娜夫妇听了，正中下怀，把所有速记稿子合到一起，带回家里开起夜车。沈安娜将速记符号译成文字，华明之从中摘编成情报。如豆青灯下，夫妻俩蝇头小楷，奋笔疾书。然后，将情报藏在火柴盒和香烟盒里，由华明之连夜送交吴克坚。

周恩来对他们1946年这一阶段的情报工作给予了口头嘉奖："迅速、准确。"

解放战争时期，国民党召开高层会议，重要报告作到绝密处，主持会议的蒋介石常常会突然大声说："这一段不许记！"你有计策，我有对策。沈安

1984年，华明之、吴克坚、沈安娜（左起）在一起

娜马上搁笔，端坐，凭记忆把绝密情报默默记在心里。休息时假装上厕所，迅速地用速记符号记下。

1948年4月4日，国民党中央临时全体会议上，蒋介石被选为总统。有一张会场上的照片，照相馆放大后，陈列在玻璃橱窗内。大会由安娜担任速记，他们送了一张给沈安娜。

1948年夏秋，吴克坚收到沈安娜、华明之送去的情报，认为都很重要，很及时。但这一时期情况很复杂，有些重要问题以及国民党内部斗争的内幕，需要沈安娜从南京去上海口头汇报详情。每次赴沪都是由专门负责与华明之联系的沪宁交通、华明之的弟弟华藻通知安娜，她以回上海探亲为借口，在上海浦东大楼"四姐妹舞厅"与吴克坚见面。他们约好晚上9点一同走进舞厅，在一角坐下。华藻在外警戒。吴克坚穿西装，沈安娜穿小花的旗袍，女式手提包内除化妆品、手帕、零食外，别无他物。偶然下舞池跳一曲，基本上是"喝咖啡"、吃零食，低声谈工作，补充书面情报的不足，重点回答吴克坚所提出的关于国民党内部主战、主和的派系矛盾，特别是蒋介石近来的心态和情绪等问题。吴克坚也向沈安娜提出今后的工作要求，并给予鼓励和肯定。在灯红酒绿中，在敌人军警的监视下，沈安娜顺利地完成了接头汇报任务，安然返回南京。

就这样，沈安娜潜伏在国民党中央核心机构里，与华明之一起，随着国民党中央党部的搬迁，从武汉到重庆，又从重庆到南京。1949年春，南京城已听到解放军的隆隆炮声，沈安娜、华明之趁国民党四面楚歌、惶惶不可终日之际，根据党组织的指示，借故回上海看望老人，不辞而别了。

新中国成立后，沈安娜、华明之奉命归队，开始了新的征程。当他们穿上了中国人民解放军的军装时，那些与他们共事14年的国民党同事见了都大吃一惊。然而，当他们在把共产党的情报员与国民党的情报员、共产党人与国民党员两相比较之后，都感慨万分地说："从沈小姐、华先生身上可以看出，共产党必胜！"

中共上海地下金库

马小星

上海浙江中路137弄1号，是一幢颇有些年岁的五层楼房。底层是一家老字号的"珍珠泉"浴室。楼上的居民住宅，在解放前曾有个"富川商行"，是四川商人在沪上开设的申庄，主要业务是采购上海商品运往四川销售。商行出租房间，既可住宿，也可办公；每天不断有经纪人来此洽谈生意，俨然一个小小的市场。

现在很少有人知道，当时中共设在上海的地下经济机构——华益公司，最先就是在这幢楼里开张的。这家公司的"老板"，是四川籍共产党员肖林和他的妻子王敏卿。

把公司办到上海去

1946年5月初，一个身穿灰色中山装、面容清瘦的中年人走进了重庆林森路肖林的家。

"老肖，你准备一下，要离开重庆了。"来人是八路军驻重庆办事处处长钱之光。

"干什么？"当时已担任大生公司经理的肖林忙问。

"国民党政府准备迁回南京，我党代表团也要到南京去，我们搞经济的同志也该转移阵地了！"

"到南京去做生意？"

"现在还不能定。"钱之光回答，"你先去上海，摸一下情况，然后我们在南京碰头。"

华益公司时期的肖林、王敏卿

　　那时，王敏卿刚生孩子，尚未满月，无法跟随行动，于是肖林决定一个人先去上海。抗战八年，滞留在重庆的外省人很多，此刻大家都急于返回故乡，一时间人流如潮，交通异常拥挤。幸亏肖林曾在民生轮船公司任过职，水路上熟人不少，因而5月中旬便到了上海，随即又赶往南京梅园新村，与钱之光会面。

　　钱之光告诉肖林，周恩来等领导同志商议决定，把公司办到上海去，由肖林、王敏卿负责。形势虽有变化，地下经济工作的原则不变："一定要赚钱，随时需要随时支付。"钱之光还说，党现时不可能增加投资，只能把重庆原有的资金移过来，以后再逐步发展。

　　肖林来到上海，通过四川同乡的介绍，在珍珠泉浴室楼上的富川商行内租了房子，作为新的贸易公司的营业处。公司取名为"华益"，寓意"为了中华民族的利益"。华益公司向国民党上海社会局办妥登记手续，取得了合法经营权，于1946年8月正式开业。总公司设在上海，肖林任经理；重庆设分公司，王敏卿任经理。尔后又在青岛、徐州、蚌埠等地设立了分支机构。同年10月，王敏卿也来到上海，协助肖林工作。

　　"我是1941年皖南事变后才奉命'下海'的。"回首往事，肖林不胜感慨,"我早先也是搞文化工作的,当了四年小学教员,做过杂志编辑,还出版过一本诗集。党叫我去经商赚钱,我就做起生意来了。"

最难忘夜晤红岩村

肖林,原名肖本仁,四川江津县人。他中学尚未念完,就因"共党嫌疑"被校方勒令退学。随后在合川、万县、泸县等地小学任教。1936年起进入私营的民生实业公司工作;同年在重庆参加救国会,并组织进步团体"人力社",出版《人力周刊》,积极宣传抗日。"肖林"便是他常用的笔名。1939年,这位"共党嫌疑"分子真的成了中共党员。

1941年3月,奉中共川东特委书记廖志高的指示,肖林来到了红岩村——八路军驻重庆办事处。钱之光握着肖林的手说:"你今晚就住在这里,周恩来同志要找我们谈话。"

当时,办事处的日常开支,一靠国民党政府拨发的军饷,二靠宋庆龄等友好人士的支援。"皖南事变"后,国民党的拨款事实上已不能保证了。随着物价上涨,开支不断增加,为了适应持久战的需要,开展地下经济工作已是势在必行。

当天晚饭后,就在钱之光卧室,周恩来与钱之光、肖林作了认真细致的商讨。历经半个世纪的风霜雨雪,周恩来当年的话语仍是那样清晰:

党的活动,无论是公开的,还是秘密的,都要有一定的经费开支。经费来源不能光依赖拨款和支援,还得自己去开辟新路。当然,我们这里不能用延安的办法开荒种地,也不能自己动手纺纱织布,而是要根据国民党统治区的条件,开展我们所需要的经济活动。

这种经济活动,有公开的一面,同一般工商业者一样,合理合法,正当经营;又有秘密的一面,资金来源和资金用途,是不公开的。做生意就是要赚钱,不要怕别人说你唯利是图。你赚的钱不是为个人私利,而是为了党的事业。

党在哪些地方要用钱,事先很难预料。所以只能定个原则:什么时候要,就什么时候给;要多少,就给多少。即使不够,也要想方设法凑足,决不能误事。

最后,周恩来一锤定音:此项秘密工作,党内由钱之光负责指挥,社会上由肖林专职经营。

1941年4月,一家名为"恒源字号"的商行在江津县开张,肖林出任经理;重庆设立分号,宜昌附近的三斗坪另设办事处。其主要业务是经营土纱、食糖、植物油等商品。1944年,恒源字号发展为大生公司,经销商品又增加了五金、木材、西药等种类。

曾经活跃于重庆报刊上的肖林,一变而为专注于商贸市场的生意人,周围的朋友很不理解,时常有些冷言冷语:"什么不好干,非要去干投机买卖!"肖林听了一笑置之。他无法解释,也无须解释,因为他是共产党员,受红岩村直接领导的共产党员。

当肖林在上海撑起华益公司的门面时,他已是一名在地下经济战线上有过五年资历的老兵了。

装在花生油桶内的黄金

连年战乱,使四川境内几乎见不到上海货。尽管抗战已经胜利,由于交通不便,货运仍相当困难。于是,华益公司刚开张,便从上海采购大批日用工业品,如"414"毛巾、名牌牙膏、香皂、羊毛衫、被单、丝袜等,由民生公司的轮船运往重庆,批发给当地的百货商店。谁先到货,谁就赚钱。肖林利用他在运输界的关系,捷足先登,获利颇多。

当时,山东解放区也在上海设有隐蔽的经济机构,将山东运来的花生油、粉丝、水果等委托十六铺地货行出售,然后买回解放区需要的布匹、药

肖林（1977年摄）　　　钱之光（1981年摄）

品等物资。而随船运到上海的黄金、美钞和一部分法币，却悄悄转送到华益公司，由肖林去负责处理。

原来，在山东解放区特定的经济制度下，缴获到手的黄金、美钞并无多大用处，法币更被人视若废纸。正在胶东主持经济工作的薛暮桥则认为，此地或为弃物，彼地即成宝物，"运到上海可是一笔不小的财富啊！"其时，中共代表团正在上海积极开展工作，亟须大笔活动经费。经中共代表团驻沪办事处与山东解放区工商局秘密约定，一项暗运货币的计划便付诸实施了。

为了遮人耳目，黄金被装入盛花生油的油桶内，到上海后才悄悄取出。美钞交于华益公司暂存备用，法币由肖林转交中共代表团驻沪办事处。黄金的处理稍微有些麻烦。因为从山东运来的黄金，大多是一两一个的小元宝，有的还刻有"烟台"字样，在市面上交易会引起警方注意。于是，肖林找到了专做黄金生意的经纪人尤敏生，把那些小元宝改铸成上海通行的十两金条。

直到解放后，肖林才得知，1947年3月中共代表团从上海撤退时，尚有3 000多两黄金来不及转移。当时国民党军警已进驻周公馆，为了不让敌特发现这批黄金，身兼财务委员会书记的董必武当即决定，办事处成员每人套上马甲或腰袋，内装金条若干，随身带走。已过花甲之年的董必武以身作则，腰间也裹上了沉甸甸的金条。

利用国民党的"官倒爷"

华益公司与山东的业务往来，出人意料地顺利。其间，有一个国民党将领，无意中做了华益公司的"保护伞"。

1946年，一家取名为"中兴"的公司在山东青岛开张营业。这家公司的后台老板，是驻守青岛的国民党第八军军长李弥。他选了自己前妻的表弟王肇昌出任经理。说来也是无巧不成书，这个来自重庆的王肇昌，正是王敏卿的哥哥。

听说王敏卿和丈夫也在上海开公司，王肇昌专程赶赴上海，提出与华益公司联手合作，贩运山东的棉纱到上海市场抛售。

肖林夫妇欣然同意。他们需要利用这家有着军方背景的特殊公司。于是，"华益"在青岛设了分公司，王肇昌兼任经理；"中兴"也在上海设立了分公司，肖林兼任经理。

"中兴公司是不是在搞'官倒'？"笔者问。

"当然是'官倒'啰！"肖林笑了，"李弥哪来的资金？他在青岛负责接收日伪财产时，捞了一把，用这笔资金开了中兴公司。他是当地驻军，什么办法没有？他们可以用很低的官价从中纺公司购进棉纱，然后委托我们'华益'在上海按市价出售，这一进一出的差价至少有30% ~ 40%。得到的利润，双方按投资比例分成，大家都有好处。当时棉纱价格不断上涨，钱真是赚了不少。"

中兴公司运往上海的棉纱是通过水路运输的。有一次，货物还未上船，就被青岛国民党政府扣留了，理由是发现有"投机倒把"嫌疑。王肇昌赶紧去找李弥，由当地驻军出面交涉，很快便解禁放行。从此以后，凡"中兴"运往上海的货物再也没有遇到过麻烦。

1947年3月以后，内战愈打愈烈。为了安全起见，肖林退掉了原在富川商行内的租房，另用中兴公司的名义，在九江路219号大楼（今为黄浦区政府大楼）里租了几间房，"华益"与"中兴"干脆在同一处办公。后来，随着国民党军队节节败退，原在青岛的中兴公司总公司也迁来上海，两地之间的棉纱生意遂告终止。

懂得生财之道的国民党中将李弥，在战场上却是屡遭厄运。1949年1月，李弥率领的十三兵团在陈官庄地区被解放军全歼，自己则换穿了士兵服装后遁走。1950年1月，他的整编第八军又在滇南被击溃，率残部逃往缅甸。1973年，李弥病死台湾。

据肖林说，在"华益"与"中兴"合伙做生意期间，李弥的儿子李云川、侄女李心崇，多次乘坐吉普车从青岛来上海游玩，就跟肖林夫妇住在一起，客观上起到了保护华益公司的作用。那两个十五六岁的孩子，叫肖林"姨父"，叫王敏卿"姨妈"。大陆改革开放后，肖林曾委托上海市政府对台办公室查找，甚至拜托到美国去的友人寻访李弥的儿女，可惜至今仍杳无踪迹。

刘恕走后更有刘晓在

华益公司开业后，肖林多次赴南京与钱之光会晤。钱之光告诉肖林，他已指派周公馆的刘恕负责与肖林联络。刘恕是中共中央南京局财政委员会秘书长，公开身份则是周公馆的会计。

周公馆坐落在上海马思南路107号（今思南路73号），是一幢一底三楼的花园洋房，原为国民党中央专员黄天霞的寓所。中共代表团在南京设立办事处后，周恩来委托龚澎在上海也找一所房子，正巧黄天霞已去南京，该寓所空着，于是便用6根金条顶租下来。因国民党政府不同意中央代表团在上海公开亮牌，所以门上悬挂的铜牌仿佛依然是私人住宅——英文直译"周恩来将军官邸"，中文简称"周公馆"。

周公馆自始至终受到国民党特务机关的严密监视。他们在马路对面的上海妇孺医院内安装了照相机,只要有人在周公馆窗口露面,就会被偷偷拍摄下来。所以周公馆楼上房间即使白天也不得不放下窗帘。办事处人员一跨出大门,总会有几条"看门狗"紧随其后。

肖林记得,他和刘恕的首次会面是在南京东路永安公司底层专卖字画的商场。他们互相通报了情况,约定以后通电话时的暗语。

刘恕为人机警。他每次离开周公馆,总要先往人潮如涌的地方转上几圈,等到确认身后没有"尾巴"时,才去同肖林接头。有一次,被特务盯得紧了,他干脆钻进澡堂泡上两个小时;还有一次,眼看着那两个"尾巴"是甩不掉了,他便大模大样地踱进了国民党的警察局,弄得跟踪而来的特务扫兴而归。

笔者问肖林:"您去过周公馆吗?"

"去过一次。"肖林缓缓答道。"那是1946年底,是刘恕叫我去的。我从107号前门进去,把帽子压得低低的。出来时,天快黑了,刘恕让我走后门。我把那件美式大衣翻过来穿上,一出后门,便直奔热闹的场所,逛了一处又一处。然后猛地拐入一条僻静的小弄堂,看清后面没人跟踪,这才回到自己的住所。"

1947年2月28日,按照事先的约定,肖林又去永安公司底层与刘恕碰头。可是从上午9点等到11点,仍不见刘恕的身影,肖林焦急起来。他急匆匆赶回住地,打开当天的《文汇报》,不由得大吃一惊:国民党淞沪警备司令部限令中共驻沪办事处人员于3月5日前撤离,马思南路已被军警封锁,周公馆对外联系全部中断!

几天后,中共驻沪办事处人员被"护送"南京,和梅园新村的代表团一起,乘飞机回到了延安。全面内战已不可遏制了。

过了一星期,一个西装革履、拎根手杖的魁梧汉子来叩门了。通名报姓,来者是关勒铭金笔厂老板刘晓。肖林悬着的心顿时落了下来。早在梅园新村晤面时,钱之光就曾关照肖林,上海一旦发生重大事变,可去找刘晓接头，刘是中共上海局书记。

刘晓告诉肖林夫妇，他有秘密电台，可以跟延安直接通话。肖林便用暗语向延安报告了最新情况。延安很快回电，指示肖林：原有业务（即和山东、重庆的往来）不要中断，对上海当地（指地下党）要在经济上予以支持。

肖林回忆，1947年是形势最为严峻的一年。有了刘晓的秘密电台，他们便能及时了解战争的真实情形。尽管国民党的宣传机器大肆吹嘘攻占延安的所谓"胜利"，可是肖林夫妇心中明白，中共中央仍旧安然无恙。

躲过"甫志高"的追踪

肖林夫妇自"下海"始，就切断了同地方党组织的联系。周公馆撤离后，他们只跟刘晓一人保持单线联络。这样，即使地方党组织遭到破坏，肖林夫妇的真实身份也不会暴露。这是党的特殊安排。因为肖林夫妇掌管着地下金库的钥匙，他们的安全就是金库的安全。

值得庆幸的是，华益公司在上海的三年中，国民党特务始终没有发觉近在眼皮底下、并且十分兴旺的中共经贸活动。

然而，事情总有意想不到的时候。

1948年3月，国民党特务机关侦破了中共重庆地下市委的机关报——《挺进报》，随后顺藤摸瓜，于4月初逮捕了重庆地下市委书记刘国定、副书记冉益智。刘、冉二人贪生怕死，相继叛变，成为敌人手下的凶恶鹰犬。他们分别带领着特务，四处抓人，使中共川东地下组织遭到严重破坏，江竹筠等一大批共产党员因此被捕入狱。小说《红岩》中那个臭名昭著的叛徒"甫志高"，就是以刘、冉二人作为原型的。

这一年的初秋，刘国定把魔爪伸向了四川境外。他带领特务直奔上海而来。他此行的目的，是要抓捕一批曾在四川工作过的共产党员，包括中共上海局组织部长钱瑛。

刘国定的突然出现，同样使肖林、王敏卿的安全受到严重威胁！

原来，王敏卿初中毕业后，即和几个女同学一起考入巴县农业高中读书。1938年，她们陆续在该校秘密加入了中国共产党。王敏卿的入党介绍人正是刘国定，刘当时担任该校的学生会主席，又是地下党支部书记。他们之间作为同学，曾经有过比较多的交往。

当了叛徒的刘国定知道，肖林、王敏卿在抗战胜利后离开重庆，到上海去了。他虽然弄不清肖林夫妇在上海的公开职业及住址，但他知道另有一人，名叫吴震，也是中共党员，在上海和成银行任职。吴震的妻子刘碧，是王敏卿很要好的同学，她们之间肯定仍有来往。只要抓住了吴震，就能设法查到肖林夫妇的住址。

危险迫在眉睫。

刘国定一行尚未抵沪，武汉和成银行的地下党员赵忍安便接到了来自重庆的报警电话，要他赶快通知上海和成银行的吴震："情况危急，迅速转移！"

刘国定在上海的搜捕行动并不顺利。钱瑛已去了香港，吴震等一些人又找不到。最后，他急匆匆抓走了八个共产党员，回重庆领赏去了。

吴震当时并没有走远。他居然住进了肖林家中，躲藏了好几天。吴震与肖林夫妇本是好友，沪上业务亦多有往来，可他并不知道肖林夫妇的真实身份。肖林心中却明白，让吴震久住自己家中是危险的。在肖林的安排下，吴震悄悄离开了上海。考虑到火车站可能有特务在监守，于是改行水路，先坐机帆船到达宁波，然后换乘海轮赴香港。

"好险哪！"事隔许多年，肖林仍禁不住连声感叹："那次要是让刘国定找到了我们，我和敏卿就要进渣滓洞了。个人牺牲还是小事，特务们顺着'华益'这条线索查下去，我们党的地下经济网络可要遭受大损失了！"

来自香港的特殊电报

吴震到了香港，即转入联和公司工作。

联和公司是中共设在香港的地下经济机构，成立于1938年，经理杨廉安。1948年，联和公司更名为华润公司。据说这个"润"字暗寓"毛润之"其名，是钱之光亲自提议的。上海的"华益"与香港的"华润"之间，有着密切的业务往来。

华益公司的业务，大体说来有三项：

其一是专营上海与重庆、青岛、徐州、蚌埠之间的农产品及日用工业品的运销。这是他们的公开业务。

其二是买卖黄金、美钞和股票。对于此道，肖林在重庆时就屡经操练，他称之为"副业生产"。

其三是套汇，即开设地下银行，利用上海与香港之间几种货币汇价的差异进行谋利。这项业务便是与"华润"联手开展的。

刘恕返回延安后，不久即从胶东赴香港。1947年8月，刘恕通知肖林到香港会面。两人在一起精心编制了一套密码。用这套密码发报，可以通过邮电局传送，表面看起来与普通电报无异，实际上里面藏着不少暗号。"华益"与"华润"之间，就用这套密码做起了套汇生意。

为了防备意外，华益公司设置了两套账目。公开的一套，存放在办公室，单据齐全，完全合法，随时可供查账；秘密的一套，藏在寓所内，除了肖林夫妇之外，公司其他职员并不知晓。有一次，国民党上海税务局派人来查账，说是华益公司有"逃税"嫌疑。结果查来查去，什么把柄也抓不到，只好不了了之。

华益公司赚来的钱，都用在哪些方面呢？众多烈士的家属，需要抚恤；生活困难的党员家庭，需要补助；国民党统治区物价飞涨，一些处境窘迫的知名人士，也需要地下党组织给予照顾。1948年下半年起，随着解放战争的迅猛进展，中共中央已在筹备建国事宜。不断有民主人士从上海启程，转道香港，秘密前往大连，最后抵达解放了的北平。这一笔又一笔路费，都要由党的地下金库来支付。

提取钱款的指令，有许多是从香港直接发出，用的就是那套只有肖林、刘恕才能看懂的密码。一接到这类特殊电报，就要按照指定地点，将钱款或支票如数送去，不能稍有失误。神秘的送款人，往往是一位衣饰华丽的妇女，身后跟着一个十七八岁的小伙子。这是王敏卿和公司的年轻会计王凤祥。往事如烟，那些送款的地址，王敏卿都渐渐淡忘了；但她仍清楚记得，她有一次将钱款送到了著名电影演员吴茵的家中。送款人和接款人都心照不宣，谁也不能打听对方的情况。

1948年1月30日，上海申新第九棉纺织厂工人罢工，抗议厂方无故开除工人及克扣年终奖金。2月2日，国民党政府出动大批军警进行镇压，打死3名女工，重伤40多人，造成了震惊全市的"申九惨案"。各界民众迅速掀起声援浪潮。

刘晓神情严肃地找到肖林，要他拿出一笔款子，紧急援助正在斗争第一线的罢工工人。

"你要多少？"肖林问。

刘晓回答："两三亿吧。"

肖林当即开出一张3亿元法币的支票，交给刘晓。

一晃就是半个世纪。前不久，肖林看到一本《上海工运志》稿，那上面醒目地记载着如下事实："为了支援申新九厂的罢工工人，全市捐款达3.2亿多法币。"肖林不由得微笑了。只有他心里明白，其中的3亿元，正是从华益公司取走的！

捐给重庆博物馆的三块银元

1949年的春天是在隆隆炮声中来到的。随着北方各大城市的相继解放，党的经济来源有了更多的保障，华益公司的使命事实上已经完成。"华益"设在青岛、徐州、蚌埠等地的分支机构先后撤销，上海除留下少量供日常开支的经费外，所有流动资金全都调往香港。

正当肖林、王敏卿准备动身前往香港时，人民解放军的百万雄师已越过长江天堑，几天后便占领了南京。肖林当即取消原定计划，和上海人民一道迎来了欢欣鼓舞的盛大节日——5月27日。

刘晓成了中共上海市委的领导成员。肖林迈入军管会轻工业处，也穿上了军装，奉命接管国民党办的中纺公司，开始了保卫、建设新生政权的艰巨斗争。同年8月，钱之光前来上海出席财经会议，又一次见到了肖林。巴山沪水，十载风雨；战友重逢，地覆天翻。

肖林等肩负特殊使命的"老板"，共为党筹措了多少经费，并没有明确统计。我们现在只知道，当"华益"等地下经济机构宣告结束时，向中共中央上交的资金约合黄金12万两，其他固定资产折价1 000多万美元。

肖林夫妇经手过那么多的黄金、美钞，难道就没有为个人留下一点什么吗？从"三反"运动起，这个问题便引起了某些人的特殊兴趣。"文革"大动乱一开始，肖林的家更是成了查抄金银珠宝的"重点战场"。抄了一遍不够，再抄第二遍。可是，里里外外翻了个底朝天，唯一的"战果"只是从解放前保留下来的三块银元，不免让那些浑身长刺的造反派大失所望。

到了80年代，重庆博物馆派人来向肖林征集能够反映那一时期地下斗争生活的历史文物。肖林实在拿不出什么，就连那册与刘恕共同编制的密码本也在"文革"中被毁掉了。于是，他只得将这三块银元捐给了重庆博物馆。

肖林夫妇至今仍过着简朴的生活。肖林日常使用的那张写字台，也是用了50多年的旧物。王敏卿对我说："我们什么样的钱没见过？那时候，常把装着金条的小盒子存放在家里。那都是党的财产，一分一厘也不能挪用的。虽说都是在经商，我们跟中兴公司那些人不一样。我们是在为党挣钱。"

这就是共产党的地下经济工作干部。在无人监督的情况下，他们为党筹集、掌管着数以亿计的资金。他们尽管"长袖善舞"，却依然是两袖清风。他们是真正富有的人。

原载1996年第7期

中共上海地下文库

沈忆琴

中共上海市委的嘉奖信

1949年10月4日，上海《解放日报》全文刊载了中共上海市委发布的《给陈来生同志的嘉奖信》。信中指出，1942年7月，陈来生接受党交给的保存中央历史文件的任务后，历经漫长艰苦的七年，终于使中共文库中这批无价之宝的历史文件完整地保存到上海解放。当时，陈来生保存的中央文件达两万余件，于上海解放后交给中共上海市委组织部。1950年2月，这批文件运往北京，移交给了中共中央办公厅秘书处保存。上海市委在嘉奖信中，对陈来生及其家属表示感谢，号召全党学习。

周恩来瞿秋白创建中央文库

早在1931年，中共中央便在上海开始设立秘密档案库，也叫中央文库。1927年大革命失败以后，中共中央从武汉秘密迁回上海，全部转入地下。随着革命形势的发展，中共中央和各地各级组织之间的文件来往也日益频繁，积存在中央秘书处的文件资料也就愈来愈多。据1929年9月中共中央秘书处统计：一年来各地向中央报送文件4 687件；中央秘书处集中的政治性文件4 575件，技术性文件5 635件。如此之多的文件，若没有专人保管，没有一套秘密保管的严密制度，极有可能使一些文件散落出去，落入敌手，给党中央带来危险。1931年初，中共中央政治局常委周恩来向中央秘书处负责人黄玠然郑重提出：你们保存的文件很杂滥，不便于秘密管理；并且关照：要阿秋（即瞿秋白）提出几条整理和保管文件的办法出来。当时已被王明等人排挤出中央领导层的瞿秋白欣然从命，起草了一个《文件处置办法》。1931年6月，总书记向忠发被捕叛变，中央秘书处所属的文件阅览处遭到破坏。于是，在中央文件阅览处和保管处的基础上，按《文件处置办法》为基本规定，党重新建立了中共中央的秘密档案库——中央文库。

瞿秋白起草的《文件处置办法》可以说是中国共产党最早的关于整理和保管历史档案资料的条例规定。这个《办法》对于应当收集和保管的文件资料的范围、内容和如何分类编目的原则、方法都有明确、周详的规定。尤其值得称道的是，瞿秋白还在《办法》的末尾特地加了一个总注："如可能，当然最理想的是每种二份，一份存阅（备调阅，即归还），一份入库，备交将来（我们天下）之党史委员会。"并在"将来"两字旁边打上了着重圈点。

周恩来审阅了这个《文件处置办法》。他在原稿首页亲笔批示："试办下，看可否便当。"

至此，中央文库在周恩来、瞿秋白筹划下正式建立，地址在上海小沙渡路（今西康路）合兴坊15号。

从1931年至1949年这18年中，先后在中央文库工作和领导过文库工作的有十几人，他们都在维护中央文库的绝对安全，保护党的机密方面作出了卓越贡献，有的同志还献出了生命。

中央文库首任主管张唯一

中央文库的第一任主管是张唯一同志。

张唯一，1892年生，湖南桃源县人。1927年"马日事变"后革命形势处于低潮时，由郭亮介绍加入中国共产党。从1928年秋末在上海开始担任中共中央秘书处文书科主任起，一直到1935年，他都是中央或中央局秘书部门的负责人。中央文库建立前的中央文件保管处、文件阅览处也是由他主管。1931年中央文库建立后，周恩来指定他出任第一任负责人。

1932年初，中央鉴于张唯一工作繁重，决定将中央文库移交给陈为人负责，但张唯一仍是主管。1933年初，中共中央从上海撤至江西瑞金后，在上海成立了上海中央局（又称白区中央局），领导白区的地下工作。张唯一任上海中央局秘书处主任，也是联系中央文库唯一的领导人。1935年2月，上海中央局遭到国民党特务和租界当局的严重破坏，张唯一不幸被捕入狱，

陈为人

被判刑12年。他在狱中受尽折磨，身患骨痨，腹部渗水，难友都认为他不可能活着出狱，但他始终坚定乐观，丝毫没有泄露包括中央文库在内的党的机密，保障了中央文库的安全，保持了共产党人的气节。抗战爆发，他获释后立即到南京八路军办事处找到李克农，此后就在周恩来、董必武、李克农、潘汉年领导下长期从事白区工作。1947年初奉调香港。全国解放后，他历任中央军委情报部第四局局长、情报总署署长、总理办公室主任、政务院副秘书长等职。可惜的是，他过早地于1955年12月24日病逝。

为中央文库献出生命的陈为人

陈为人是张唯一任中央文库主管期间的一名工作非常精细、富于创造性、并为中央文库献出年轻生命的无名英雄。他生于1898年，湖南江华县人。1920年加入中国社会主义青年团后，从上海出发去苏联学习，不久转为中共党员。回国后曾任中共北京地委组织部长、中共满洲省委书记、中共中央《红旗》编辑等职。

1932年春，陈为人受命接任负责保管中央文库的任务时，曾郑重地向爱

人韩慧英(也是老党员)表示：我们一定以生命完成组织交给我们的任务；如果万一被敌人发现，宁可放火烧毁自己的家，与文件同焚，也绝不让文件落入敌手。他在上海的住所——小沙渡路合兴坊15号就是中央文库所在地。这是一幢独门进出的三层楼房，他以"木器店老板"的身份为掩护。陈为人极少和外界来往，专心致志地管理文库。韩慧英和张唯一则保持单线联系。

陈为人和韩慧英等花了几年时间，对文库的文件材料进行分类整理和编目，还进行了技术加工。他们把文件重抄在薄纸上，纸张较大的文件抄在较小的纸张上面，并且把文件的空白边沿剪掉，把书报刊物上的重要文件进行裁剪和摘抄。这样，就大大减少了文件的数量，压缩了文件的体积，但文件的主要内容和精华都收入其内。使原来接手时的20多箱文件，压缩分装在5只皮箱中。陈为人在1936年6月14日还写了一份《开箱必读》，放在文库中，提示查阅者："在未开箱之先，先取目录审查，……然后再按目录次第去检查，万不可乱开乱动，同时于检查之后，仍需按照原有秩序放好。"这份《开箱必读》，保证了党内同志查阅文件工作井然有序。

但是，意外事件还是发生了。1935年2月19日，中共上海中央局遭到大破坏，中央秘书处机关遭到敌人查抄，张唯一同志被捕。两天后，韩慧英去中央秘书处联系工作时，也被守候的特务抓去。尽管张唯一和韩慧英都守口如瓶，但时已沉疴缠身的陈为人毕竟和组织断了联系，他没有任何经济收入，只能靠自己独立作战。同时，他又要挣钱抚养三个孩子，当时的困难可想而知。

经过慎重考虑，他将妻妹韩慧如从家乡请到上海，依靠她和李沫英（曾经留学苏联的老党员）微薄的小学教员工资和积蓄，苦度光阴，竭尽全力保护中央文库。直到韩慧英出狱，才几经周折与中央特科留在上海的负责人徐强接上关系。将文库交给中央特科后，陈为人才露出欣慰的笑容。然而，他却因多年辛劳，心力交瘁，病势日见沉重，终于不治。

为保卫中央文库跳楼牺牲的郑文道

徐强是浙江人，1932年调到中央特科工作。1936年底，徐强和陈为人接上关系以后，为了让陈为人早日恢复健康，遂将保管中央文库的重担接过来，并决定将中央文库完整地搬运至恺自尔路（今金陵中路）顺昌里7号一幢石库门房子的二楼亭子间里。这是中共党员周天宝的亲戚家里。当时周天宝的亲戚周小姐还付了两块银元给陈为人的大儿子，作为"运货"的脚力钱，以掩人耳目。

1939年春，徐强奉调赴延安，中央文库的工作就交给了他的夫人李云（曾任中共和宋庆龄之间的联络秘书。新中国建立后任中国福利会秘书长、上海市政协副秘书长等职）负责。不久，李云也奉调赴延安，文库的工作就由八路军驻沪办事处秘书长刘少文主管领导，并由刘钊具体负责保管中央文库工作。

刘钊是山东人，20世纪30年代入党后在徐强领导下工作。1939年，徐强、李云调离上海后，指定刘钊暂时管理中央文库。刘钊当时正住在陈为人原来的住所。为了便于保管，他把文库又搬回合兴坊15号。当时他花了不少时间，将文库中受潮的文件和箱子全部翻晒了一遍，并在文件中夹了一些烟叶以防蛀防霉。1940年秋，刘钊也要调离，上海八路军办事处负责人吴成方便将中央文库的保管工作交给缪谷稔负责。

缪谷稔是第五任保管中央文库的负责人。他1905年生于江苏江阴，1927年入党。他和恽逸群相识，恽介绍他进入上海市商会工作，以职员身份为掩护。他接受保管中央文库任务后，先将中央文库搬移至康脑脱路（今康定路）生生里一幢房屋的亭子间里。后来因为房东拒租，时局又动荡，一时难以觅到合适的保管场所，他请示组织同意后，只好将全部文库搬到自己家中——新闻路金家巷嘉运坊1839号的三层搁楼上。为了安全，他动员妻子放弃了手工针线活计，守在家中，使得本来拮据的生活更加清苦。

缪谷稔保管文库时期,正值太平洋战争爆发,上海全部沦陷,形势越发紧张,斗争更为艰难。1942年夏,曾担任吴成方与缪谷稔之间联络工作的郑文道,因受中共日籍党员中西功等人的牵连而被日本宪兵逮捕。郑文道被捕后,坚不吐实。在日本宪兵将他从住所押往宪兵司令部的途中,他突然跃出车厢,头脚俱伤,血流如注,神志昏迷,但仍被押到病房,严加看管。一周后日军将他从病房押出,进行审讯。他又利用敌人的疏忽,越出窗口跳楼壮烈牺牲,保证了中央文库的安全。郑文道牺牲时只有28岁。但这时缪谷稔又因操劳过度,肺病加剧,已无力胜任保管中央文库的重任。1942年7月,吴成方决定将中央文库移交给陈来生负责管理。缪谷稔于1944年9月病逝,年仅39岁。

陈来生任职时间最长

在历届保管中央文库的负责人中,以陈来生任职时间最长。他从1942年7月开始,至1949年5月上海解放为止,达7年之久。

陈来生一家十分贫困,老父亲失业,弟妹均拾过垃圾、当过童工。抗战爆发,陈来生成为难民,进了难民收容所。在收容所,受到了党的教育,参加了中国共产党。

1942年7月,吴成方要陈来生担任保管中央文库的工作。因组织经费匮乏,不能发给经费,要陈来生设法自筹经费。

确实,保管中央文库是需要一些经费的,如要付租房费用等。于是陈来生和兄弟甄长顺、甄福顺出面,租下了新闸路944弄(赓庆里)一个阁楼作库房;同时租下了阁楼前面的弄堂口,和弟妹在弄堂口摆个小杂货摊子,卖赤沙豆等炒货。

一切就绪之后,陈来生即着手把中央文库转到阁楼上来密藏。

动员家人秘密转移文库到赓庆里

是时，上海日伪军警宪特密布，但是，陈来生依然决定尽快将中央文库转移到赓庆里。他说干就干，带领老父甄德荣和弟妹们来到上海新闸路（胶州路口）去搬运文件。当时，中央文库里头的中央文件，都已用布一包一包地包好。他把中央文件分别装在面粉袋或竹篮子里，分次分批地拎出来，分别交给他家的人。他再一包一包地搬运到赓庆里阁楼上。细心的陈来生在行动前，向父亲弟妹们作了严密布置：第一，每次搬运中央文件时，都要绕过日军的岗哨走；第二，每次搬运中央文件时，都要边向前走，边观察前方的情况，如果遇到前方有日伪武装警察在抄靶子（方言，搜身）时，要很自然地转弯走到弄堂里去转圈子，等抄靶子的过去之后再走。搬到自己家的阁楼上后，他又在每包文件中放进几片烟叶，防潮防蛀。然后，他把中央文件紧靠阁楼的墙壁堆到屋顶，再沿外面钉上一层板壁（木板是吴成方提供的），将文件密藏在这道夹壁之中，并在板壁糊上一层报纸。夜里，他同甄长顺、甄福顺就睡在这个阁楼上看管中央文库。

开设向荣号面店掩护中央文库

1942年冬，陈来生向其岳父李醒亚借了一笔钱，作为做生意的本钱。由甄长顺、甄福顺出面，租下了上海成都北路972弄3号沿街的他家住的厢房间隔壁的一间厢房间。他让甄长顺、甄福顺把这间厢房间的西墙拆了，改建为店面房子，门牌是上海成都北路974号（现为成都北路972弄3号），由甄长顺、甄福顺出面开设向荣号面店，经营切面、面粉生意。同时，他又让甄长顺、甄福顺在这两间厢房间里头搭了阁楼，用来保管中央文库。

向荣号面店运转正常后，陈来生决定将中央文库再转移到面店的阁楼上。不几日，他又带领老父甄德荣和四弟妹把保藏在上海新闸路944弄阁楼上的中央文件，安全地搬运到向荣号面店阁楼上，并做了夹墙保藏。

化险为夷，陈来生第三次转移文库

1945年抗日战争胜利前夕，陈来生打电话给吴成方。吴家的二房东唐先生来接电话说，吴成方昨晚被上海日本宪兵队抓去了。处此险情下，为了保障中央文库的绝对安全，他又同甄长顺出面，出顶费租下了上海新闸路488号兴隆大饼店的灶披间（内有阁楼），用来保藏中央文库。紧接着，他又带领一家人把保藏在向荣号面店阁楼上的中央文件搬运到兴隆大饼店灶披间的阁楼上保藏。夜里，他和甄长顺、甄福顺睡在灶披间看管。

1946年，兴隆大饼店转业开设兴隆皮鞋店，要收回灶披间自用。他又带领家人把中央文件搬运到成都北路974号向荣号面店的阁楼上保存，直到1949年上海解放，陈来生圆满地完成了党交给他的艰巨而光荣的任务。

1949年6月，已代替吴成方的陈蕙瑛命陈来生把中央文库上交给中共上海市委组织部，并给了他一封市委组织部写的上交中央文库的证明信。

1949年9月14日，陈来生把中央文库完整地上交给中共上海市委组织部。

党中央两次秘密调运文库到延安

上海解放前，中共中央曾前后两次秘密从中央文库中调走部分历史档案使用。

1943年，党中央在延安整风运动中，为了总结党的历史经验，电令华中局情报部长潘汉年，从上海的中央文库中调阅六届三中全会、四中全会等文件。这时，张唯一立即向吴成方作了布置，吴成方转而要陈来生迅即完成。陈来生连夜按照目录从文库中调出文件材料以后，因为规定原本要归还文库，因此他立即组织他联系的党员限期分别抄写了这些文件。当刘人寿奉张唯一指令收到这些档案副本以后，又迅速将全部文件摄成底片并将副本退还。然后，刘人寿将胶卷用锡纸包裹成一支支如卷烟般大小，塞进已抽去内芯的大号电池内，外面照原样封牢，犹如普通电池一样。他将这些胶卷及时交给潘汉年同上海联络的交通员何荦带到淮南。从淮南到延安，千里迢迢，万重险阻，怎么带去？经验丰富的潘汉年布置一名干部用放大镜阅看底片并且读出声来，令另一干部听写整理，然后交华中局电台发送报告延安。

抗战胜利以后，刘少文于1946年回到上海，任中共中央南京局所属上海工委副书记，继而留在中共中央上海局工作。吴成方又划归刘少文领导。一天，刘少文通知吴成方：中央计划将全部中央文库迁往延安；在此之前先装两箱交中共代表团南京办事处（即梅园新村）空运延安。吴成方布置给陈来生后，陈来生将两只航空皮箱的档案约5 000件左右，送交吴成方。不久，国民党挑起全面内战，中共代表团即将撤离南京之际，吴成方又通知陈来生，留存在上海的中央文件不再运往延安，指示陈来生继续做好保管工作。后来据说周恩来认为，乘坐国民党飞机空运中央档案太冒险，旋即停止执行原来的计划。

这批中央地下文库档案建国以后上交中央办公厅，使之在编写党史、军史、革命史、地方史等史籍如《中共中央文件选集》《六大以前》和《六大以来》等重要的历史文件汇编中，发挥了重要作用。特别是在编辑出版《毛泽东选集》《周恩来选集》等老一辈无产阶级革命家的著作时更提供了极为重要的历史资料，如《周恩来选集》上卷中收入的《迅速出师讨伐蒋介石》（1927年4月）、《在白色恐怖下如何健全党的组织工作》（1929年3月25日）等文章的原稿，都是密藏在中央文库里的。

（本文撰写过程中参考了陈来生、费云东、余贵华、朱国明等同志的文章和著述，谨此致谢）

我的父母奉命掩护中共上海局

方 虹

刚到根据地　衔命又返沪

1933年，我的爸爸方行18岁离开常州来到上海，住在他老同学瞿维（后成为著名作曲家）的姑妈家。他去参加上海青年会代理的上海法院招聘考试，当时应考的人都是西装革履，而他却因一身土气被门卫挡在电梯外。结果，没有想到他却考取了，被上海法院民事庭录用为录事。录事的工作就是为法院的判决书刻钢板、抄写传票和出庭的记录，是一份收入微薄的职业。从此，爸爸开始在上海谋生并奉养住在常州的父母和妹妹们。

抗日战争爆发后，爸爸跟当时所有爱国青年一样出于对国家存亡的忧虑和对现实的不满，积极投入抗日救亡运动。不久，他慕名进入由当时沪江大学校长刘湛恩出面办的社会科学讲习所，每天晚上在讲习所听课或者参加活

方行与王辛南

动。这个讲习所是中国共产党面向全社会的教育阵地，由王任叔领导，余沛文具体负责。爸爸担任同学会主席，组织学生读书会，带领同学们到社会上演出等。1941年，爸爸以讲习所自筹自办的进步刊物《学习》（后更名为《求知文丛》）杂志记者身份第一次去苏北根据地，在那里见到了新四军的陈毅军长。陈军长向他打听当时上海的知名人士郑振铎先生，并给郑振铎写了一封由他与刘少奇签名的信，请爸爸转交，信的内容是希望郑先生到根据地去。

1942年，爸爸第二次去苏北根据地，任务是筹办江淮大学。离开上海时他把仅有的家当全部处理掉，没打算再回来。妈妈王辛南出生在上海，自小在教会学校读书，长大后在那里做教员，后来从沪江大学毕业后在上海女青年会任职。这次她和爸爸一起去根据地，也是下了很大决心的。没想到不到一年，组织上就要求他们利用在上海的身份与社会关系，做中共地下机关和电台的掩护工作。就这样，他和妈妈又被派回了上海。

筹资办药厂　秘密建机关

1943年初，新四军城工部领导刘长胜指示他们在上海利用社会关系，设法筹集资金办一个尽可能有些规模的企业，以备必要时作为负责同志来沪安全可靠的立足处，并指派戴利国和他们一道工作。这是因为戴利国的父亲是做西药生意的，而我妈妈是上海沪江大学化学系毕业生，曾经在药厂工作过。新四军当时需要大量药品，上海市面上假药太多，很需要靠得住的药厂，于是他们决定开一家制造西药的药厂。我爸爸回老家常州并在上海多方周旋，终于筹到一笔数目不小的资金，经过大约一年的筹备，以生产针剂、片剂、液剂的进化药厂开张了。药厂全称为进化药厂股份有限公司，董事长陈恒澧（当时的大赉被单厂总经理），总经理戴振华（戴利国之父），经理方鹤亭（当时爸爸化名方鹤亭，后来很长时间内刘晓等写信给爸爸还以"鹤亭兄"称呼），副经理贾进者，襄理戴利国，厂长金荣光，副厂长王辛南，会计邱子平（共产党员），共有职工二三十人。我妈妈请来沪江大学名教授做药厂的顾问。

药厂开张后，生产的都是新四军急需的药，主要有治破伤风的药和各种疫苗。厂里日夜加班生产出来后交给张执一，他再派人连同其他物资一起运往苏北根据地。

进化药厂厂址在愚园路愚谷邨121号。这是花钱顶下来（买断使用权）的双开间三层楼洋式房屋。我爸爸看中这里，是因为愚谷邨的弄堂北通愚园路，南通静安寺路，东临迪化路（今乌鲁木齐路），而且121号处于支弄弄底，室内围墙外就是迪化路，一楼有独立的门，不经过弄堂就可以进出，这样加上前后门，共有三面均可以出入，非常便利。这时，我们一家大小住在后楼后厢房和三楼前楼，虽然经济上非常困难，但是为了在人前维持排场，家里雇了佣人和厨师，以各种名义常常请客。来客中还有个汉奸局长的太太，是我爸爸同学的姐姐。因此，邻居都知道这家人家在社会上"有路道"，包括一个住在同一弄堂的"76号"特务也对药厂从不怀疑。

愚谷邨常年人来人往，他们或走后门或走侧门，有时也从前门进来。来的客人往往手里拎着蛋糕点心盒或者带些给孩子的玩具，我父母则热情迎客烟茶招待，家里总是很热闹。来人进屋后，围桌坐下边喝茶边聊天，桌子上放着麻将或扑克。每当这个时候我父母则在楼下或其他房间佯装做其他事情，注视着周围环境，警卫放哨。家里佣人和饭师傅在灶间里忙碌。到吃饭时，我爸爸就出来招呼客人，饭菜上桌客人围坐一堂，谈笑之声不绝于耳。饭毕人散，主人分别由三个门送客，一切都做得自然妥帖。

掩护张执一　上海搞起义

1945年7月，张执一代表新四军从根据地来沪，联系吴耀宗、郑振铎、陈巳生、严景耀等社会知名人士。组织上指示由我爸爸安排张执一在上海的食宿。他先安排张执一住在药厂副经理、他的朋友贾进者家中，后住在他的同乡、老同学范秉义家（后来贾和范都加入了共产党）。这次张执一特地来

方行夫妇与儿子在愚谷邨121号门口合影

愚谷邨了解了进化药厂的情况。

从根据地来上海的人，我父母首先要为他们改变装束，购置衣物，常常为了救急，要向体型相似的舅舅们借。张执一的夫人王曦来上海落脚，我妈妈为她布置新家，准备日常生活用品，还认真教她上海人的衣着举止。

这年的8月16日，在日寇无条件投降的次日，张执一即从根据地来沪，住在进化药厂。17日，刘长胜、梅益也由根据地来沪，也住在进化药厂。当时党中央决定在上海发动武装起义，他们就是来领导这次起义的，并计划起义成功后，由刘长胜和张执一担任上海正副市长。刘长胜让张执一继续住在进化药厂，并要我父母一定掩护好他，保证安全，他自己和梅益分别移居别处。张执一为了武装起义事，成天在外奔忙，常常深夜才回来。除了分配我父母做些联络和文字工作外，戴利国骑着自行车往返于上海和青浦之间跑交通，通过那里的淞沪支队的电台与新四军军部联系。张执一在进化药厂住了二三十天后平安离去，从此这里就成为领导同志常来开会和谈话的地方。

1950年老战友合影。前排右起：陈明、徐雪寒、刘长胜、刘晓、刘少文、吴雪之、卢绪章、谢寿天。第二排左二为方行

1953年老战友合影。左起：张纪元、方行、万景光、刘晓、张毅、王辛南、沈舜琴、冯志琼

办报遭禁止　觉园建电台

后来根据中央指示，上海中止了武装起义。刘晓和张执一将梅益约到进化药厂，和爸爸一起商讨在上海筹备出版党报《新华日报》，梅益为主编，指示爸爸立即为报社找合适的房子并解决印刷问题。不久，重庆《新华日报》的徐迈进也为此事来上海。经过多日奔走，爸爸顶下了朱葆三路（今溪口路）25号2楼11室，这里可供20余人办公，公开挂出"《新华日报》筹备处"的铭牌，并洽定了印刷所。可是，国民党拒不同意在上海出版《新华日报》，这个地方只能改为继《救亡日报》后出版的《建国日报》社址及编辑部。《建国日报》的社长为郭沫若，总编辑为夏衍，于1945年10月10日创刊，但到22日就被国民党上海市党部下令禁止发行，不得不停刊了。

1945年9月，上级指示要在上海寻觅房子设立秘密电台。为此，我爸爸出面借了北京西路1400弄（又名觉园）25号一幢单开间三层楼房。机要员郑惠英很快住了进去，王曦交给我妈妈一台美国军用发报机，也送了过去。为了保证电台的安全，25号二楼被布置成我父母的卧室。我妈妈对二房东说，单身的郑小姐是她的表妹，来沪求学住在这里，自己时常过来看望、照顾郑小姐的生活。住在进化药厂的机要员朱志良和张执一夫人王曦则是郑惠英的联系人。为了安全，电台必须经常转移，这个电台也在1946年夏迁到新闸路来安坊5号江闻道家中。

觉园里的这所房子是江圣造医生的住宅，后来成为上海第六人民医院的一部分。当时用的那部发报机由王曦一直保存着，1994年上海"一大"纪念馆去北京征集党史展品时，她才把发报机交给了他们。

家中客人多　来往皆英雄

为了继续利用药厂的基础和已经与医药界建立的关系，1946年9月，组织上决定在进化药厂结业后在原址楼下开办中华医药化验所。我妈妈作为化验所负责人,又聘请了上海的儿科专家林俊卿医生为主任(后为上海声学研究所所长),另聘请化验员两人。设在觉园的电台机要员朱志良,则在化验所任会计作为社会身份,每天来此上班,大约持续了一年左右。

化验所时期,我们全家的住处从二层后厢房移至二层通厢房,二层客堂间布置成会客室,仍是中共上海局领导开会和洽谈工作的场所。由于化验所每天有送化验标本的病家和医生来来往往,来开会的领导进进出出不至于引起外人注意。经常来此的有刘晓、刘长胜、张执一、钱瑛,还有沙文汉和陈修良、唐守愚、谢寿天、林枫(王尧山之兄)、徐雪寒、刘少文等,他们都是我党隐蔽战线上的传奇英雄。他们常在这里会面碰头交接资金。刘长胜也是在这里约见万景光,派他去香港建立中共上海局香港办事处,并指定我爸爸作为万景光的联系人。不久,万景光和他的夫人冯志琼(后更名冯修蕙)相继离沪去了香港。这些人在新中国成立以后分散在全国各地不同岗位,与我父母很少有机会见面,但是在愚谷邨的短暂接触,维系了他们之间一生的牢固情谊。

1948年底,中共上海局的领导先后去了香港,由化验所掩护的朱志良和康志荣也被调往解放区。我爸爸根据张执一离沪前的指示,将中华医药化验所结业,愚谷邨121号的三层与底层分别出顶,及时处理了化验所的设备仪器和雇佣人员,而我家居住的二层房屋是上海解放前夕才顶出去的。20世纪50年代初,刘长胜当时主管中华全国总工会,他给我爸爸写来一个字条,内容如下:

方行同志:我们总工会在沪东区建立了一个办事处,惟急需要办公工具如桌凳等等,从前进化办公用具是否尚存?并可否分一部分给我们。兹派沈默同志同你接

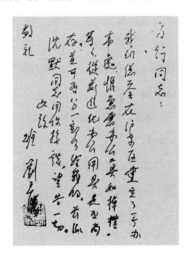

刘长胜给方行的字条

谈，望告一切。

　　此致

敬礼

刘长胜

　　1998年春，大约是5月里，我哥哥去了这个我们童年曾经居住过的地方，房子和内部装饰依然如旧，而居住着的一位老人居然还提起房子是从我妈妈手里顶来的，他正日夜担忧着这个地方即将面临的拆迁，希冀它能有一个更好的命运。

住进永乐邨　智挫大检查

　　1945年秋，我妈妈革命顶下了江苏路永乐邨21号作为寓所，户主是王辛南。进化药厂是一个社会性掩护场所，这里则是中共上海局机关核心所在地。

　　王寓为永乐邨弄堂底的单开间带家具的三层楼房，每间房间都不大而且不规整。此前住着的是一对台湾籍夫妇，他们留下了一套东洋式家具。1947年后，我们一家搬到永乐邨二层，张执一全家住在三层。底层分前后两进，分别是客堂和饭厅，是两家老小一起吃饭的地方。刘长胜指示我父母负责在这里掩护张执一全家，不仅要保证这里作为高层领导开会谈工作的机密场所，而且两家人家日常生活采买或保甲长等有事找上门来，一概要我妈妈出面应付。

　　在这里的掩护方式和在愚谷邨相仿，只是更加严密谨慎。连同房子一同顶下来的两个佣人尽管在这里一起生活多年，与两家老少密切相处，对房主人从事何种工作却一无所知。直到上海解放，看到住在这里的先生小姐太太都穿上了解放军军装，他们惊得目瞪口呆。常来这里开会的中共上海局领导有刘晓、钱瑛、刘少文、张承宗等。1946年4月，冯文彬由延安来上海，在这里住了约三个月。他走后不久，钱瑛从中共南京办事处调上海工作，组织上派爸爸把她接到这里住了约一个月。另外，王曦的姐姐和姐夫也一度居住于此，后来他俩去了台湾任中学教师，从此再也没有来过。

1947年夏，国民党上海市政府宣布要进行全市户口大检查，规定各户在轮到检查时，居民必须在家守候，并要以照片核对。这个针对中共地下组织的清查计划，无疑对永乐邨构成巨大威胁。刘晓、刘长胜、张执一和张承宗在永乐邨开会研究如何应对，最后决定暂时转移去杭州以保安全。于是，假托有几位上海资本家要去杭州名刹做佛事，请佛教界著名居士赵朴初备函，介绍由我爸爸陪同前往杭州，拜访净慈寺方丈面洽此事。前事办妥后，刘、张和我爸爸一行五人分头到达杭州净慈寺。方丈得知五位是来大做佛事（打水陆）的，分外殷勤，安排他们住在非常幽静的深院独立小屋内，每餐品尝该寺著名素菜。他们与方丈洽谈佛事事宜后，说是要在这里小住几天后再回去。时值天气炎热，以白天不宜外出至晚间才能游湖赏月为由，刘和张等四人白天都在室内佯作打牌消遣，实为开会议事，我爸爸则带着6岁的张纪生（张执一之长女）在院子里玩耍观察动静。一行人在寺内住了约一个星期，得到我妈妈从上海送来的信，知道上海的全市户口大检查已经结束，大家才分头返沪。

1949年5月27日上海解放，我们两家先后搬离永乐邨王寓。我舅舅一家在这座房子里又住了一段时间，1950年依照刘长胜的指示移交给上海总工会。当时刘长胜给我爸爸写了一个便条，内容如下：

方行同志：请你写一介绍信给你的亲戚（关于江苏路愚园路的一座房子）

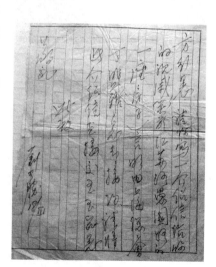

刘长胜给方行的便条

言明由上海总工会丁盛雅同志去接洽。请将此介绍信直接交王玉昆同志。

此致

敬礼

刘长胜

永乐邨21号今貌

1981年左右，张执一从北京来上海，他特意到我上班的地方接我，要我带他去永乐邨看看。当时那条弄堂还在，还是原来的样子，但是21号里的新主人因为不认识我们，不让我们进去。在那扇熟悉的弯花造型铁门外，我们驻足良久，才依依不舍地离去。

现在，永乐邨的弄堂已经消失，弄口的水果摊、菜场和南货店也在江苏路拓宽工程中成为记忆。所幸的是，这幢挤压在一群高楼大厦之间的矮小的21号小楼被保存了下来。2003年春天，上海文物管理委员会把我家20世纪50年代初离开永乐邨时带出来的尚存老家具又搬了回去，尽可能部分地重新恢复旧貌，将这里作为一个历史的记忆——解放战争时期中共上海局机关遗址，加以永久保存并对社会开放。转眼上海解放60多年了，曾经出入于此的人大都已经离开了这个世界，能有几个人还真正记得它的原貌？为了纪念这段历史，特写下本文，同时怀念我的父亲和母亲。

紧急接送红军游击队到皖南

刘燕如

这是一段鲜为人知的史实。60多年前，由上海煤业工人组成的淞沪战场救护队，在完成了战场救护和伤兵转运的任务后，还为新四军建军作出了重大贡献。

运物资　救伤员　奔驰在淞沪战场上

上海煤业救护队建立于战云密布的1937年8月9日。仅隔一周，救护队争取到上海煤业界领袖、中国红十字会会长刘鸿生的支持，于8月16日与红十字会合作，改名为"中国红十字会上海煤业救护队"。其核心领导是中共地下党员叶进明、余继良、毛纪法等组成的上海煤业党支部。

自愿报名参加上海煤业救护队的有近500人，各煤商同意随时可供调遣的卡车有50辆。救护队下设15个中队和分队，由华北煤业公司副经理田莘芳和罗希三、罗德传、金振华分任正副大队长。

"八一三"淞沪抗战爆发，中国红十字会上海煤业救护队与各种救亡协会和战时服务团一起勇敢地开赴前线支援抗战。一天下午3时，上海煤业救护队的12辆卡车插着红十字旗，队员们佩戴"红十字"臂章，冒着敌人的炮火，分赴八字桥、宝山、罗店、顾村、大场等地进行战地服务。此后，又将赴前方服务的救护队分成两班，在正副大队长率领下，奋战在真如、昆山、太仓、浏河前线。他们在前线昼夜不停地给抗日部队运送慰劳品、慰问信，还帮助构筑工事、救护伤兵、抢救难民。他们和前方将士一样，带着一身泥灰、一身汗水、一身血迹，来往于前线与市区租界中的伤兵医院及难民

叶进明（站在第一辆卡车踏板上）率领上海煤业救护队开赴前线

收容所之间，甚至在将伤兵送进医院后，连吃饭、喝水都顾不上就又奔赴前线了。此外，他们还不断遇到敌机轰炸，有些队员被炸伤。可是队员们不仅无人退缩，反而越战越勇，始终坚持在淞沪战场上。

1937年11月12日，国民党军队从上海西撤。上海煤业救护队的100名队员在田莘芳、王公道、周中奎（周山）等率领之下，驾驶着25辆卡车随军撤退。由于一路上遭到日机轰炸，数辆汽车受损，队员多名受伤，再加给养中断，生活已陷于极度困难之中。为此，队长田莘芳决定返沪求援。

叶进明等支部领导在上海听了田莘芳的汇报后，立即联络刘鸿生先生对煤业救护队进行援助。1937年11月下旬，叶进明、忻元锡等党员奉命带了燃料、粮食等物资和经费，经宁波、金华、开化（十八跳）军用公路到达屯溪队部。他们从上海带来的给养和家人的关心，使队员们士气大增。

扮难民　巧掩护　偷运四千伤兵到后方

叶进明、忻元锡在屯溪只住了两三天，即奉中国红十字会的指示，带了三四辆卡车和部分队员，经宁波返回上海，迅速投入了抢运滞留在上海的我抗战部队伤兵的工作。

当时，滞留在上海租界的伤兵约有4 000人，其中包括一个不寻常的第19伤兵救护医院中的伤兵。

这个伤兵医院是在中共上海地下组织影响下，由公共租界工部局华籍职员组织"工部局华员总会"（简称"工华"）与进步团体"蚂蚁社"（简称"蚁社"）"精武体育会"联合组建，经中国红十字会批准而命名的。工部局华员总会还和"蚁社"合办了"卿云"和"华美"两个收容所，以及在董浩云先生（首任香港特区行政长官董建华之父）支持下办了一个"工华难童收容所"，这个收容所实际上是一所"抗大"式的难童政治学校。

第19伤兵医院设在越界筑路上的华华中学的校舍内，拥有200个床位，服务人员白天对在院的伤兵进行医疗服务，夜晚则为前线送来的重伤员进行紧急处理；他们还为伤兵写家信，读报纸，宣传爱国主义精神。他们的爱国热情和服务精神，获得了中国红十字总会颁发的荣誉奖状。

1937年11月11日夜，也就是国民党军队撤出上海的前夕，第19伤兵医院为了保护在院伤兵的生命安全，全体医护人员紧急行动起来，在搬场汽车公司和其他汽车运输公司的支持下，用了一夜的时间，将200名伤兵和全部医疗器材、手术设备等物资，秘密安全地转移到了租界上茂泰洋行的大仓库中加以隐藏，等待红十字会煤业救护队转运到后方。

鉴于当时上海的险恶环境，将伤兵转运内地已不能公开进行，故只得由中国红十字总会出面，以运送"难民"为名，而将伤兵化装成难民，乘上叶进明等带回的汽车，分批偷运到码头，然后坐船从海路抵达宁波登岸，经中国红十字总会设在宁波的伤兵接待站接收后，再等候上海煤业救护队的汽车向内地转运。不久，宁波港遭到日军轰炸和封锁，运送伤兵的船遂改由温州登岸。中共地下党员乐时鸣负责的宁波接待站又分别在永康、丽水设立转运站接收伤兵。

转运伤兵的目的地分别为浙江、皖南、江西、湖南以及桂林等地。转运途中煤救队的车队经常遭受日机轰炸，加之战时公路残破，山路陡峭，行车之难难以想象。但他们还是克服千难万险，胜利地完成了任务。

分三路　赴六省　接送红军战士到岩寺

1938年，煤业救护队队员们一边积极地转运前线的伤员到南昌等后方基地，一边在准备随时开赴延安参加八路军。然而就在此时，他们从报纸上和群众传言中得悉中国共产党已组建了新四军。这一喜讯极大地鼓舞了队员们，他们可以就近参加新四军了，汽车及其他物资也可以一并交给新四军了。很快，叶进明和王公道在南昌陆象山路明德里找到了刚刚建立的"新四军南昌办事处"，中共中央东南局统战部长、办事处主任黄道和组织部长陈少敏会见了他俩。叶进明汇报了上海煤业救护队的情况和集体参加新四军的愿望。黄、陈听后，兴奋地说："叶挺、项英等领导同志日内即将从武汉到达南昌，他们会直接处理此事的。"为了尽快见到叶、项首长，上海煤业救护队主动派车驶往武汉，把军部的几位首长一起接来南昌。1938年1月，新四军军部首长项英、周子昆、李一氓、曾山、赖传珠、朱克清等在南昌三眼井（原"张勋公馆"）亲切接见了上海煤业救护队的叶进明、忻元锡，对上海煤业救护队全体队员加入新四军表示非常欢迎，并说叶挺军长和袁国平主任不久也将到达南昌，还传达了周恩来副主席"请上海煤业救护队留在南昌军部工作"的指示。

1937年10月，国共两党在南京达成协议，将留在湘、赣、闽、粤、浙、鄂、豫、皖八省边界地区的红军游击队编为国民革命军新编第四军（简称"新四军"）。同年12月新四军军部在汉口组建，并于1938年1月6日迁到江西南昌，后又移驻皖南岩寺。叶挺任军长，项英任副军长，并规定八省红军游击队队员按国民党指定的路线，从集结地徒步行军到岩寺集中。但人数逾万的红军游击健儿，经过三年艰苦卓绝的山区游击战争，缺盐少药，大都已极度虚弱，伤病员很多，加上国民党的封锁、自身武器装备简陋，指定路线的沿途国民党军队虎视眈眈，随时有加害红军游击队的可能。这是新四军建军中的一道难题。恰逢上海煤业救护队的到来，解了燃眉之急。那天，叶挺军长、项英副军长、袁国平主任以及李一氓秘书长一同与叶进明、忻元锡谈话，告诉他们准备派上海煤业救护队利用红十字会的名义去接送江南六省红军游击队下山到岩寺集中（江北的鄂、豫两省及皖北红军游击队自行到安徽霍山流波䃥集结），并征求他俩的意见。紧接着由周子昆参谋长将江南六省红军游击队的集中地区和行军路线作了详细说明。叶进明、忻元锡听了非常兴奋，当场表示坚决完成这项光荣而艰巨的任务，然后就救护队的情况作了汇报："上海煤业救护队共有100多名队员，其中有中共上海地下党员，有志愿去八路军参加抗日斗争的积极分子，还有一些爱国群众。他们都穿着红十字会服装、佩戴有红十字会臂章，25辆汽车都有红十字会旗帜，携带着有红十字会钤记的证件。但问题是汽油不多，到几个游击区的联络没有把握。"为此，军首长指出：一、到每个游击区去接人，军部都会派人随车同行带路；二、在物资方面，希望上海煤业救护队派人到上海，继续争取上海煤业公会在人力、物力、财力上的支援。当叶、忻向全体队员传达了军部首长指示后，大家都兴高采烈，纷纷表示一定要完成任务。队员们清洗了红十字会的服装，整理了证件，重新油漆了汽车上的红十字会标志，修好了损伤严重的车辆，全队士气高昂，随时准备投入战斗。

上海煤业救护队把10个分队编成三路：第一路由忻元锡带队，去江西的莲花、宁都、于都、瑞金和福建的龙岩，接送湘赣边区、粤赣边区、闽赣边区及闽西、闽南的红军游击队；第二路由王公道带队，到铜鼓、修水一带及景德镇附近，接运湘鄂赣边区、赣东北边区的红军游击队；第三路由陈昌吉负责，到闽北崇安一带和浙东平阳一带，接运闽北地区、浙东地区的红军游击队。

这三路接运车队,要数大队长忻元锡率领的第一路任务最为繁重。

忻元锡率领着由6辆汽车组成的车队,从南昌出发,经吉安略事休息后,即由队员洪德生和军部派来的一位副官一同前去莲花,与湘赣边区的红军游击队进行联系,车队的其余人员和车辆则继续向前,驶经万安、赣县、于都而抵达瑞金。军部另一副官要求车队停在瑞金以北的一片大榕树林中隐藏待命,他自己沿着一条小路上了山。车队在大榕树林中整整等了两天两夜,队员们把带的干粮都吃光了,又派人到瑞金城内去买了几十斤"羌饼"和白糖,煮了几锅开水,等待下山的红军游击队。到了第三天凌晨,那名副官果真领着一支长长的队伍下山来了,但大多为体弱多病者。原来,主力部队早已经徒步开拔了,留下的这些体弱伤病的指战员则必须乘车了。救护队员先让红军游击队员们吃了白糖、羌饼,喝了茶水,然后,为他们填写了中国红十字总

从上海运到皖南新四军伤兵医院的药品器械

会的证件，注明番号是"国民革命军陆军新编第四军"，身份是"伤病员"，目的地是"安徽屯溪"。之所以填写"屯溪"而不写"岩寺"，目的是遮人耳目。因为"屯溪"驻的是国民党第三战区司令长官部，使人不疑有他，而岩寺与屯溪只有咫尺之遥，一蹴即达。这样就可避免国民党军队的突然袭击。

这100多位"伤病员"在一位矮小的"伤员"的指挥下登车。他们携带的武器很差，除了一挺旧的轻机枪和一些套筒枪、马枪外，剩下的便是大刀、梭镖。每人都背了一个背包，带着一条粮袋，可粮袋内盛放的不是粮食而是食盐。忻元锡与那位矮个子红军"伤员"以及军部副官约定，车行途中，如遇国民党军队盘查，一律由煤业救护队队长答话，车上的"伤病员"只能装病呻吟，不可插话，如果发生意外，就听从那位矮个子的"伤员"指挥。次日凌晨车队出发。行驶在最前面的一辆车由经验丰富、技术最好的原驾驶班长驾驶，忻元锡和洪德生坐在驾驶室副驾驶员的位置上指挥，从瑞金循原路回驶，路上避开南昌重镇，经东乡、婺源进入皖南。经过两天两夜的行驶，途中仅在赣县、吉安、东乡遇到国民党军警的盘查。军警们在看了红十字会的证件后，到车后履行公事似的朝车厢里张望了一下，就一挥绿旗放行了。为了避免车队在屯溪可能会遭到国民党军队的刁难，所以就按计划在黟县休息半天，做饭吃，挨到天黑透以后，车队才悄悄驶离黟县，经休宁，于半夜时分疾速驶过已空无一人的屯溪检查站，向20公里外的岩寺飞驰而去，顺利完成了第一次接送任务。到了岩寺后，忻元锡等人才知道那位矮个子"伤员"就是威名远扬的张云逸将军。

三路车队就这样打着红十字会的旗帜，夜以继日地穿梭于崇山峻岭之间，硬是在国民党军队的眼皮底下，将数千名红军游击队员一批又一批地接送到皖南岩寺，为新四军的建军工作作出了重要贡献。

齐参军　遂心愿　刘鸿生派人送车到军部

当忻元锡完成了第一次接送红军游击队的任务之后，就和叶进明、陈昌吉一起返回上海，向上海煤业公会作了汇报。同时，又以各公司、煤号对本单位参加煤业救护队的职员应补发工资的名义和本单位所支援煤业救护队使用的车辆应付保养费的名义，向上海煤业公会具领了一笔相当可观的经费，又向中国红十字总会领取了一笔购买药品、器械和汽油的经费，然后带着叶进明的家属、冯明全及其弟妹等和各队员的家信回到了新四军。从此，煤业救护队队员们解除了思家之忧，汽车也得到了修理、加足了油。大家的抗日热情更高涨了。

1938年3月9日，军部首长为嘉奖上海煤业救护队，特地在军部举办了一次盛大的会餐。席间，上海煤业救护队的108名队员庄严宣布，集体参加新四军，25辆汽车也编入新四军的战斗序列，受到新四军将士们的热烈欢迎。

当中国红十字总会会长刘鸿生先生听到这个喜讯时，他高兴地说："国

上海企业家刘鸿生捐献给新四军的别克轿车

共合作才能真正打中日大战。"他还表示他身在上海"孤岛",但心在抗日前线,他会继续通过各种途径支持新四军。不久,刘鸿生就派出中国红十字总会的代表金芝轩会同上海煤业公会的代表田莩芳,专程赴皖南新四军军部,视察了上海红十字会上海煤业救护队的工作。

当金、田两位代表带着两辆新的奥斯摩比尔救护车和刘鸿生捐献的别克轿车以及捎给队员们的家信和物品到达岩寺时,受到了煤业救护队全体成员的热烈欢迎。金、田两位代表在听取了救护队的工作汇报后,代表中国红十字总会和上海煤业公会向大家作了慰问并摄影留念。当晚,叶挺、项英、袁国平、李一氓、宋裕和(军需处长)、张元寿(军总兵站站长)设宴接待金、田两位代表。席间,军首长表扬了煤业救护队的出色工作。叶挺代表军部聘请金芝轩为新四军交通运输顾问、田莩芳为新四军医药卫生顾问,并向他俩发了聘书。次日下午,军部还在岩寺东街祠堂内举行了千余人的欢迎晚会,军首长和金、田两位顾问都讲了话。金芝轩在会上高声宣布,中国红十

新四军军部举行晚会,欢迎上海代表莅临皖南视察

字总会和上海煤业公会将继续支援新四军抗战到底,并当场将带来的两辆崭新的救护车和一辆别克轿车捐献给军部。顿时,全场掌声雷动,口号声响彻云霄……

  在八年抗战和三年解放战争中,上海煤业救护队的战士们,不怕牺牲,英勇战斗,先后有20多位战士牺牲在皖南事变以及其他战斗中。他们是上海人的骄傲。

  时隔半个世纪的1987年,当年新四军军部秘书长李一氓在为叶进明(曾任市府顾问)、忻元锡(曾任上海市副市长)撰写的《皖南从军纪实》一书所作的题词中,充分肯定了上海煤业救护队当年所作的贡献,他说:"上海煤业救护队入新四军参加抗战,于新四军建军初期之后方勤务有极大贡献……当(为)新四军军史重要之一页也。"

保卫周公馆

孙修文

接到一项特殊任务

1946年5月间的一天晚上,中共地下党员邵健正准备将刚刚从国民党上海市警察局内获得的一份重要情报,出门去向中共上海市委书记张承宗汇报,突然传来特殊而又熟悉的敲门声。他顿时眼睛一亮,这是他和张承宗约定的暗号,便迅疾去开门。

"张大哥,你怎么亲自来了。"

张承宗面带微笑递了一支烟给邵健,说:"近来'生意'怎样,说说看。"邵健将门关上,说道:"刚刚得到可靠消息,警察局正在搞一个秘密行动计划,说我党有位大人物要到上海来。"

地下党员邵健

张承宗说:"是的,我来这里正要与你商谈此事。"他紧接着说,"以周恩来为首席代表的中共代表团已由重庆迁往南京,并秘密租下上海马思南路107号(今思南路73号),在此设立办事处,对外称'周公馆',负责对国民党的谈判和开展爱国民主运动的统战工作。对周恩来等中共代表的在沪活动,国民党反动派极度惊慌和仇视,密令其淞沪警备司令部、中统局上海特派员办事处及上海市警察局实施'情报收集计划',公开的'以保甲事务为借口,时与该处接触,借以探讯内详',秘密为'长期密派员警驻守,监视其活动,并跟踪其中主要人员,以查其活动范围',同时进行电话窃听,策

1946年秋，周恩来与郭沫若（左）、李维汉（右）在周公馆大门口合影

划各种阴谋破坏活动。"张承宗指出，这是一场反监视、反破坏、反捣乱、确保"周公馆"安全的特殊斗争。他要求邵健，一定要选派已打入国民党卢家湾警察分局内的最优秀的同志去完成这一特殊任务。

邵健按照张承宗的指示，找到了卢家湾警察分局三等警长徐本初。徐本初的秘密身份是该分局中共地下党支部书记。徐本初接受任务后，立即分头布置宋玉龙、张文汉、李春荣、王锦来、许金根、李炳南、蔡如庚等地下党员，借上岗巡逻的机会，对中共代表团驻地周围进行实地踏勘，发现可疑情况随时报告，以便及时研究并采取对策。

及时报告敌情监视动态

马思南路107号是幢西式庭院小洋房。暗红色的大门上有一牌子，赫然镌刻着"周公馆"三个大字，附有英文："周恩来将军寓邸"。透过篱笆的空隙，可以看到院子里郁郁芳草，一派生机。这里，寄托着中国革命的希望。

1979年，张承宗（左）与习仲勋（右）、荣毅仁在一起

宋玉龙和李春荣满怀敬意，深情地朝周公馆望了一眼，马上收回目光，捕捉着周围的可疑之处。不一会儿，他们发现周公馆对面98号妇孺医院楼上窗口里，晃动着几个人影。定睛细看，原来里面的人假装在洗脸，凭借着镜子的反射，窥视着周公馆。相距10米左右的周公馆内的活动，都在他们的视线范围内。这无疑是敌人的一个监视据点。宋玉龙和李春荣会意地点了点头，离开了马思南路。后来，他们又了解到里面的人是淞沪警备司令部稽查处、中统局上海站特派员办事处和市警察局派来的。

几乎与此同时，卢家湾警察分局奉命在马思南路的第二监狱北面，增设一个派出所。邵健得知后，及时向张承宗汇报，研究对策。张承宗指示，立即设法打入该派出所，摸清情况。邵健按照张承宗的指示，与徐本初商定，很快通过关系将王锦来和张文汉调入该派出所，一个当上了交通警察，一个干起了内勤。两人配合默契，及时将敌特的监视动态向上级党组织报告，并转告周公馆注意。另外，战斗在市警察局内部的中共地下党同志，将放在警察局长宣铁吾案头的每日《监视专报》的内容报告给邵健，而邵健便将敌人的动态及时向张承宗报告，使我地下党对敌人的监视行动了如指掌，从而掌握了斗争的主动权。

然而，随着国民党发动内战步步升级，国共谈判濒临破裂，敌特对周公

馆的控制也愈加严密。他们除了设立长期监视点、派特务骑自行车跟踪中共代表外，还专门调来汽车尾随中共代表团的汽车，甚至策划以撞车手段谋害周恩来。10月16、17日两天，特务连续两次跟踪周恩来乘坐的汽车。周恩来中途下车面斥特务，并打电话给国民党上海市长吴国桢和警察局长宣铁吾，提出强烈抗议。当时《文汇报》曾以《周恩来汽车尾巴》为题对此作了报道。

用红灯拦下了特务跟踪轿车

为了挫败敌特的阴谋活动，邵健指示卢家湾分局地下党支部，要千方百计确保周公馆汽车的安全进出，畅行无阻。徐本初利用警长身份，以查岗为名，骑着自行车到周公馆附近查看，向值岗警察中的中共地下党员逐一布置：遇有周公馆汽车进出，就把其他车子拦住，先让周公馆车子通过。看

周公馆今貌

到周公馆门前有来历不明的汽车停留，就以此处不准停车为由，设法把它撑走。

一次，王锦来在马思南路复兴路口上岗，看到复兴路以北停着一辆牌号为11165的黑色轿车，车内几个人探头探脑，朝周公馆方向张望。王锦来一看心里就明白了几分，这是特务用来跟踪的车子，得设法拖住它。他沉着地握住红绿灯的扳手，注视着马思南路107号大门。果然，不一会儿，周公馆的门开了，驶出一辆牌号为17360的墨绿色轿车，王锦来立即打开绿灯放行。守候在外的特务赶忙发动车子，准备穿过马路，尾随其后，不料吃了"红灯"，被迫停在路口。车内特务急得破口大骂，王锦来却装得若无其事，等周公馆的车子远去后，才不慌不忙地打开了绿灯。望着急驶而过的特务的汽车，王锦来笑了笑：让他们去白追一场吧！

1947年3月，中共代表团将撤离上海返回延安。徐本初等一批为保卫周公馆安全而同敌特机智周旋的中共地下党员，默默地为中共代表团送行。虽然没有情重义长的话别，但他们把对党的忠诚和深情深深地埋在心底。

新新美发厅的地下党员

孙孟英

老上海都知道，新新美发厅在解放前是上海最大最高档的理发店之一。但是，在抗日战争时期，它还曾是中共地下党的秘密联络站，知道的人就不多了。20世纪80年代中期，笔者采访了多名曾经在新新美发厅工作过的老职工，其中有一位姓李的老职工从1931年进入新新美发厅做账房先生，一直到50年代初新新美发厅停业才离开。他向笔者讲述了新新美发厅三次遭

新新美发厅设在新新公司三楼旅馆部

遇敌人大搜查以及中共地下党员同敌人英勇斗争的感人故事。

地下党员应聘进新新

1937年"八一三"淞沪抗战爆发后，上海军民与日本侵略军进行了浴血奋战。同年11月上海沦陷后，租界成为"孤岛"。中共为了在敌占区坚持抗日斗争，决定在租界里建立抗日地下组织。1939年，在南京路上的先施公司、永安公司、新新公司、大新公司及丽华公司等相继组建了抗日地下组织，简称"中共百货业党委"，而各公司的地下抗日组织以支部为单位。当时上海的一些中小理发店也成了抗日的地下联络点或联络站。

然而，中小理发店因其规模小、档次低，虽然能在与日伪斗争中起到传递情报的便捷作用，但要想与各界高层人物打交道，几乎不可能。有钱或有地位的人一般都到南京路上的高档美发厅或美容院消费。因此，中共地下组织就派了一些党员利用各种关系和机会潜入这些高档美发厅，以了解社会各界高层情况，收集各种情报。新新美发厅也潜入了几名地下党员。

1939年夏，新新公司为了扩大业务，对所属的新新美发厅（位于三楼新新旅馆部）进行了全面的扩充与装修。重修后的新新美发厅经营面积达300平方米，打蜡地板，红色的丝绸窗饰，分设男女贵宾包房，还有冷暖空调；所有理发用具用品、设备设施都从美国和法国引进，其中有一部当时最先进的烫发机——克莱姆冷烫机，即电烫头发时该电烫机会排出冷气，夏天烫发不会热，让顾客感到十分舒适。此外，新新美发厅还配备了8部移动电话小车，方便老板、经理打电话买卖股票债券等。重修后的新新美发厅被当时报纸称为远东第一流美发厅。

一流美发厅需要一流的美发美容师来"打天下"。当时新新美发厅在报纸上刊登了招聘广告，对男女美发美容师在技术、身材、相貌、年龄、文化水平及英语会话等方面都提出了一定的要求。凡是能被招入新新美发厅工作的美发美容师，都是上海滩理发业中的精英。

经过对应聘者的综合考评之后，一批"技、才、貌"俱全的男女美发美容师被招聘进来。他们中有的是从美国、意大利人办的美发美容专科学校毕业的高才生，有的是从高档洋人美发厅中跳槽而来的技术尖子，甚至有的是从英、法、德等欧美国家进修回国的"留洋美发美容师"。在这些人员中，就有中共地下党员。这些地下党员直属苏北新四军上海站领导，因此非常隐蔽，就连当时新新公司的中共地下党支部也不知道。

这些美发美容师穿着十分时髦气派：男的个个英俊潇洒，身穿统一的白色西式大褂，内穿白衬衣，系黑色领带，脚蹬黑色锃亮的牛皮尖头皮鞋；女子一律身穿玫瑰红西式套裙，内穿白色衬衣带黑色领结，脚穿黑色尖头皮鞋。因此，新新美发厅被外界称作是俊男靓女云集的美发厅，吸引了当时不少有钱人和社会各界名流到这里来美容美发。

周曼丽为新四军采购大批药品

在新新美发厅的美发美容师中，有一个名叫周曼丽的美容师，年龄约24岁，是从一家在沪的美国化妆品公司跳槽进来的。周曼丽长得非常漂亮，身材高挑，皮肤白净，头上总是梳理着一个漂亮的花纹式发髻，惹人喜爱。周曼丽不仅人长得漂亮，而且她的美容技术与女式盘发技术也很高。她在美国化妆品公司接受过严格的培训，并有丰富的实践操作经验，因而顾客都对她非常满意。

此外，周曼丽还有一个超群的特长，她不但会讲扬州话、上海话，普通话说得也标准，还会讲英语、法语。当时租界内涌入了全国各地的有钱人及各国洋人，这使得周曼丽在工作中接触到了方方面面的人。在周曼丽的老顾客中，有女明星、老板娘、姨太太，有风月场上的交际花，还有女教师和教会医院的女医生与女护士。其中有中国人也有外国人，周曼丽都能同她们交流与沟通。再加之她对人热情，服务又仔细认真，日子久了，周曼丽的女性顾客就逐渐增多，她们每次都指名道姓找周曼丽美容美发。

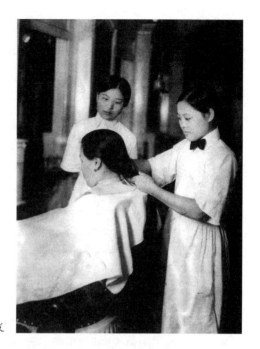

女理发师正在为顾客理发

周曼丽的老顾客中,有不少教会医院的女医生及男医生的妻子。周曼丽时常假借同事朋友生病,向她们"购些紧俏药"。这样行事也并未引起什么人注意,而在同事和顾客的眼里,她是一个非常热情乐于助人的人。当时,曾有不少男医生追求过她,时不时地派人送花给她,但她谁也不答应,因为她没有心思去恋爱,一心想到的是抗日,是早日完成党组织交给她的任务。

1940年仲夏的一个星期二,下午5时左右,正在上班的周曼丽接到了一个"老顾客"打给她的电话,要她出包(就是外出上门为顾客服务,当时一些高档美发厅和美容院为了赢得顾客都有这一服务项目)。周曼丽按照顾客的要求,带着美发美容用的工具箱离开了美发厅。根据店规,她在外出留言板上写上了"出包东亚旅馆",并留有外出时间。

当时一些有钱的姨太太为了消除独守空房的寂寞和寻找肉体刺激,专门在外包房间,与包养的小白脸寻欢作乐。为了避人耳目及美化自己让"情人"看了喜欢，她们免不了要打扮一番，故把美容师请到客房为其服务。因而美容师出包对美发厅来说只是一件很平常的事情。

然而，晚上9点钟美发厅要打烊了，仍不见周曼丽回店，同事们都认为对方可能留请周曼丽吃晚饭，或吃完晚饭要求她继续跟包（即顾客出席舞会等场合，要不断换装与换妆，要求美容师一直在身边服务），也就没有当一回事。第二天上午美发厅开门了，却仍不见周曼丽的身影，一些来找她服务的顾客只好悻悻离去。而这天有一家报纸在并不醒目的版面右下方登载了这样一则短讯：

昨晚东亚旅馆302房间有一女服毒自杀，死者年约23岁上下，袋里留有遗书，寻短原因为逃婚，巡捕房正对此事作调查。

这样一则短讯，并没有引起人们重视，更不会把死者与周曼丽联系在一起。周曼丽"出包未归"，也曾引起同事的议论，都怀疑她跟有钱男人"跑了"。

一个月后的一个星期六下午，汪伪上海警察局一位高官的姨太太到新新美发厅美发时，把周曼丽突然"失踪"之事告诉了一位美容师，大家这才了解了事情的原委。

1940年夏初，侵华日军对苏北地区的抗日根据地进行了大规模的扫荡，新四军同日寇展开了激战。由于战斗中不断有战士伤亡，药品十分紧缺。新四军军部指示上海的地下党员尽快想办法搞到盘尼西林、奎宁等紧缺药品。中共地下党员周曼丽得到这一指示后立刻行动起来，她通过医院的地下党员以及在教会医院工作的那些老顾客，搞到了一些"紧俏"和"严禁"外流的药品，并由上海的地下交通员送到苏北抗日根据地。为了减少路上的时间，地下交通员只能由水路改走陆路，药品由在火车站工作的地下党员带上火车，然后再交给北上的同志。但是，日伪当局在北火车站检查得非常严，每当火车一到嘉定南翔站，就告知乘客"火车上有小偷把乘客的东西偷了需要检查",其实所谓的"小偷"只是子虚乌有之事,真正目的是检查中共地下交通员随身携带的"违禁品"。

这天火车刚停稳,只见早已等候在站旁的伪警察就纷纷跳上了火车,挨厢挨个地检查乘客所携带的行李,连座位下面也都要查过。不久,火车上就发生了激烈的枪战,两名运药的新四军地下交通员英勇牺牲。敌人从他们所带的行李中寻找到了"违禁"药品,并在那些药品中找到了一张处方单,上面印有仁济医院及开处方单的医生的姓名。敌人很快就找到了那个开处方单的女医生,从而得知药品是由新新美发厅周曼丽转交到中共地下交通员手里的。

由于新新美发厅地处公共租界,日伪不敢公开抓人,故只能暗地里行动。他们胁迫那名女医生到东亚旅馆打电话约周曼丽出包。周曼丽没有察觉这个阴谋,只当作是一件普普通通的出包服务。当周曼丽按房号敲门而入时,见女医生的表情流露出了胆怯与无奈时,猛然产生了警觉,并从房内柜子上的镜子中看到有几个身穿黑衣的人躲靠在墙边。周曼丽迅速从化妆箱底部的暗屉中取出一把小型的无声手枪,并转身退到门外。就在这时,房外与房内的几个黑衣男子冲了过来,周曼丽迅速扣动扳机,一个冲在最前面的特务被打倒,可是周曼丽也被一拥而上的特务按倒在了地上。只见倒在地上的周曼丽用嘴拼命咬住了别在衣服胸前的一朵小红花,并吞入肚中……就这样,周曼丽英勇地牺牲了。

敌人为了掩人耳目和放长线钓大鱼,还伪造了周曼丽为"情"自杀的遗书。这样不仅不会引起租界当局的注意,同时也设下迷局,一旦有人去"接丧",就会落入他们设下的陷阱……然而,中共地下组织及时识破了敌人的阴谋,保护有关同志脱出险境。

王三宝为八路军送去上海医生

1942年4月中旬的一天下午,新新美发厅内顾客满堂,理发师们忙碌着为一个个顾客剪发理发,吹风造型。在贵宾室里,男理发师王三宝刚刚为一位男顾客理完发，正欲招呼客人时，电话铃突然响起。王三宝拿起电话听筒，仅几秒钟就忙撂下电话，脱去白大褂，从工具柜内取出一个黑皮包，匆匆从后门离开。

王三宝前脚刚走出后门，新新美发厅的前门就拥进了十多个身穿黑色西装、手拿短枪的男子，那模样一看便知是日伪特工。进门后，他们直扑贵宾室，见贵宾室没有王三宝人影时，便迅速从后门追了出去。

此时，新新公司南京路上的两扇正门已被日伪特工人员把守着，王三宝就从新新公司靠贵州路天津路的一扇大门跑了出去。就在王三宝刚要走出大门时，追赶过来的特务们大喊"站住"，守在门外的那个特务听到叫声便迅速挡住门口。说时迟那时快，就在那个特务刚站到门前想从腰间取枪时，王三宝已冲到了他跟前，挥起一拳重重地把他打翻在地，随即一个箭步冲出大门，朝贵州路北的方向奔去。

"抓贼了，抓贼了……"紧追身后的日伪特务大声叫喊。眼看王三宝转向天津路奔跑，特务们开始向他开枪了。机灵的王三宝猛然一个猫腰，子弹就从他头上飞过，他随即从黑包里取出手枪回击。双方在贵州路与天津路的弯道口进行了激烈的枪战。约5分钟后，日伪特务从天津路的东西两头包抄过来，在一阵猛烈的交火中，王三宝最终倒在了路边的墙脚下。随即赶到的日伪警察迅速把王三宝抬上车离去。

日伪特务随后又回到新新美发厅，对王三宝的更衣箱与理发用具柜进行了搜查，发现了一些信件和几本书。一个特务头子命令道："看看有没有其他要北上共党老家的医生名单。一定要仔细搜查，不能放过任何蛛丝马迹。"日伪特务搜查了约半个小时，也就找出了几封家信、几张报纸与几本书，只得悻悻离去。

王三宝是新新美发厅的男式发型理发师，时年30岁，苏北人。他的理发技术特别高，尤其是他剃出的小平头发丝均匀，如沙皮打出来一样细，他吹出的男子波浪式发型起伏有致，波纹漂亮，因而他的老顾客特别多，其中又以老板和医生居多。

王三宝平时为人低调，不爱多说话，但与同事相处很好，根本没有人知道他是中共地下党员。1937年日本侵占上海后，沦陷区里不少医院因不愿接受日伪统治而迁址或关闭，其中一些富有爱国热情的青年医生相继进入了抗日根据地，王三宝也曾参与组织了一批医生去根据地。1941年12月8日太平洋战争爆发后，英美等国对日宣战，日本侵略军占领了租界，许多不愿当亡国奴的医生纷纷要求离开上海奔赴抗日第一线。而此刻的抗日根据地里正缺医少药，迫切需要大量的医生。王三宝接到上级的指示后，立刻组织和输送爱国医生到抗日根据地去。1942年4月上旬，当王三宝等安排第二批5名医生坐船到大连时，竟被得知消息的日伪特务劫持。经过一番严刑逼供后，他们得知新新美发厅的理发师王三宝是这次组织上海医生北上的中共地下党员，便立即下令对王三宝进行抓捕。

打入上海日伪特务组织的中共地下党员得知消息后，立即打电话通知王三宝，让他迅速离开新新美发厅。结果还是晚了一步，王三宝倒在了日伪特务的枪口下。

刘长根获取国民党绝密档案

他叫刘长根，是新新美发厅的女式发型理发师。他修剪和梳理出的女式长波浪发型自然漂亮，丝纹清楚，花纹妍美，因而许多贵夫人与美女都点名要他美发。而刘长根不仅人长得英俊，而且还特别讲究自己的形象，衣着入时，一年四季梳理着一个"飞机式"发型，头发油亮，身上总喷洒着男式香水，给人的感觉非常洋气。用上海话讲，刘长根的打扮像"阿飞"（风流男子），从而很招那些风流女顾客的"喜欢"。

刘长根的美发技术在新新美发厅里被称为"大红牌"。然而，他除了技术好之外，肚里还很有学问，古今中外、天南地北地能讲出一大堆故事与典故。最让同事们感到佩服的是，他还能讲一口非常流利的英语与法语，并写得一手漂亮的字。每逢过年过节，店里的对联都是由他所写。他为人热情大

20世纪70年代一天早晨,顾客在南京东路新新美发厅门前排队等待开门

方、善于交际,时常有一些特殊人员下班后请他"吃宵夜",这些人中有男有女,都是从事不同职业的人。其中有一些男女警察和军人同刘长根的关系特别亲近,甚至称兄道弟。在新新美发厅里,谁都知道刘长根是店里"路道最粗"(神通广大)的人。

1948年12月下旬的一天,下午4点左右,借故"身体不舒服"外出看病(实际上刚去参加了地下党会议)的刘长根刚踏进新新美发厅大门,只见一个漂亮的"女顾客"匆匆走到了他跟前说:"我的发型坏了,请你带好工具出包。"他一听,知道是地下党的暗语,其意是组织遭破坏,你已暴露身份,带好枪马上跑。刘长根听后表面上非常平静,还一味地点头说好,一边迅速将"工具"装入包内,与同事们打了声招呼后,便快步走出新新美发厅大门。

就在刘长根和那个"女顾客"离开新新美发厅不到5分钟,南京路上警笛声四起,一辆辆军车和警车风驰电掣般的驶向新新公司,很快从车上跳下一个个荷枪实弹的军警,从南京路、贵州路、天津路、广西路把整个新新公司团团围住。而新新公司内的所有大小通道和楼梯都有军警把守,任何人不许走动。有一部分军警直奔三楼新新美发厅,闯入后立即进行搜查。当有人报告军警头目,说刘长根几分钟前已出包离开时,那头目竟然不信:"我们在各门口都有人守着,没见那个共党分子从门口出去过!"说完让手下再次搜查。当军警们在搜查中发现新新美发厅东部的货物房边有一扇直通新新公司(贵州路)楼梯的窗户时,那军警头目马上拿起电话向手下命令道:"共党分子刚刚从新新公司通贵州路的楼梯处逃跑,估计没有逃远,你们马上派人对这一带所有马路进行封锁,对所有旅馆进行清查,决不能让共党分子逃跑!"

尽管刘长根逃出了军警的封锁区域,迅速撤往浦东,但狡猾的敌人还是在浦东设下陷阱,抓捕并枪杀了他。刘长根的所谓"罪名",是他通过国民党的军界"朋友",获取了国民党上海战区城防绝密档案。

1949年5月27日上海解放后,新新美发厅开始热闹起来。一批又一批身穿人民解放军制服的军人进进出出,他们不是来理发,而是来寻找自己的战友、同志,或是向新新的职工打听情况。由于周曼丽、王三宝和刘长根在新新工作时所用的都是化名,而且他们不是同属一条线上的地下党员,因此虽然同在一个店里工作,彼此并不知对方就是自己的同志。再加之三人的"上线"也都已牺牲,只有他们各自的上线才知道三人的真名和化名(一般总部档案只备有地下人员的真实姓名而没有化名,这是为了保护敌后工作人员的安全),因此,当解放军同志对新新职工讲出三人真名时,竟没有一个人认识。最后经过一番艰苦的寻找,才使三人的真名与化名对上了号。

新新美发厅的三位地下党员,为了中国人民的解放事业献出了自己宝贵的生命,他们像千千万万的革命烈士一样,将永远为世人所铭记。

大上海接管亲历记

许涤新（遗作）

我们于5月16日乘火车经津浦线南下。正如老夏所说，这时已经不只我们三个人，而是一支"队伍"了。和我们同行的，有盛丕华、篑延芳、包达三和丕老的儿子盛康年等上海工商界知名人物。还有周而复以及一位被称为杨秘书的年轻人。我们三人是从弓弦胡同15号出发的，克农同志还亲自送行，他站在月台上，直到车开的时候。

为了我们的安全，中央还派了一班警卫战士，一路护送。我们坐的车厢是旧式的头等车，附挂在一列货车的后面，铁路刚修复，走得很缓慢，而且车里的供水还没有来得及解决，沿站不停。第二天下午到济南。当时的山东省长康生带了十几个人在车站迎接我们。一下车，他就和汉年热烈拥抱，也同那位姓杨的青年秘书热烈拥抱。老潘把我们一一作了介绍。这是我同康生的第一次见面。那时，他对我们是相当客气的。他陪我们到车站附近的一座洋楼安顿下来。原来这儿是当时省政府的办公楼，据说马歇尔调解时就在这儿和中共代表团谈判，房子很宽敞，每人住一间客房。因为汉年同康生在20年代后期就在上海一道工作过。据说当时为了掩护地下活动，陈云同志同康生、汉年三人开设一家商店，对外的身份，陈是掌柜，康是老板，潘是小开（大少爷）。汉年之所以被称为小开，就是从那时开始的。康生那晚盛宴招待这几位民主人士和我们。康生在席间拉杨秘书坐在身边，特别亲热。我们都暗暗惊奇，汉年上车后，告诉我们，这位杨秘书就是毛主席的儿子毛岸英，嘱我们不要声张。在济南待了一天半，又继续南下。路过邹县时，康生拿出照相机，要我们几个人在孟子的石碑前面，照了一张照片，照片中有毛岸英、我、周而复、陈坚、盛康年和一位搞情报的工作同志。

解放军在解放上海的战斗中

车到南京，刘伯承同志接待我们三人。对这位名震全国的将军，我是第一次见面，他问问香港的情况，又问北平的情况和党中央有什么指示，由汉年汇报，我们两人只做了一点小小的补充。我们在南京，住的是国民党原来的华侨招待所。陈同生同志同我谈天，一直谈到半夜。次日，到汤山温泉洗了一个澡。这是我们这次旅途中，休息得最好的一天。

因为战事刚结束，铁路还来不及完全扫清障碍，火车越向南故障越多，停停走走，直到23日傍晚才到丹阳。扬帆带了一批人来迎接我们。我是在1946年同刘少文同志到淮阴时同他见过面的。他把我们三人安顿在一处临时招待所。

次日一早，扬帆引我们到三野会议室去看陈毅同志。到那儿，二野、三野的领导同志正在开会，会场是一个旧式的客厅，长方形的，大约只有20多米宽，当时在座的有邓小平同志和粟裕、宋任穷、曾山、刘晓、刘少文等同志，还有饶漱石。那时我们的广播电台正在广播：英勇的人民解放军已经进入上海市区了。陈毅同志伏在一张方桌上签署上海市军事管制委员会第一号布告。布告是相当大的一张纸，印着头号字。他用金笔写了"陈毅"两个字,刘晓同志向他介绍我们的时候,他同我们一一握手笑着说:"你们几位香港客终于赶到了,等了你们好几天了。好在你们都是老上海,用不着向你们介绍上海情况。"他穿的是一套黄褐色军服,光着头,拿着一把蒲扇,边扇边说:"你们刚从北平来,接管上海的政策方针、人事安排,你们该已知道了。中央对你们有什么新的指示,倒想听一听。"那时,会已开完,大部分人散去了。汉年向他们汇报了毛主席和恩来、少奇同志对我们的指示。谈了不到一小时,紧急电话几次向他请示。他站起来说:"你们先去休息吧,刚才聂凤智来电话,明天就要开拔。"我们回到临时招待所时,在路上就看到许多熟人。首先就碰见章汉夫,我穿的是在北京裁缝师傅做的黄色中山装,章胖子说:"这边的人穿的都是草绿的,你的这套衣服,人家一看就知道你是从外地刚到的。"还碰见沙千里、王寅生、龚饮冰等人,他们都是参加财经接管委员会的。

曾山同志派人到临时招待所接我。财经接管委员会的组织工作和人事安排,曾老都已办好了。他告诉我,除他自己是接管委员会主任外,还有三位副主任,这就是:刘少文(兼纺织组组长)、宋裕和和我。他派一个人带我到华东局组织部报到,填了表,解决了组织关系。接管委员会的秘书长是骆耕漠,他发给我一套草绿色军装、一根皮带和一支手枪,并派一名青年军人来做我的警卫。

接管队伍相当大。我同千里、寅生和冀朝鼎四人共坐一部中型吉普。5月25日跟着华东局机关于下午从丹阳出发,晚间到无锡,在无锡过了一夜,次日一早就动身,浩浩荡荡的车队走了一整天,到夜里10时,经南翔进入上海。财经接管委员会的负责干部集中在南京路跑马厅对面的金门饭店(今华侨饭店)。寅生原是中央银行研究室的研究员,他坚持要立刻到中央银行去接管(其实接管银行是由龚饮冰和陈穆负责的,曾老早有安排),我同沙公只得陪他走一趟。那时闸北的敌人还未完全消灭,还有零星子弹呼呼地向苏州河南岸射来。南京路人行道上躺着许多正在休息的解放军战士。天正在下着微雨,四下安静得连一点声音都没有。我们进了中央银行,只有一个茶

1949年上海解放前夕

房在接待我们。整个大楼，空空如也，找谁去谈接管呢？只得坐着车回金门饭店睡觉。

次日就是上海解放的5月27日。一百多年来，被帝国主义列强所侵占并把它作为进一步侵略中国的桥头堡垒的上海，终于回到中国人民手里了。南京路是1925年5月30日帝国主义屠杀我们许多烈士的地方，是烈士们流着碧血的地方；在国民党白色恐怖统治下，又是我们经常举行示威游行的地方。在那黑暗的日子里，我们梦想上海总有一天要解放，梦想南京路上总有一天要飘着红旗，要成为中国人民自己的康庄大道。在党的领导之下，经过20多年的奋斗，这一天终于到来了。我同千里同志在极其兴奋中，忍不住走出"金门"，走到外滩。路上挤满了兴高采烈的群众，有人在高呼："上海解放了！"有人在高呼："解放军万岁！中国共产党万岁！"数不清的人在热烈鼓掌！我同沙公也在人群中鼓起掌来！有人看见我们两人穿的是解放军的军装，左臂上部有"上海市军管会"的红臂章，就向我们问长问短，并且向着我们鼓掌！这个动人心弦的情景是难忘的！

26日晚，中共中央华东局在金神父路（今瑞金路）三井花园（原国民党励志社）召开扩大会议，上海地下党与人民解放军三野领导同志胜利会师。陈毅同志和饶漱石都讲了话，他们的话并不长，但是，陈毅同志的话，充满着无限革命热情，给人极大鼓舞！

会师的场面是热烈而亲切的。三野不少干部是在上海做过地下工作过的，现在穿着军装回来了。穿着军装的和穿着西装的或便服的同志热烈地互相拥抱！我找到在上海长期搞地下工作的马纯古，又找到在部队搞政治工作的彭柏山。我们三人都是1929年进入上海江湾劳动大学的同学，又都是在上海做地下工作中加入中国共产党的，在过去的战斗日子里，我们都在党的领导下，积极工作，出生入死，现在又见面了。最使我惊奇的是马纯古。他在抗日战争中期，从上海经重庆到延安去，他在重庆住了几天，我在化龙桥请他吃回锅肉，此后便没有消息。因为他从延安回上海是经过山东、苏北的。1948年我同刘晓同志在香港见面时，曾问老马的情况，刘晓同志对我说："你放心，老马对工作是谨慎小心的。"现在见面了，"故人无恙"，怎能不使我高兴得要跳起来呢？散会之后，他一定要我到他的店里去。原来他的公开职业是自行车修理店的老板，设备很简单，他的夫人协助他管店里的事。他的孱弱的身体，穿着一套旧西装，在表面上，是一位不引人注意的普通商人。正因为他在表面上不引人注意，他才能在国民党的白色恐怖之下，从1934年秋离开"社联"的时候算起，搞了15年地下工人运动，而不被敌人所发觉。他要留我在他的店里吃饭，我因为带了警卫员，怕麻烦他，就告辞了。过了几天，他被任命为上海市劳动局局长，他的那间用作掩护的自行车修理店也就结束了。

在会师中，汉年认识的人最多，同他握手和拥抱的人，可说是数不清，因为不少干部过去是通过他而进入解放区的。我笑着对老潘说："我们在丹阳入了伍，算是解放军，但是我们又是在上海干了好几年地下工作，我们是把今天会师的两重资格,集中在一身的,是不是?"老潘点点头。

团结工商界的感人动作

在接管大上海过程中,我的分工是处理接管中与民族资产阶级有关的问题。

为了搞好党同上海民族工商业家的关系,为了提高上海中上层工商业者对党和人民政府的认识,市委经过反复考虑之后,由我以市工商局长的名义,于6月2日下午在中国银行楼上召开工商界座谈会。这是解放军进入上海之后,华东局和上海市委领导人同上海工商界的第一次正式会面。参加会议的约三百人。我宣布开会后,饶漱石、陈毅和潘汉年相继讲话,解释工商界人士的疑虑,鼓励他们搞好生产经营,为恢复上海经济作出贡献。座谈会从下午2时,一直开到6时,好几位代表人物争着发言。我就是在这次座谈会上同刘靖基、荣毅仁、郭棣活和刘念义等代表人物见了面的。我看参加座谈的人,无不兴高采烈。会后,盛康年向我反映情况,他认为这次座谈会很成功,第一是华东和上海的中共领导人,特别是陈总的讲话,可以说是推心置腹,不但不把资本家放在打倒之列,而且调动他们的积极性,要他们也起来参加恢复上海经济;第二是这次座谈会除了几个记者之外,几乎全是工商界,这证明党对工商界的重视。他认为这次座谈会是在请上海资本家吃定心丸,他们可以安心了。

大约是在工商界座谈会之后,刘念义忽然到中国银行二楼我的办公室。我接见他,问他有什么事,他对我说:"我的父亲刘鸿生是在解放前夕被国民党强迫离开上海的。他们还强迫他去台湾,他不肯。现在住在香港。父亲认为香港不能久居,想要回上海。你看他能回来吗?"我根据党的政策,当时就回答他:"鸿老在重庆时,我同他早已见过面,他是上海工商界的代表人物,我们欢迎他很快归来。"念义又说:"父亲上了年纪,需要人照顾,政府如同意他来,我必须到香港去接他,你看我能去香港吗?我去香港就是为

了陪父亲回来，决没有其他企图。"我当场对他说："你要到香港接鸿老，我完全同意。只要你买到船票，你马上就可以走。"此事后来我向市委作了报告，陈总很高兴，说我做得对。那时美帝国主义还未对我封锁，上海和香港的航运是畅通的。一个星期之后，念义陪着鸿老来到中国银行二楼来看我，一见面，鸿老就对我说："感谢党和政府对我的信任。我的本意实在不愿离开上海，国民党逼迫我非走不可，现在回来了，我愿意在上海当老百姓，跟着党和政府走。"我对鸿老表示欢迎，并请他安心在上海居住。没有多久，上海市召开第一次人民代表大会，市委决定请他当人民代表。他接到通知的红帖和写有"人民代表"四字的证件觉得突然。他找刘念义去商量此事。念义告诉他："好几位工商界老前辈也都接到这样的通知。"他问："难道他们也是不花钱的么？"念义说："共产党办事同国民党不一样，人民代表都不是用钱买的。"鸿老对他说："共产党的政府真是廉洁的政府，干部并不要钱。如果在国民党时代，我这个市人民代表非花几根金条不可。"这是后来念义在同我谈话时告诉我的。不久，上海市成立市政治协商会议，他当上副主席，遇到讨论问题时相当认真。陈总和汉年都是同他亲切交谈过的。1950年2月9日，国民党飞机轰炸上海之后，他接到特务寄给他一封信，信纸包着几颗子弹，信中写着："刘鸿生这就是你的下场。"他把信和子弹以及他致市政府的信送到市政府。他致市政府的信是这样写的："陈市长：我过去跟国民党走了几十年，他们干尽了坏事；共产党、人民政府是太阳，我决心跟着走，如果你们被迫再打游击，我决心跟你们走。"陈总看信后，叫我去安慰他。他那时患感冒住在枫林桥第三个儿子的家里。我是在夜间去探访他的。他还躺在床上，一定要起来穿上棉袄。我说："我们是老朋友了，不必客气。你好好休养吧！你的信，你的决心，陈总都知道了。他相信你，国民党是没有能力逼我们再打游击的。"这位曾经当过英资开滦煤矿买办，后来转化为民族企业家，成为经营火柴、水泥和呢绒的巨子，扬名中外的H.S.LIU，以实际行动，证明他是一位爱国者。

　　大约是在工商界座谈会之后，有一天刘靖基先生到中国银行二楼找我。

他说：":有一件事要麻烦你。"我问他："什么事？"他说，他和荣毅仁、郭棣活三人，想要邀请市委领导人叙一叙。我说："这必须让我向市委问一问，才能决定。"他说："我们也是这样想，所以来麻烦你。"在一次市委会议上，我把这个问题提出来了。陈总笑着说："你提这个问题提得好。现在就要看我们采取什么态度。你们看吃不吃资本家的这顿饭？"有几位同志主张不去。黎玉同志特别坚持，认为我们是共产党员，是无产阶级先锋队中的一分子，如果我们去吃他们的饭，划不清阶级界线，就会在政治上丧失立场。刘晓和汉年两同志主张去，理由是我们如果应邀吃饭，就会使上海的工商界认识到中国共产党是能够接近的，我们同他们的接触是统战工作的一种形式。主张去的和主张不去的，双方热烈发表意见。陈总问我："你对刘靖基是不是已经答应他们的要求？"我说："吃饭事小，阶级关系事大。因此，我并没有答应他。"陈总又问："你是搞统战的，又是工商局长，你看去不去？"我说："我也做了反复考虑，我认为可以去。他们请客，我们应邀并不专为了吃，还对开展统战工作很有好处。"陈总笑着说："共产党不怕帝国主义，不怕蒋介石国民党，难道对资本家就怕起来？难道吃了这餐饭就会丧失政治立场？难道你们不会利用吃饭的机会去了解他们，去对他们做点思想工作？我带头，你们敢去的跟我去，有工作的，不想去的，我不勉强。"结果，应邀去的，有陈总、刘晓、汉年和我。地点是荣毅仁的家里。陈总一到，他们出来迎接，连声说："欢迎！"吃的是扬州菜。陈总边吃边谈，问问他们的业务情况，问问他们对党的工商政策，有什么意见，进而用平易、简练的语言，说了"公私兼顾，劳资两利"的大道理。吃到10点钟的时候，忽然端上蟹黄包子来。我不吃，陈总问我为什么，我说已经吃饱了。他说："蟹黄包子是扬州名点，不吃是傻瓜。你至少吃一个。这也是开开眼界啊。"大家哈哈大笑，我只好吃了一个。一直谈到11时，才散场。这件事传出去之后，康年对我说："你们吃这餐饭，影响很好。工商界的一些上层人物有的说，想不到这位叱咤风云的将军，竟有这样的人情味；有的说，这是共产党团结工商界的一次感人的动作。"

盛康年当时在上海工商界中是活跃分子。他在得到汉年的同意之后，便组织了一个工商俱乐部，定名为"七一学会"，这个名称是在纪念中国共产党建党的日子，在沪西旧法租界的哪条路，我不记得了。但是那座有客厅、有草地、有树木的英国式房子的样子，我没有忘记。他们组织这个学会是为了学习过去所不认识的道理，学习党的方针政策。被请去作报告的，第一位是汉年，第二位是我。汉年讲的是政治形势和党的政策；我讲的是资本主义经济的实质。那天出面接待我们的有刘靖基、郭棣活和荣毅仁等人。我对刘说："我今天要讲的题目，有可能使你们感到在吃辣椒，请大家有点思想准备。"他说："你的题目一提出，我们就猜到什么滋味，你就放手讲吧。"我就根据《资本论》说资本家财富，是由剥削工人的剩余价值而形成的。新民主主义的三个经济纲领明确地规定，保护民族工商业，容许资本主义企业继续经营；但阶级矛盾还是客观存在着，希望你们重视劳资两利的政策。我讲完后，靖公对我说："你的辣椒并不辣，我们听后还不会睡不着觉。"他们组织这个学习会，当然不仅为学习，而且是为了娱乐和休息。吴蕴初老先生经常到这里喝啤酒，打太极拳，事隔30多年，我看不出他们有什么阴谋活动。1952年初"五反"运动一来，风声鹤唳，盛康年怕了起来，他去请示汉年，汉年叫他结束这个学会。他向我哭鼻子，我说："事情总会弄清楚的，何必哭？就是七一学会解散了，党对工商界的教育是不会放松的。"

（本文是作者回忆录的一部分，标题为本刊所加）

重游龙华警备司令部

郑超麟

1991年9月13日，秋老虎刚过去，正是金风玉露时节，"龙华烈士陵园"经过几年筹备，已经初具规模了，负责同志知道我曾被关押在国民党的龙华警备司令部的看守所，特意接我去看看他们的布置。

他们把"龙华公园"接收过来，改名为"龙华烈士陵园"，又将旧时的龙华警备司令部接收过来，改名为"龙华烈士纪念馆"。这个折磨和屠杀革命志士的国民党专政机关，解放后已经改为工厂，大门尚在，而墙内的建筑物已非旧观，连关押犯人的看守所和审判犯人的军事法庭，都不复存在了。此次接收后重新布置。工厂的建筑物差不多完全拆除了，新建了陈列馆、接待室及其他房屋，更重要的是复建了看守所。正是为了要知道这些复建部分是否符合旧时面貌，"陵园"的负责同志才接我去看看的。

我先去陈列馆看了烈士事迹，那里有我的好多老朋友。然后去看复建的看守所，那里唤醒了我两次被关押时的感情和印象。最后，看了围墙内一些其他的布置。在接待室，我向主人说："我到这里来，今天是第三次，第一次和第二次我是作为犯人来的，想不到第三次我能作为'贵宾'来此参观。"

回家途中，汽车特意开到司令部背后的"二十四烈士就义处"。二十四烈士的骸骨就是在这里的一个土坑内挖出来的，连同脚镣和手镣。

我第一次来到龙华警备司令部，是在1929年3月下旬。我们这一案7人是3月18日被逮捕的，当夜就被解到蓬莱路公安总局，在那里关了一个多星期才解到龙华来，案情并不重。一个女同志同我们住在一起，她因受人告发被捕，警察就把同一幢屋子的人全部捕去了。结果，那位女同志只判了八个月徒刑，解去漕河泾模范监狱执行，我们其余的人都释放了，这自然是外面营救的功效。外面营救最力的还是当时的中央军委,尤其是军委负责人周恩来,当时我仍是共产党员,尚未受苏联托派思想影响。此案有我在内,中央特别出力营救。我们于4月29日出狱。

我第二次来到龙华警备司令部,是在1931年6月上旬。我此时已不是共产党员,而是托派了。国民党逮捕我们,根据所谓《危害民国紧急治罪法》审判我们。此次是在租界被逮捕的,由租界引渡,先到白云观侦缉队,全案八名男犯由那里再解送龙华司令部,距离5月21日被捕已有半个月以上了。

此次政治犯就不是由司令部军法处独家判决,而是要经过所谓"会审"。法庭就设在看守所墙外一座屋子的大厅上,一排坐着五个法官,代表五个单位,而以司令部的军法官为审判长;其他四个法官,我只记得有一个代表国民党上海市党部的,我们决定在法庭上进行斗争。我是首犯,第一个受审,我推翻了在白云观的口供,甚至于不承认自己姓郑名超麟。审判长叫我下去,提审第二个犯人。第二个犯人也是如此。审判长大发雷霆,就"不审了"。我们还押,立即被加上第二副脚镣。不久之后,我们就被解往漕河泾模范监狱。临行前又到那个法庭去。大家站在天井中,一个书记官站在庭上,手拿一本大簿,念每个人的姓名后宣布各判若干年。我则被判了15年。

当时的政治案件,一案如有几个人,总有一个或两个无罪释放的。唯有我们这一案,八个人都判了刑。

据说,那还是侥幸的,外面传来消息,说我已经被判了死刑。有一天,提我出去照相,胸前挂的是我的姓名牌子。当时,看守所的犯人都知道,照了相之后三日就提出去枪毙。同案的人都把家里送来的最好的菜给我吃。我也做好了准备,把眼镜脱下来,交给同案朋友,设法送给我的爱人作为纪念。可是,三天过去了,平安无事。不久之后,全案犯人就解往漕河泾监狱了。这是11月间的事,此次我住了五个月。

事后知道,这并不是虚惊。我确实是判了死刑的。可是当时龙华警备司令恰好换人,蒋介石嫡系熊式辉换了十九路军的戴戟。不知道怎样,我的死刑就改刑为15年徒刑了。

正是为了这个缘故，我今天才能作为"贵宾"，第三次跨进龙华警备司令部的大门。

作为"贵宾"，我今天应当诚实回答此次重游所见的龙华警备司令部是否符合60年前所见的旧貌。

说实话，不符。

我说的，不是指复建起来的看守所，高低、长短、宽窄，以及相对位置等之不符合于旧貌。这些问题都是小问题，即使不去改变，也无关大局。我说的，是看守所根本不是设在那个位置。当时的看守所距离直通大门那条中轴线很远。

此事，要以这条中轴线说起。汽车一进大门，就可以看见一座四方形的两层洋楼，楼下楼上都有许多房间，楼面直对着大门。汽车开到楼下停下来，犯人被带上楼去，在回廊上靠窗站着。房里有人出来验收，写了收据给押送的人。然后，另有人从楼上把犯人带往看守所收押。这座大洋楼，我今天看不见了。

这座大洋楼是整个司令部的心脏。军法处就是在楼上办公的，军法官也在这里提审犯人（可能别处有提审犯人的地方，但我是在军法官办公室提审的）。我猜想警备司令也在这座楼上办公，指挥全军区的工作；其他各处似乎也在这里办公。总之，政治犯的命运（以及其他犯人的命运）就是在这座楼上决定的。

犯人由洋楼被带至看守所，要走一段相当长的路，差不多等于从龙华寺大门到公园大门的距离。现在复建的看守所，位置不对。

判决死刑的犯人，有两种执行方式。公开判决的，就公开执行，在外面贴布告，在看守所上绑，上汽车，在外面田间枪毙。1931年我看见一起，有三个人被这样公开提出去。另一种方式，则是秘密判决，秘密枪毙的。1931年我看见两起，一起是向忠发，一个人，在司令部内枪毙的，我听到一声枪响。另一起是中央宣传部案，七八个人，以杨匏安、罗绮园、肖保璜为首。看守喊他们收拾东西，说要解南京。他们相信了，我们也相信了，可是不久之后外面就响起一阵枪声。我们才明白刚才说的是骗人的话。

这两起枪声都很近，我一直以为就是在看守所门外，去洋楼途中的空地上枪毙的。连带地，我以为二十四烈士也是在这里枪毙的，他们的遗骸就掩埋在这里，解放后从这里挖掘出来。此次参观之后才知道我一向想错了。原来，二十四烈士是在司令部围墙以外，通过一扇小门，跨过一座小桥，在荒地上枪毙的。于是，我怀疑向忠发死时的枪声和杨匏安等遇难的枪声，可能也是在围墙外发出来的。但由此也可以说明原来的看守所确实是紧靠那有小门通往二十四烈士刑场的一段围墙以内。

龙华警备司令部内部建筑示意图

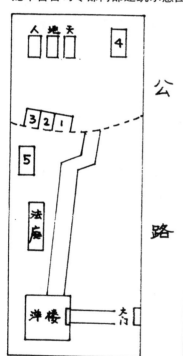

注：1. 看守所长会客室
2. 看守所长办公室
3. 1929年作女监房
4. 1929年作优待室
5. 卫兵宿舍

现在复建的看守所，除位置错误以外，构造也与旧物有很大出入。整个看守所占地不及旧时的一半；三条监房相互间距离过窄，同附属建筑物的距离也过窄，每条监房的屋顶都有气窗，所以空气流通，光线明亮；每个房间有6只双层床，可睡12人，一房一只电灯，对外的窗子，原来的比现在的更大些，也更低些。三条监房的排列是由右而左的，分天、地、人。每条监房的大门，不是密封的铁门，是能折叠的铁门，犯人可以站在铁门内看外景，天字监的铁门正对着看守所所长的办公室。这办公室有两间，有门相通。办公室隔壁有一个大房，1929年作女监用。看守所的大门，在所长办公室的另一边，天字监的左边。

家属探监，一般只能送物，在特殊情形下才可见面。见面时，犯人站在所长的办公室窗内，家属站在窗外。

另附一张示意图，那是全凭记忆画

出来的。

  我今年95岁，距离第二次关押此地（1931年），恰好60年了。我虽自信无误，但仍须征求他人的意见。60年虽然长久，但见过龙华司令部内部布置的人，今天决不会少，无论是犯人或当时办事人员。希望他们能看到我这篇回忆，证实或否定我的说法。

寻找"龙华二十四烈士"

陈正卿

告慰英魂：谢觉哉下令访遗踪

1950年春天，刚诞生的新中国正处在百废待兴的时刻。3月27日，一封北京发出的中央内政部部令函，放在了上海市市长陈毅的办公桌上。部令函是谢觉哉部长亲自签发的，要求对发生在30年代的一起中共干部和左翼作家被害案进行调查。函中称：1931年，欧阳立安等23名烈士于上海东方旅馆等处被捕，后被国民党淞沪警备司令部杀害于部内旷场上，遗体即被埋葬在旷场上的方塔旁。部令函指示：欧阳立安等人"都是中国无产阶级最优秀的战士，为了追念革命烈士，希你府派员负责调查先烈等坟址，详为勘验，

国民党龙华淞沪警备司令部大门

龙华烈士殉难地纪念雕塑

如有坍毁之处，即予以修补，妥为保护为要，并将处理结果详报本部"。

陈毅市长和潘汉年、盛丕华两位副市长传阅后，于当天将此令函批转上海市民政局，要求从速调查处理具报。在市府批转令上，市府秘书长徐平羽又特意加批："欧阳立安恐怕即是与白莽（殷夫）、胡也频、李伟森、柔石、冯铿等二十三同志于1933年2月7日被枪毙于龙华，《鲁迅全集》中有《为了忘却的记念》一文记其事。"他还提醒："要把时间搞对了就可证实。"

上海市民政局局长曹漫之、副局长黄序周接到批令后，立即行动。两天后的3月29日，他们就派出市民政局干部骆洪声，会同龙华区接管会的干部，前往龙华实地踏访。在杂草丛生、已被农田包围的原龙华警备司令部旧址，他们发现部令函中所说的旷场已辟为菜地，只有断断续续的竹篱笆墙，在靠南一角还盖着一栋平砖房，房前种植了树木。至于部令函中说的方塔，已杳无踪迹，不见丝毫遗存。站在那里，骆洪声和那位区干部一时手足无措，不知如何是好。

伫立了片刻，他们想到应该先向四邻老居民打听一下。在龙华区区干部的引领下，他们果然寻访到两位原龙华兵工厂的老工友。一位叫黄启翔，一位叫黄冬生。黄启翔时年56岁，已满头白发，从清末光绪三十二年（1906）起就在厂里做徒工。黄冬生也已54岁，他于民国三年（1914）进厂打工。听两位老人讲，这块曾被国民党龙华警备司令部占据的地方，早先是清朝的江南制造局兵工厂，民国六年（1917）改为龙华兵工厂。北洋军阀孙传芳溃败后，北伐军开到上海，就把司令部设在兵工厂里，门前挂上了淞沪警备司令部的木牌。"八一三"日军占领上海后，因这里曾在"一二八"淞沪抗战时驻过19路军的司令部，日军便大肆破坏，方塔被推倒，厂房被毁坏，旷场荒芜成草地。日军投降后，也曾有国军驻扎过，但不久又开拔了，这里成了无人管理区，有些胆大的乡民就进去把草地垦成了菜田。两位老人讲述时，还将当年的大门、厂房、方塔等位置，一一指点给骆洪声等人看。同时，他们还提供了一个重要线索，说大概在20年前，有7个据说是共产党的总工会干部被枪毙在方塔旁，其中一个还是女的，怀抱着婴儿，枪杀后就埋尸在方塔下面。但日本人拆毁方塔时，也往下挖得很深，即使有遗骨恐怕也被扔掉了。访问了这两位老人，骆洪声等人稍觉心宽，烈士就义地的情况基本摸清了，可惜与"二十四烈士"直接有关的线索尚未发现。

挖地四尺：老工人指点见忠骨

骆洪声一面回市局向领导汇报，一面请龙华区的同志再深入走访探寻线索。没想仅隔了三天，4月2日，他就接到龙华区打来的电话，说有一位叫吴福康的老人，也是龙华兵工厂的老工友，他那里有重要线索，让骆洪声一同去谈一谈。骆闻讯后，第二天一大早就赶往龙华。吴福康住在贴近龙王庙的一条小弄堂里，弄内有市郊的老民宅平房，也有见缝插针的棚户。吴福康自小在兵工厂打工，爽朗健谈。他依稀记得，还是在日本兵进攻上海之前，

当年烈士埋骨处

有一天夜间,他被一阵猛烈的枪声惊醒。第二天一大早乡民们悄悄议论,说昨夜枪毙共产党,有二三十个,尸体就埋在围墙上新打的洞口外面。至于确切的位置究竟在哪里,他也吃不准了。吴老师傅说到这里,又推荐了一位叫鲁才宝的老工友。他说,鲁的父亲鲁步堂当年和他在一个车间做工,鲁住在邻近司令部的鲁浦桥,那天晚间也听到过枪声,白天曾和他偷偷地议论过这件事。

骆洪声和区干部马上去寻鲁才宝。鲁家还住在鲁浦桥木桥旁,可惜鲁步堂去世了。好在鲁才宝也已43岁,20年前那一幕他也经历过。他说,现在残存的竹篱笆墙过去是水泥和砖围砌的,上面还有铁丝网,里面阴森森的。那天下午,乡民们好奇地发现怎么在围墙上打了一个洞,一帮士兵钻进钻出在墙外挖土坑。那个坑据鲁才宝估计,约有六七尺见方。不料这天夜里就听到一阵枪声和喊叫声,清早听说是枪毙共产党,有20多个,枪毙后当场埋

何孟雄烈士　　　　冯铿烈士

掉。白天走过去一看，不仅坑已填平，连墙上的洞也堵上了。鲁才宝说，这件事他记得蛮清爽，当时他已20多岁成家了。凭着记忆，鲁才宝领着一行人来到篱笆墙外，指认那个当年挖坑的地方。说来也巧，当场又有一个叫张金根的老人主动上前，比比画画，更准确地指点出曾经埋尸的位置。

根据几位老人的描述和指点，骆洪声和区干部当即画了埋尸处位置的草图。骆回市局后，马上向曹漫之、黄序周两位局长作了汇报。经局领导批准，决定于4月4日早上8时半起，由骆洪声和区干部一同负责，雇10名民工，在初步确定的埋尸处，由鲁才宝等老工人指引，按纵横均7尺的正方形进行探挖。参加挖掘的民工，按照要求小心翼翼地铲去草皮，一锹一锹地慢慢挖。第一天掘了3尺深，但未见丝毫踪迹，在场的人不免心情沉郁。第二天上午继续开挖，将近中午，挖到4尺深时，所有在场的人几乎同时惊叫起来："慢点！"原来，泥土中出现了疑似白骨的东西。两名在乡村中为人捡过尸骨的民工被派下坑去，用铁签轻轻地剔挖，然后再一具具地捧上来，排列在方坑边的草地上。日头偏西时经清点，从坑中共清理出较完整的尸骸18具，别有几具颅骨、肢骨分离，已零碎不全了。同时，在坑中还捡出1副脚镣、1副手铐、4枚壹元的银洋钱、50余枚十文的铜钱。最瞩目的是，还发现了一件已腐烂掉一半的绒线红背心。骆洪声立即用电话报告市民政局领导。局领导指示，马上派人去实地拍摄遗骸、遗物照片，绘制出遗骸埋葬处的地理位置图，并就近请人找木料做一简易大木棺，将遗骸先收藏暂埋原坑，以待进一步调查确认。

在龙华寻找到遗骸的消息，很快报告给了陈毅、潘汉年、盛丕华等市领导。陈毅等市领导对此高度重视，批示市民政局继续进行调查，弄清这批遗骸的真实身份以及与牺牲烈士的关系。

劫后余生：黄理文追述狱中情

实际上，就在寻找这些烈士遗骸时，有关方面已对他们当年牺牲的真相着手进行调查。调查主要解决三个问题。一是牺牲的时间。内政部部令函中点明的时间为1931年2月7日，市府秘书长徐平羽批示中说是1933年2月7日。而徐平羽的说法是有出处的，即已收入《鲁迅全集》中的《为了忘却的记念》一文，署明的写作日期就是这一天。不过，这一误会很快就得到解决，鲁迅在那篇文章中明明白白地说："两年前的此时，即一九三一年的二月七日夜或八日晨，是我们的五个青年作家同时遇害的时候。"

二是牺牲烈士的人数，究竟是23人还是24人？徐平羽的批示中即有"柔石等二十三同志"之说。由于这一说法也不是空穴来风，以致后来中央组织部派来上海专程进行调查的李初梨、陈迪威、黄理文三人于1950年8月的报告中也称："23烈士被捕于1931年1月17日、18日……"而现在普遍采用的"二十四烈士"之说，是以鲁迅的两篇文章为依据的。一篇是鲁迅和史沫特莱等于1931年4月25日发表的《中国左翼作家联盟为国民党屠杀同志致各国革命文学和文化团体及一切为人类进步而工作的著作家思想家书》，其中说："于同一时刻暗杀了十九个革命家（其中一个孕妇）五个革命作家——一共虐杀了男女二十四人。"另一篇就是《为了忘却的记念》，鲁迅写道："忽然得到一个可靠的消息，说柔石和其他二十三人，已于二月七日夜或八日晨，在龙华警备司令部被枪毙了。"大约在白色恐怖下，一般读者不易读到鲁迅原文，印象中只有"二十三人"之说。由于这两种说法同时存在，1945年中共六届七中全会通过的《关于若干历史问题的决议》中对牺牲人数作了模糊处理："林育南、李求实、何孟雄等二十几个党的重要干部。"

与此相关的便是第三个问题，这24人的真实姓名、职务，还有他们是如何被捕牺牲的。这是调查过程中持续时间最长、花费精力最多的难题。说到这一点，便不能不先提及一位生平颇为曲折的老人。

此人名黄理文，上海金山人，1910年8月生，少年时即入商务印书馆当学徒。13岁时经俞秀松介绍加入青年团，16岁时又由杨贤江等介绍加入共产党。中共发动上海工人第三次武装起义时，他曾做过周恩来的联络员。大革命失败后，党派他到苏联莫斯科中山大学留学。1929年回国后，他先后在中央组织部、江苏省委宣传部等处做地下工作。1930年7月，黄理文参与领导的上海南汇"泥城暴动"颇有声势，暴动后担任新组建的红19军政委兼中共江苏淞浦特委书记。可惜暴动很快失败，他又转到陈云任书记的江苏外县工委任委员，又兼全国铁路总工会党团书记。1931年1月17日或18日，何孟雄等人在上海东方旅社等处被捕，黄理文去另一会议地点——中山旅社开会时，与"二十四烈士"中的龙大道一同被捕。在龙华监狱中，他曾和何孟雄、林育南、李求实同囚一间监房。黄与何、林、李三人分析了各自案情。何孟雄对黄理文说："你的情况敌人掌握的不多，暴露的案情较轻，还可能出去。你能否把我们三人的意见书代交给组织？"黄理文表示如有这种可能，他愿接受这一重托。2月7日，何孟雄等24人在龙华英勇就义，没有同赴刑场的黄理文很快通过秘密渠道将情况报告了党中央。后来，不出何孟雄所料，因出卖他们的叛徒对黄理文的真实身份不了解，黄仅被判刑6年。出狱后，因失去组织关系，黄理文曾到中苏文化协会等处谋职。抗战爆发，周恩来到南京等地谈判，派人找到了黄理文。他向周恩来再一次报告何孟雄等人被捕牺牲的经过，周恩来根据黄理文在狱中的表现决定恢复他的党籍。随后，黄理文又到汉口八路军办事处工作，一度当过周恩来的秘书。但

罗石冰烈士　　　　王青士烈士

不久因党内分歧，他脱离组织到四川大学、中央军校等校任教。1944年他离开重庆回沪，路经南京时被汪伪特工抓住。由于周佛海认识他，亲自劝降，黄理文接受了青浦县长的伪职，这成为他一生中的污点。尽管后来潘汉年派人曾找过他，潘和他也是老相识，他也配合做了些工作。抗战胜利后，国民党上海宪兵队便以"汉奸罪"逮捕黄理文，一直关押到上海解放前夕。

新中国成立后，黄理文致函周恩来总理，请求安排工作。随后，他在北京人民银行、政务院、海关总署等机关任过编辑、秘书、研究员等职。1949年12月6日，黄理文在《人民日报》发表了《回忆欧阳立安的就义》一文，其中提到的烈士有何孟雄、林育南、李求实、龙大道、恽雨棠、李文、蔡博真、伍仲文（女）、欧阳立安、阿刚、胡也频、柔石、殷夫、冯铿（女）、费达夫、汤士伦、汤士佺等17人。剩下的几位，黄理文说他记不清了。这篇文章的影响很大。据欧阳立安的母亲陶承讲，她就是看了这篇文章才写信给内务部长谢觉哉的。此文发表以后，北京的其他报刊也发表了关于"二十四烈士"的纪念文章。1950年8月23日，中央内务部下文，将黄理文等的文章均作为调查工作的参考资料转到上海市府。

缅怀故友："弱女子"提供新线索

中央组织部对这一事件也十分重视，特意加派李初梨、陈迪威、黄理文三人来上海协助民政部门一同调查。他们于遗骸发现后几日内抵沪。李初梨是上海"左联"党团成员，后在江苏省委宣传部任秘书，曾和"二十四烈士"一同被捕，后被判刑6年，抗战爆发后经党营救出狱。参与这次上海调查时，他是中央侨委的部门负责人。陈迪威在建国初担任铁路总工会秘书长，当年党中央在上海时期，他也是地下党机关人员，也曾被捕囚禁在龙华，出狱情况和李初梨相同。他们到达上海后，立即找老同志一起座谈和回忆。据记载，潘汉年、夏衍、冯雪峰、于伶等都同他们见过面，还提供了有关情况和线索。丁玲也从北京写信给潘汉年、夏衍，请他俩转交给李初梨呈送中组部。这些老同志的回忆，一致证实龙华这个坑里的遗骸就是"二十四烈士"，因为那件红毛线背心是冯铿平时爱穿的，几位老同志都亲眼见她穿过。至于除黄理文所列举的17人之外，还有些什么人在内，尚待进一步追寻线索。

正当调查工作逐步展开时，欧阳立安烈士的母亲陶承于1950年8月1日给《解放日报》写来了一封信，并请转呈陈毅市长。陶承在信中说，欧阳立安15岁就加入共青团，曾赴苏联莫斯科参加国际青年大会。归国后，担任过共青团江苏省委委员兼上海总工会青工部长。他的父亲欧阳梅生是中共湖北省委秘书，在汪精卫等发动武汉"七一五"政变时牺牲。他的弟弟欧阳稚鹤抗战爆发后到延安，加入八路军王震的三五九旅，于1939年同蒲路战斗中阵亡。陶承说："立安是我最喜欢的儿子，从小聪明懂事，没料到18岁就惨死在龙华。"她对事件过程有所了解，说当年就有国际知名人士表示过强烈抗议，鲁迅先生也为此写下了不朽名文。她建议在烈士喋血处立碑纪念，并寄来一首她写的缅怀诗："烈士牺牲二十秋，永垂不朽精神留。英雄姓名二十三，忠肝义胆耀人寰。我儿英勇最年少，才离母怀便战斗。聪明似父气如虹,誓忠阶级不惜身。匪帮不敢见天日,半夜囚车出囚室。枪声歌声震龙华,热血滋养自由花。血凝滴滴雪花碧,骨列根根如剑戟。墓园他日来凭吊,我心痛亦我心喜。"陈毅市长接到报社转来的信,立即批转市民政局作为深入调查的参考。

陶承的信批转不久,市府又收到一封自称为"弱女子"的孙一允女士的来信。她说,她当年有一位男友,名叫刘贞,或叫刘真、刘争,印象中是湖南人,人不高,偏瘦,但很活跃,有精神。相处一段日子后,刘贞告诉她,他是黄埔军校毕业生,打过仗。有一段时间他神秘地离开了上海,据说是去了江西。重回上海后,刘贞在沪东的华德小学当教师。那些日子,他曾领孙一允到华德小学去玩过。孙一允说,在那里她接触到了一些正直、热情、有理想的男女青年。刘贞也曾试图吸收她参加一些活动,如晚间到虹口提篮桥、下海庙一带张贴革命标语,让她在旁边放风。就在这时,她意识到刘贞可能是共产党。可惜不久,华德小学突然被搜查,刘贞等人也被抓走了。孙一允说,当时曾有人传递过刘贞的口信,说他关在龙华,让她放心,很快就会出来的。然而,久久等待都没有刘贞的信息。过了一段时间,报上偶然披露龙华枪毙共产党人的消息,她估计刘贞也在其中。以后近20年中,确实再也没有得到过刘贞的音讯。因此在这封长达数页的信的末尾,她希望人民政府在庆贺胜利时,是否祭奠一下这些烈士,以告慰忠魂和教育生活在喜悦中的人们。信写得很沉痛,但她却没有留下固定的通讯地址,直至市民政局特意在《解放日报》上刊登寻人启事后,也始终未见她的回音。当然,关于刘贞的下落也有不同说法。李初梨、陈迪威、黄理文到上海后,经向其他知情人调查,说刘贞确实是中共沪东区委的一名党员,华德小学也是党的据点,他和该校的3名教员贺林隶等一同被捕,也曾关在龙华,但他没有被枪毙,而是判了6年徒刑,抗战爆发后出狱,改取了一个佛教徒的名字叫刘某某,已经脱离革命了。这个刘某某在哪里也无人知晓。贺林隶确实是牺牲了,她的爱人也一同被捕,因不是中共人员而被释放,至于她在哪里仍待寻找。这样一来,刘贞这条线索只得暂时搁下了。

给调查工作真正带来困难的,是黄理文的突然被捕。黄理文为了这次调查虽到了上海,但不久他所在的北京机关来电让他回京谈话,谁知人一到就被抓走了。原来在北京所属机关的审干工作中,发现了黄理文曾任伪青浦县长的历史,而他到北京工作后,却没有将这段历史说清楚。他因此被判刑20年,直到1976年才获特赦,晚年被聘为上海文史馆馆员。令人欣慰的是,黄理文还是为"二十四烈士"中最后几位的确认起到了一定作用。

峰回路转:五烈士终于见天日

1950年4月,在"二十四烈士"遗骸被确认后,上海市民政局以能确定的17名烈士名单报告上海市府,再转报内务部授予烈士称号。同时,按照市府的意见,将"二十四烈士"遗骸暂时安葬于龙华附近的第一公墓,后又移葬宝山县的大场公墓。为了满足烈士亲属和上海人民举行追悼革命先烈活动的要求,上海市委、市府决定在黄浦公园兴建上海人民英雄纪念塔。1950年5月25日,纪念塔奠基式在黄浦公园举行,陈毅、潘汉年、盛丕华等市领导出席。27日,由华东局和上海市委的有关负责人带队,一支扫墓队伍也来到龙华,向刚落葬的"龙华二十四烈士"致祭。

当然,核查"二十四烈士"中另外7人真实身份的工作也从未停止过。有道是"柳暗花明又一村",孙一允尽管没有联系上,但她信里提供的刘贞和华德小学却有了新的线索。据一位老同志回忆,华德小学校地下党支部曾有一个党员叫朱婴,后来也失去了联系,解放之前还见过他。市民政局通过小教系统辗转调查,果真寻到了朱婴。朱婴说,当年的华德小学的确有地下党支部,校长和他都是党员。东方旅社和中山旅社的案件牵涉沪东区委和华德小学,可能是造成这次破坏的叛徒已出卖了这一条线,敌人于当夜就到该校抓走3人,其中一人叫贺治平是党员,另两人系进步群众,其中一人是贺的妻子。刘争是下半夜回校,被蹲守特务抓走的。贺治平和刘争被捕后,分别化名贺林隶与王和鼎,也因同案关系被关押在龙华。朱婴认定他们没有叛变:"被捕后他们没有供出过任何同志和机关,因为刘争是晓得我和华德小学校长住址的。"朱婴的证词证明"弱女子"孙一允来函所述的情况可信,但刘争是否即刘贞、贺治平是否即贺林隶仍待核实。

同样,王青士、罗石冰两位烈士的查证确认也带有偶然性。黄理文与林育南同监时,曾听林说过一同被捕的还有两位山东的同志,一位是青岛市委书记,一位是北京或南京来的作家。建国后到上海展开调查时,他也将这一情况告知了有关部门。过了一段时日,已担任国家文物局负责人的王冶秋到上海来调研革命遗址、革命文物的保护工作,提及他的兄长王青士于1928年由他和李何林介绍入党,也曾是鲁迅创办的北京未名社成员,同时担任北京团市委书记,1930年底调山东省委当组织部长。当年的省委机关在青岛,王青士在青岛及邻近的潍坊、烟台等地都活动过,还和北京的友人通过信,1931年年初说是到上海去开会,此后便再无音讯。另外,上海在调查革命互济会的历史时,有一位老人刘九峰反映,他当该会秘书时曾安排过一个叫罗石冰的同志,罗先去了苏联,回国后到青岛当中共市委书记,1931年1月也到了上海。出事当天的1月17日,罗石冰和刘九峰先在南方旅社见了面,随即就分手了。10多天后,刘九峰接到罗石冰从龙华监狱捎出来的一张纸条,上写:"经党营救失败,生命已无希望,决心在最后的时刻坚持斗争。"由此再加其他材料印证,可推断"二十四烈士"中应包括王、罗两人。然而受制于各种因素,国家民政部迟迟未能作出明确的定论。改革开放以后,经党和国家有关部门反复调查,才正式作出了刘争、贺治平、彭砚耕、王青士、罗石冰五人为"龙华二十四烈士"成员的结论。尚余两人待继续调查考证。

1995年,由邓小平等亲笔题词的龙华烈士陵园,在原龙华监狱和刑场旧址的基础上扩建落成。1969年10月已迁往漕溪路上海烈士陵园的"二十四烈士"墓也一并迁入,并在"二十四烈士"遗骸发现处建立"龙华烈士殉难地"纪念雕塑,以表达后人"永不忘却的纪念"。

后记

去年，我在编辑《文化名人笔下的上海风情》(《上海滩》丛书之一)时曾在"后记"中写道:"《上海滩》杂志自1987年1月创办以来，得到了上海乃至全国众多文化名人的大力支持。他们在给我们出主意、提建议的同时，还不吝赐稿。"其实，他们还经常建议我们将《上海滩》三十余年来发表的近3 000万字珍贵史料、1万多幅稀有图片，分门别类，编成一整套《上海滩》丛书，陆续出版，既可以方便不同兴趣的读者阅读和收藏，更能为上海史研究工作提供比较系统和完整的史料。其中，邓伟志先生最为热心。邓先生是著名社会学家、上海大学社会学系教授，还是《上海滩》杂志的老作者、老朋友。他不仅提建议，而且还以实际行动来推动这项工作。

记得那是在2017年金秋时节，一天上午，邓先生给我打来电话，高兴地告诉我，上海大学出版社愿意和《上海滩》编辑部合作出版《上海滩》丛书。我一听，觉得这是件大好事，便立即向上海通志馆吴一峻副馆长做了汇报。吴副馆长在征得上级领导同意后，立即要我与邓先生敲定此事。

不久，上海大学出版社就派了责任编辑陈强先生来联系，经过多次商谈，确定了2018年先推出《上海滩》丛书中这一套四本，分别为:《申江赤魂——中国共产党诞生地纪事》《海上潮涌——纪念上海改革开放40周年》《楼藏风云——上海老洋房往事》《年味乡愁——上海滩民俗记趣》，每本图书文字均在20万字左右，四本书共计80余万字，四本书共收数百幅珍贵历史图片。

为了顺利完成这套丛书的出版工作，《上海滩》编辑部的同仁都积极行动起来，有的为取书名而献智出力，有的为搜集、复印文章而大量查阅《上海滩》合订本,有的为确保丛书质量而提供所收文章的电子版,省去了大量的打印和校对时间,配合出版社完成了《上海滩》丛书出版的各项准备工作。因此,《上海滩》丛书的顺利问世,是《上海滩》杂志全体同仁共同努力的结果。

在此,我们还要感谢上海大学出版社的领导,正是他们的合作出版计划和大力推动才有了这套《上海滩》丛书的出版;期间,责任编辑陈强先生的辛勤劳动和一丝不苟的工作态度,给我们留下了深刻的印象。

当然,我们最想感谢的还是热情的牵线人邓伟志先生。

葛昆元 《上海滩》杂志原执行副主编